Digitaler Frühli

Jakob Steinschaden

Digitaler Frühling

Wer das Netz hat, hat die Macht?

ueberreuter

Für Chanti

Das säurefreie und alterungsbeständige Papier EOS liefert Salzer, St. Pölten
(hergestellt aus chlorfrei gebleichtem Zellstoff aus nachhaltiger Forstwirtschaft).

ISBN 978-3-8000-7542-3

Covergestaltung: init, Büro für Gestaltung, Bielefeld
Coverfoto: sbayram/istockphoto

Druck: Druckerei Theiss, St. Stefan i. L.
1 2 3 4 5 6 7   18 17 16 15 14 13 12
Ueberreuter im Internet: www.ueberreuter.at

Inhalt

Einleitung 7

ANONYMOUS – ANGRIFF DER HACKER

Die neue Ära des Hacktivismus 11

DDoS, Defacement und Leaking: die Methoden 13

4chan: Die Brutstätte von Anonymous 19

Gegen Kirche, Wirtschaft und Staat: die größten Anon-Operationen 23

Anons in Deutschland und Österreich 28

Die Kultur der Hacker 31

Im Visier von Gegen-Hackern und Behörden 35

FACEBOOK – KAMPF UM DIE ONLINE-IDENTITÄT

Die Firma am Hacker-Weg 37

Silicon Valley, Heimat der Cyber-Utopisten 40

Fünfkampf um die Cloud 43

Das Geschäft mit der Online-Identität 48

Warum Anonymität wichtig ist 52

Personalisierung als Scheuklappe 56

WIKILEAKS – INFORMATION WILL FREI SEIN

Die Enthüllungen und die Folgen 61

Julian Assange und die Cypherpunks 65

Die Anonymous-Connection 69

Das Erbe der Whistleblower 72

PIRATEN – EINE NEUE POLITISCHE KRAFT

Piraten entern Europa 75

Der erste politische Pirat: Rick Falkvinge 78

Die Piraten der Karibik 82

Wofür stehen die Piraten? 85

Am Piraten-Stammtisch 87

Liquid Feedback – Flüssige Demokratie im Netz 90

Direkter Parlamentarismus 92
Die Probleme der Praxis 95
Wohin segeln die Piraten? 98

ARABELLION – DIE ERSTE INTERNETREVOLUTION?
Ägypten – Der Fall des letzten Pharaos 100
Tunesien: Aufstand gegen Fehler 404 105
Facebook-Revolution – oder doch nicht? 108
Der Traum von der Hightech-Revolte 111
In den Fängen der Staatsschergen 114

BIG BROTHER – LEBEN IM ÜBERWACHUNGSSTAAT
Überwachung merkt man nicht – Beispiel Oman 119
Internetfeinde auf dem Vormarsch 121
China: Hinter der Großen Firewall 124
Westliche Hightech-Hilfe für Diktatoren 127
Der westliche Überwachungsstaat 130

OCCUPY! – VOM NETZ AUF DIE STRASSE
Campen gegen die Banker 135
ACTA und Vorratsdatenspeicherung im Visier 140
Onlineproteste und ihre Offlineeffekte 144

ISLAND – WEGWEISER IN DIE NETZZUKUNFT
Ein Land voller Überraschungen 149
Zusammenbruch und Neustart 152
Die Kochtopfrevolution 155
Die WikiLeaks-Connection 159
IMMI – Die Schweiz der Bytes 163
Grüne Datencenter 166
Die Crowd-Verfassung 169
Islands erste Piratin: Birgitta Jónsdóttir 173

Schluss 177
Danksagung: 183
Anmerkungen 184

Einleitung

»Don't worry, we are from the internet.« »Keine Angst, wir sind's nur, die aus dem Internet« steht auf dem Stück Karton, auf den die Botschaft mit Lackstift gekritzelt wurde. Vor dem jungen Mann, der das Schild trägt, muss man tatsächlich keine Angst haben, auch wenn er etwas mysteriös aussieht. Eine Maske des britischen Königsattentäters Guy Fawkes verbirgt sein Gesicht, die schmale Krawatte seines Anzugs sitzt locker und schief, und das grüne Banner, das über ihm im Wind weht, zeigt einen Anzugträger vor einem Globus auf grünem Grund, der statt eines Kopfes ein Fragezeichen zwischen den Schultern trägt.

Der Maskenträger ist nicht allein. Gemeinsam mit etwa 4000 anderen, von denen ebenfalls viele die Maske mit dem Spitzbart und dem frechen Grinsen tragen, zieht er im Februar 2012 die Wiener Ringstraße entlang, um gegen das internationale Abkommen ACTA zu demonstrieren. »ACTA ist Kacka«, »Titten gegen ACTA«, »Wer nicht hüpft, der ist ein ACTA«, »bekACTA Scheiß« – die Maskenträger lassen keinen Zweifel daran, was sie vom »Anti-Counterfeiting Trade Agreement« halten. Immerhin bedroht es die Freiheit des Internets, also jenes Ortes, den sie als ihre Heimat sehen und der gegen die Einflussnahme von Staat und Wirtschaft verteidigt werden muss. Die Maske ist natürlich das Symbol der Internetaktivisten »Anonymous«. Es ist eine globale Marke des Protests geworden, die weltweit eingesetzt und erkannt wird. Ob auf Demonstrationen gegen die Vorratsdatenspeicherung in Österreich, bei Aktionen gegen die Scientology-Kirche in Deutschland oder bei der Besetzung der Wall Street in New York: Die Grinsemaske ist überall dort dabei, wo es um Bürgeranliegen, um Bewegungen von unten geht. Die zweite Besonderheit: Die Anonymous-Bewegung bedient sich nicht nur der Internet- und Hacker-Techniken, sie ist auch im Internet entstanden.

Zufall ist es keiner, dass Anonymous gerade in den vergangenen Jahren so große Unterstützung und Beachtung erfuhr – und das vor allem bei jungen Menschen, denen ein nie dagewesenes Maß an Politikverdrossenheit nachgesagt wird. Anonymous straft all jene Lügen, die die »Generation Internet« als computerspielende Facebook-Süchtige sehen, die nicht mehr von ihren Monitoren wegzuholen sind. Immerhin gibt es wieder viele Gelegenheiten, auf die Straße zu gehen und für die eigenen Überzeugungen einzustehen – sei es mit der Occupy-Bewegung gegen die mächtigen Banker, mit den spanischen »Empörten« für mehr Demokratie oder mit Anonymous gegen Bedrohungen für das freie Internet.

Auch diese Beispiele zeigen: Anonymous ist nur eine von vielen neuen Bewegungen, die ihren Ausgang im Netz zu haben scheinen. Der Begriff des Wutbürgers in Deutschland oder das berühmte »Empört euch!«-Essay des französischen Widerstandskämpfers Stéphane Hessel sind nur Beispiele für den gesellschaftlichen Wunsch nach Wandel. Die Enthüllungsplattform WikiLeaks von Julian Assange hat ein neues Zeitalter der politischen Transparenz eingeläutet, in den arabischen Revolutionen fegten die Aufständischen langjährige Diktatoren aus dem Amt und in Europa hat mit den Piratenparteien eine neue Kraft das politische Parkett betreten. All diese Bewegungen, die sich neuer Computertechnologien und des Internets bedienen, um ihre Anliegen durchzubringen und ihre Ziele zu erreichen, haben miteinander zu tun und beeinflussen sich gegenseitig. Zusammengenommen bilden sie eine neue Strömung, die ich »Digitaler Frühling« nenne.

Es ist ein Frühling nicht nur deshalb, weil der Arabische Frühling (die sogenannte »Arabellion«) in Ägypten und Tunesien großen Eindruck in Europa, den USA und sogar in China hinterlassen hat. Es ist auch ein Frühling, weil diese Entwicklungen noch jung und frisch sind – und ungewissen Ausgangs. Die »Netz-Kinder«, wie sie der polnische Dichter Piotr Czerski nennt und in deren Namen er spricht, haben wichtige Anliegen: »Was uns am wichtigsten ist, ist Freiheit. Redefreiheit, freier Zugang zu Information und zu Kultur. Wir glauben, das Internet ist dank dieser Freiheit zu dem geworden, was es ist, und wir glauben, dass es unsere Pflicht ist, diese Freiheit zu verteidigen. Das schulden wir den kommenden Generationen, so wie wir es ihnen schulden, die Umwelt zu schützen. Vielleicht haben wir noch keinen Namen dafür, vielleicht sind wir uns dessen noch nicht vollständig bewusst, aber wahrscheinlich ist das, was wir wollen, eine wahre und tatsächliche Demokratie.«[1]

In diesem Kampf um das Internet sind die »Netz-Kinder« nicht allein, denn das Netz, das vielen als die letzte freie Welt gilt, ist eine Sphäre, in der es viele Interessen gibt. Konzerne wie Apple, Google, Facebook, Microsoft oder Amazon wollen immer größere Stücke davon unter ihre Kontrolle bringen, Geschäfte machen und den Nutzern ihre Dienste und Geräte verkaufen. So wie die Wirtschaft ist auch die Politik sehr daran interessiert, die Onlinewelt zu kontrollieren – und zwar sowohl in autoritären Staaten wie China als auch im Westen. Dass der Kampf darum bereits tobt, zeigen allein die Schlagwörter, die die Gegner einander an den Kopf werfen und die einem das Gefühl geben, man wäre im falschen Jahrhundert gelandet: Von Piraterie und Bücherverbrennungen, von Inquisition und Stasi-Methoden, von Revolution und Hexenjagden ist wieder die Rede. Immer öfter werden in Bezug auf unsere hoch technologisierten Gesellschaften Vergleiche zum »Panoptikum« gezogen: ein Gefängnisbau des britischen Architekten Jeremy Bentham aus dem 19. Jahrhundert, in dem jede Zelle von einer einzelnen zentralen Kontrollstelle eingesehen werden kann und so die Totalüberwachung von vielen Menschen auf einmal ermöglicht – »Big Brother« aus George Orwells Roman »1984« lässt grüßen.

Konfrontiert mit der Euro-Krise und Jugendarbeitslosigkeit, mit dem Vordringen des Überwachungsstaates, dem Krieg gegen den Terror und mit Wirtschafts- und Korruptionsskandalen wollen immer mehr Menschen nicht länger tatenlos zusehen. Junge Aktivisten, Bürgerrechtler, Hacker, Blogger oder einfach solche mit dem gemeinsamen Nenner »Internet« sind immer mehr dazu bereit, für ihre Ideale viel aufs Spiel zu setzen: Hacker riskieren hohe Geld- und Haftstrafen für ihre Onlineaktionen, genauso wie Demonstranten Pfefferspray in den Augen, eine nasse Abreibung durch Wasserwerfer und Verhaftungen in Kauf nehmen.

Viele der Forderungen, die speziell das Netz betreffen, sind durchaus nicht neu. In meiner Heimatstadt Wien wie in anderen europäischen und US-Städten entstand in den 1980er- und 1990er-Jahren eine Netz- und Hackerszene, deren Forderungen (Internetzugang für alle, offene Behördendaten, umfassende Informationsfreiheit, mehr Mitbestimmungsrechte für

Bürger mithilfe neuer Technologien) heute aktueller sind denn je. »In den späten 1990er-Jahren gab es diesen Moment, als es möglich schien, echte Veränderungen in der ökonomischen Ordnung herbeizuführen«, meint etwa Mike Bonanno, bekannter Multimediakünstler und Kernmitglied der Aktivistengruppe »The Yes Men«. »Und dieses Gefühl scheint heute mit den Revolutionen in Nordafrika und dem Nahen Osten wiederzukehren, auch wenn die Gefahr besteht, dass jene Regierungen, die gerade das autokratische System ersetzen, wiederum ein kapitalistisches repräsentieren, das an sich immer repressiv ist. Aber in jedem Fall sind diese Revolutionen inspirierend und mit ihnen könnte auch jene Einstellung zurückkommen, die ein Jahrzehnt verschwunden schien und mit der die Möglichkeit von Veränderungen wieder denkbar wird.«[2]

Um dieses Gefühl, diesen »Digitalen Frühling« festzuhalten, habe ich dieses Buch geschrieben. Ich bin für die Recherche auf Hacker-Konferenzen nach Berlin (28C3) und Amsterdam (Black Hat Europe) gereist, habe mich mit Netzaktivisten und Bloggern getroffen (z. B. auf der re:publica in Berlin), mit Politologen, Wissenschaftlern und Meinungsforschern diskutiert, ehemalige WikiLeaks-Unterstützer befragt, mit Internetunternehmern und Bürgerrechtlern gesprochen, mich mit Piraten an ihren Stammtisch gesetzt und Anonymous-Aktivisten online interviewt. Und: Ich habe eine Rechercheresie nach Island unternommen, weil diese Insel eine ganz besondere und viel zu wenig beachtete Geschichte über Krise, Revolution und Internet zu erzählen hat.

Im Oktober 2010 habe ich mit »Phänomen Facebook« mein erstes Sachbuch veröffentlicht, in dem ich mich mit der Geschichte, den Geschäften und den Gefahren des Onlinenetzwerks von Mark Zuckerberg befasst habe. Doch seither ist im Internet viel passiert und Facebook ist davon nur ein Aspekt. Die in den folgenden acht Kapiteln beschriebenen Phänomene (Anonymous, Facebook, WikiLeaks, die Piratenparteien, die Arabellion, der Überwachungsstaat, die Occupy-Bewegung und Island) können für sich stehen, sollten es aber nicht. Es gibt zahlreiche Querverbindungen, die ich versucht habe nachzuzeichnen. Insgesamt ergeben sie für mich den »Digitalen Frühling« – doch von der Vorstellung, dass hier die Geschichte »Das Netz bringt die Revolution« erzählt wird, sollten Sie sich schnell wieder verabschieden.

So einfach ist das nicht. Natürlich nicht.

Anonymous – Angriff der Hacker

Die neue Ära des Hacktivismus

Wenn die Menschen in einigen Jahrzehnten auf die Jahre 2011 und 2012 zurückblicken werden, dann werden sie diese Zeit vor allem als eine des Protests sehen. Die Arabischen Revolutionen, die Proteste der Occupy-Bewegung, die Demonstrationen in Spanien und Griechenland, die ACTA-Aufstände in ganz Europa – die Menschen waren plötzlich wieder gewillt (auch unter Todesangst), für ihre Sache auf die Straße zu gehen. Das Time Magazine machte den »Protester« zur Person des Jahres 2011 – 29 Jahre, nachdem der Computer zur Maschine des Jahres und fünf Jahre, nachdem der Internetnutzer zur Person des Jahres gekürt worden war.

Was dem Time Magazine aber nicht einmal eine Randnotiz in der Würdigung der Demonstranten in Tunesien, Ägypten, Spanien und den USA wert war, ist der Hacktivismus (Kunstwort aus »Hacker« und »Aktivismus«). Denn 2011 wurden nicht nur auf den Straßen der Welt die Fäuste gegen Unrecht und Unterdrückung erhoben, auch im Internet wurde kräftig demonstriert. Hacktivisten – also anonym bleibende Personen mit politischen Zielen und Idealen, die mit Hacker-Methoden versuchen, die Webseiten ihrer Gegner lahmzulegen, sie bloßzustellen oder ihre geheimen Daten zu veröffentlichen – sorgten wie nie zuvor für Schlagzeilen in den Medien und Angst in den IT-Abteilungen großer Unternehmen. Einer Studie des US-Telekommunikationsunternehmens Verizon zufolge sind etwa 100 der insgesamt 177 Millionen Datensätze, die 2011 durch Hacker erbeutet wurden, in die Hände von Hacktivisten gelangt. Das Verizon RISK Team arbeitete für seine Analyse mit Scotland Yard, dem US-Geheimdienst, der irischen Sicherheitsbehörde IRISSCERT, der niederländischen Hightech-Verbrechenseinheit NHTCU und der australischen Polizei zusammen. Von den 855 untersuchten Fällen von Datenlücken gingen zwar nur 3 Prozent auf das Konto der Hacktivisten – doch ihre Angriffe erreichten in Summe eine bis dato nie dagewesene Qualität, schnappten sie sich doch mehr Daten als herkömmliche Cyber-Kriminelle oder Wirtschaftsspione.[3]

Das verstärkte Auftreten von Hacktivismus in den vergangenen zwei Jahren veranlasste die IT-Sicherheitsfirma McAfee Anfang 2012 zu folgender Einschätzung: »Obwohl Hacktivismus beileibe kein neues Phänomen ist, erlangte er im Jahr 2010 dank der Medienpräsenz von WikiLeaks größere Bekanntheit, Akzeptanz und Verwendung als je zuvor. [...] Wenn Hacktivisten ein Ziel auswählten, wurde es durch einen Dateneinbruch oder eine Denial-of-Service-Attacke kompromittiert. Deshalb sollten diese Gruppierungen ernst genommen werden.«[4]

Wenn IT-Sicherheitsunternehmen von Hacktivisten schreiben, dann meinen sie in erster Linie natürlich Anonymous. Der Begriff des Hacktivismus geht zwar auf die texanische Hacker-Gruppe »Cult Of The Dead Cow« (kurz cDc) zurück, die das Kunstwort in einem ihrer Blogartikel erfanden. Doch der gegenwärtige Hacktivismus ist eng mit der Anonymous-Bewegung verbunden, die oft als loses Kollektiv von Hackern und Onlineaktivisten beschrieben wird und spätestens seit 2010 nicht mehr aus den Schlagzeilen wegzudenken ist. Ob Webseiten von Parteien, Konzernen oder Regierungen, Daten von Polizisten, E-Mails der Scientology-Kirche, die mexikanische Mafia, das FBI, die CIA, Software-Quellcodes – Anonymous und Gruppen wie LulzSec legten sich mit einer ganzen Reihe von Gegnern an.

Sie als wachsende Bedrohung für persönliche Daten und Firmennetzwerke zu sehen und sie in eine Reihe neben Cyber-Krieger und Internetkriminelle zu stellen, wäre jedoch falsch. Diese gängige Verallgemeinerung rührt vor allem von einem falschen Verständnis des Wortes »Hacker« her: Denn grundsätzlich sind Hacker keine Datendiebe, die im Netz hinter unseren Kreditkartendaten und Passwörtern her sind, sondern einfach Menschen, die gerne mit Technologie und insbesondere Computer und Software experimentieren – Enthusiasten also, die Fachkenntnis zu Hard- und Software haben und sich kreativ damit auseinandersetzen. Hacker fühlen sich außerdem meist einer eigenen Subkultur zugehörig, die ihre eigenen Codes, ihre eigene Sprache und ihre eigene Ethik entwickelt hat (mehr dazu später). Wenn man Menschen meint, die in Computersysteme (auf legale oder illegale Weise) einbrechen, spricht man in der »Szene« eher von »Crackern«, und die Bösewichte, die Kreditkartendaten stehlen und weiterverkaufen, sind »Carder«.

Genauso wenig sollte man Anonymous aber als moderne Robin Hoods oder namenlose Superhelden hinter geheimnisvollen Masken darstellen, die ausziehen, um die Entrechteten der Welt zu rächen. Schließlich kann Anonymous auch ziemlich fies sein, Unschuldige bloßstellen und sich über Witze amüsieren, die bei anderen Ekel hervorrufen. Bis auf ein Grundprinzip – die Freiheit des Internets zu beschützen und es gegen Zensur zu verteidigen – gibt es keine konkreten Ziele, die man nach Erreichen auf einer Liste abhaken könnte – genauso wenig wie Mitgliedsausweise, eine Chefriege oder Clubregeln. Anonymous ist vielmehr eine Idee, ein internationales Label, das sich jeder überstülpen und zu seinem eigenen Banner machen kann. Ein paar Minuten Aufmerksamkeit im Inferno der Nachrichtenflut im Netz sind dann so gut wie sicher – ob sich andere Anons, wie sie kurz genannt werden, anschließen, ist jedoch ungewiss. Ein wichtiger Faktor von Anonymous ist auch die Außenwahrnehmung: Das, was es ist, entsteht zu einem großen Teil im Betrachter, der seine eigenen Wünsche, Vorstellungen und Ängste in die Idee hineinprojiziert und sieht, was er sehen will. So wird Anonymous einmal als Gruppe von Super-Hackern dargestellt, ein andermal als ruchlose Datendiebe und schließlich als Aufdecker von Missständen gepriesen. Doch um Anonymous verstehen zu lernen, sollte man sich nicht in vagen Beschreibungen ergehen. Vieles wird klarer, wenn man ihre Aktionen, die sie selbst »Operations« nennen, verfolgt, ihre Methoden kennenlernt und sich ansieht, wo sie herkommen. Die Anonymous-Geschichte beginnt auf einer der kontroversesten Webseiten der Welt: auf 4chan.

DDoS, Defacement und Leaking: die Methoden

Bevor wir uns dem Ursprung und den Aktionen von Anonymous widmen, ist es sinnvoll, sich zuerst die Techniken anzusehen, derer sie sich bedienen.

Internet Relay Chat (IRC): Der IRC wurde 1988 von einem finnischen Studenten namens Jarkko Oikarinen entwickelt und ist damit älter als das World Wide Web. Es handelt sich dabei um ein Chatsystem, das Anons heute zum Kommunizieren nutzen und in Hacker-Kreisen schon immer sehr beliebt war. Dazu ist eine kleine Software (z. B. Xchat, mIRC) und ein klein wenig Know-how notwendig, um sich mit dem gewünschten Server zu verbinden. Die Hacktivisten von AnonAustria haben ihren IRC-Kanal in ihre Webseite integriert, was die Nutzung für viele sehr erleichtert hat. Der IRC ist absolut minimalistisch gehalten: Er ist ausschließlich textbasiert, dementsprechend bildfrei (abgesehen von ASCII-Kunst) und auf das Notwendigste reduziert. Nutzer treten unter Nicknames und Pseudonymen auf oder bekommen, wenn sie keinen Namen wählen, automatisch einen zugewiesen (z. B. »Anon777«).

Anders als bei vielen anderen Chatsystemen oder Onlinenetzwerken braucht man zur Nutzung keinen Account und wird nicht dazu angehalten, unter echtem Namen aufzutreten – für anonym bleibende Hacktivisten eine Grundvoraussetzung. Der Betreiber des IRC kann verschiedene Channels einrichten, in denen dann zu verschiedenen Themen diskutiert wird (z. B. »Paperstorm«, »Presse« etc.). Die wichtigsten IRC-Netzwerke von Anonymous heißen »AnonOps« und »AnonNet«.

Welche Ziele von Anonymous in einer sogenannten »Operation« (kurz Op) angegriffen werden, wird meist in einem IRC beschlossen. So geschehen beispielsweise am 28. Dezember 2010: Im Kanal #operationsBOA.AnonOps wurde diskutiert, in welchem Land, in dem die Redefreiheit im Internet eingeschränkt wird, Regierungswebseiten angegriffen werden sollten. Zur Diskussion wurden der Iran, Ungarn, Polen und Simbabwe gestellt – bereits eine Stunde später war dank #OperationZimbabwe eine Regierungsseite lahmgelegt worden.

Der IRC hat aber auch die Konsequenz, dass sich im scheinbar führerlosen Kollektiv Hierarchien herausbilden. »Es gibt dieses Versprechen der Führerlosigkeit, doch in der Praxis lässt sich das nicht umsetzen. Es ist schwer, jemandem zu vertrauen, den man nicht persönlich kennt«, sagt Jana Herwig, Medienwissenschaftlerin an der Universität Wien. »Es lässt sich einfach nicht vermeiden, dass sich Hierarchien herauskristallisieren. Dazu trägt auch der IRC-Chat bei: Dort hat jeder einen Nickname, man ist immer wieder adressierbar, und wenn man das ist, kann man sich etablieren.«

DDoS-Attacke: Wenn Twitter-Accounts wie @AnonOps, @YourAnonNews oder @Anon_Central »Tango down« jubeln, dann ist wieder einmal eine Webseite offline genommen worden. Das Mittel dazu: eine sogenannte DDoS-Attacke (»Distributed Denial of Service«). Dabei wird eine Webseite koordiniert von vielen Rechnern gleichzeitig aus immer wieder abgefragt, bis der Server, auf dem die Webseite liegt, mit den Anfragen überfordert ist und im schlimmsten Fall unter der Last zusammenbricht. Die Methode ist simpel und effektiv und es gibt sogar eine eigene Open-Source-Software dafür – die »Low Orbit Ion Cannon« (LOIC). Einmal installiert, gibt der Nutzer einfach eine Webseite als Ziel ein, wählt die Stärke des Angriffs aus (»Niedrig« – »Mittel« – »Hoch«) und muss dann nur mehr auf »Fire!« klicken. Nehmen genügend Anons gleichzeitig dieselbe Webseite aufs Korn, wird diese früher oder später in die Knie gehen – vorausgesetzt, es handelt sich nicht um eine Seite großer Internetkonzerne wie Amazon, Google oder Facebook, die selbst massive Anfragen abfedern können. Wegen des LOIC-Einsatzes werden Anonymous-Hacker auch oft als »script kiddies« gehänselt – junge Anwender von Gratissoftware, die vom echten Hacken nichts verstehen.

Die erste bekannte DDoS-Attacke wurde 1994 von der Gruppe »Zippies« aus San Francisco gegen Server der britischen Regierung gefahren (damals mit Massen-E-Mails), um gegen ein neues Gesetz zu protestieren, das Freiluftkonzerte mit monotonem Rhythmus verbieten sollte – dies geschah übrigens am Guy-Fawkes-Day, dem 5. November.[5]

Bis heute ist diese Art der Attacke als Mittel des Protests umstritten. Befürworter vergleichen sie mit einem Sitzstreik vor einem Geschäft oder einer Behörde, weil sie keinen Schaden anrichtet und eine Webseite für kurze Zeit für andere nicht zugänglich macht. »Tatsächlich ist die beste Analogie, um politisch motivierte DDoS-Angriffe zu verstehen und zu bewerten, die klassische Sitzblockade bei Demonstrationen«, urteilt etwa der deutsche Cyberwar-Experte Sandro Gaycken, der unter anderem das deutsche Militär in Sicherheitsfragen berät. Die Folgen seien »lange nicht mit Naturkatastrophen, mit militärischen Krisen oder mit Terrorangriffen vergleichbar«, eher habe man es mit ungefährlichen, einfachen, politischen Demonstranten zu tun.[6] Ähnlicher Meinung ist der Verschlüsselungsexperte Whitfield Diffie, eine Legende der Kryptografieszene: »Vor der industriellen Revolution waren Ausschreitungen, etwa in Großbritannien, ein akzeptiertes politisches

Mittel«, sagte er in einem Interview zu mir. »Erst als es großen Privatbesitz gab, den man zerstören konnte, wurden Krawalle als ernstes Verbrechen eingestuft.« Im Cyberspace würde derzeit eine ähnliche Situation vorherrschen: Die virtuellen Proteste würden kaum realen Schaden anrichten, weswegen viele mit den Hacktivisten sympathisieren.

Anderer Meinung ist etwa Frank Rieger, ein Sprecher des Hacker-Vereins Chaos Computer Club. DDoS-Attacken seien nicht mit dem Hacker-Ethos vereinbar, weil sie Kommunikation unterbinden würden. »So etwas machen Regierungen«, Aktivisten sollten aber davon Abstand nehmen. »Die Analogie zur Straßenblockade ist völlig falsch. Wenn man einen Atomzug blockiert, nimmt man bewusst in Kauf, festgenommen zu werden und einige Tage im Gefängnis verbringen zu müssen«, meint Rieger. Gesetzesbücher jedenfalls haben sehr konkrete Antworten zur Frage der DDoS-Attacke: In Deutschland drohen im schlimmsten Fall Haftstrafen zwischen sechs Monaten und zehn Jahren, wenn man Mitglied einer Bande ist.[7] Würde in Österreich Anonymous als »kriminelle Organisation« eingestuft werden, wären theoretisch Haftstrafen von bis zu fünf Jahren möglich.[8]

SQL Injection: Der Name steht für die Einschleusung von Datenbankbefehlen in der Datenbanksprache SQL. Bei dieser Form der Attacke schmuggelt der Angreifer einen eigenen Code in die Datenbank des Zielsystems (z. B. den Server einer Webseite) ein – und zwar auf überraschend einfachem Weg. Dort, wo Nutzer auf Webseiten normalerweise Logindaten oder Kommentare eingeben, werden Datenbankbefehle eingesetzt – in der Hoffnung, dass die Datenbank aufgrund einer Sicherheitslücke reagiert. So erhält der Angreifer etwa Zugriff auf gespeicherte Daten (z. B. E-Mails), kann sich selbst Administratorrechte geben oder Daten verändern.

Passwörter knacken: Bei einem sogenannten Wörterbuch-Angriff probiert eine Software automatisch eine Liste von Wörtern und beliebten Passwörtern beim Einloggen z. B. auf einer Webseite aus. In Anbetracht der Tatsache, dass Computernutzer auch heute noch gerne und oft Passwörter wie »123456« oder »password« auswählen, ist diese Methode durchaus Erfolg versprechend. Von der Brute-Force-Methode (»mit roher Kraft«) spricht man, wenn alle möglichen Zeichenkombinationen ausprobiert werden. Das ist aber sehr zeitintensiv und benötigt viel Rechenkapazität – denn bei 95

Eingabezeichen gibt es bei achtstelligen Passwörtern 95 hoch acht Kombinationsmöglichkeiten.

Man-in-the-Middle: Der Hacker steht als Mittelsmann zwischen zwei Kommunikationspunkten (z. B. einem Internetnutzer und einer Webseite), liest den Datenverkehr heimlich mit und erhält so Zugang zu Passwörtern, E-Mails etc. Damit das Opfer darauf hereinfällt, täuscht der Mittelsmann etwa einen WLAN-Hotspot vor, in dem sich sein Ziel einloggt und den Datenverkehr darüber abwickelt. Auf Hacker-Konferenzen soll das schon vorgekommen sein.

Defacement: Dabei handelt es sich um die Verunstaltung einer Webseite. Grinst wieder einmal die Guy-Fawkes-Maske oder ein Comic-Pony von der Webseite einer Partei, anstatt wie gewohnt die Startseite zu zeigen, dann hat man es mit einem Defacement zu tun. Zugang kann sich der Angreifer über verschiedene Wege verschaffen, etwa durch das Knacken eines Passworts oder eine SQL Injection.

Das Defacement hat meist zum Ziel, das Opfer lächerlich zu machen oder alternative Informationen zu verbreiten. In der Offlinewelt gibt es Defacements als Mittel des Protests natürlich auch – etwa, wenn Plakate von Politikern übermalt werden.

Leaking: Seit den Erfolgen von WikiLeaks gehört das Enthüllen von geheimen Daten zum Standardrepertoire von Hacktivisten. Gelangen sie an brisantes Material (z. B. interne Firmen-E-Mails), werden diese im Netz veröffentlicht. Die Webseite Pastebin.com ist ein beliebter Ort, um die Daten zur Schau zu stellen. Weil der Betreiber von Pastebin angekündigt hat, solche Leaks künftig unterbinden zu wollen, haben Anons den Webdienst »Anonpaste« als Alternative ins Leben gerufen.

Doxing: Abgeleitet vom englischen »Documents«, bezeichnet es folgende Taktik: Es werden Daten wie Fotos, Adressen, E-Mails, Infos zur Familie einer Person gesucht und zusammen veröffentlicht, um die Person bloßzustellen. Aaron Barr, der Chef der US-Security-Firma »HB Gary Federal« ist das wohl bekannteste Doxing-Opfer von Anonymous – er hatte seinerseits versucht, die Identitäten von Anonymous-Mitgliedern zu verraten. Ziele von Doxing-Attacken sind besonders oft Polizeibehörden und deren Beamte (sogenanntes »Copwatching«).

Anonymisierung: Um unerkannt im Netz zu surfen, in IRC-Chats einzusteigen oder zu hacken, verwenden Anonymous-Aktivisten Anonymisierungsdienste. »Tor« ist dabei der bekannteste und beliebteste Dienst, es gibt aber auch andere Tools wie »I2P«, das oft als »Internet im Internet« bezeichnet wird und die echte Identität seines Nutzers verschleiert.

Blogs, YouTube, Twitter: Viele Anonymous-Aktivisten sind dazu übergegangen, alternative Medienangebote zu betreiben, um Interessierte über neue Aktionen und Entwicklungen vor allem im Bereich der Internetzensur und -überwachung zu informieren. Eine Gruppe österreichischer Hacktivisten unter dem Namen »AnonNewsAUT« betreibt einen solchen Blog unter *http://anonnewsaut.tumblr.com,* das deutsche Pendant dazu ist unter *http://anonnewsde.tumblr.com* zu finden. Wichtig sind auch YouTube-Videos, die von Anons teilweise sehr aufwendig und professionell gestaltet werden und in denen vor neuen Gefahren wie dem EU-Überwachungsprojekt INDECT gewarnt oder zu Demonstrationen aufgerufen wird. Darüber hinaus gibt es sehr populäre Twitter-Accounts (z. B. @AnonymousIRC, @AnonAustria, @ AnonOps), die Hundertausende Follower mit Neuigkeiten rund um Aktionen versorgen. Außerdem gibt es Podcasts als kostenlose MP3-Downloads, in denen ähnlich einer Radiosendung über Anonymous-Belange gesprochen wird. Bei Demonstrationen wie gegen das Anti-Piraterie-Abkommen ACTA oder die Vorratsdatenspeicherung wurden außerdem MP3s abgespielt, in denen Anons Reden halten – allerdings nicht mit echter Stimme, sondern mit Computerstimmen. Verwendet wird meist jene der US-Firma Cepstral, die unter dem Namen »David« gehandelt wird. Facebook stehen die meisten Anons aufgrund dessen Umgangs mit persönlichen Daten übrigens sehr kritisch gegenüber und lassen die Finger von dem Onlinenetzwerk.

Paperstorms: Außer bei Demonstrationen sind Anons offline auch bei sogenannten Paperstorms aktiv – einfach eine andere Bezeichnung fürs Flyer-Verteilen, mit dem Unterschied, dass dabei gerne die Guy-Fawkes-Maske getragen wird. Gegen das EU-Überwachungsprojekt INDECT etwa gab es im Juli 2012 einen Paperstorm.

Die Art der Angriffe von Anonymous wird von Experten eher belächelt, weil vor allem DDoS-Attacken in der Hacker-Welt eigentlich ein alter Hut sind und auch nicht sonderlich schwer durchzuführen sind. »Technisch waren die AnonAustria-Angriffe des vergangenen Jahres langweilig. Da kamen Standardtools zum Einsatz, für die nicht viel technisches Wissen nötig war«, sagt etwa der österreichische IT-Experte Robert Waldner.[9] Dass sie trotzdem oft erfolgreich sind, liege meist an den laxen Sicherheitsvorkehrungen vieler Webseiten. Um an Daten der Polizei, von Krankenkassen oder vom Innenministerium zu gelangen, musste der österreichische Ableger von Anonymous, AnonAustria, gar nicht hacken – »Namen, Adressen, Sozialversicherungsnummern, E-Mails, Logindaten, ... das alles findet man durch eine einfache Suche bei Google«, ließen sie Österreich im September 2011 per Twitter wissen. Das Bild von den »Super-Hackern« trifft also wohl nur auf einige wenige Anonymous-Hacker zu. Die Onlinevideos, die Grafiken der Defacements, die Podcasts und die Flyer zeugen eher davon, dass viele Anons über gute Medienkenntnisse verfügen und einige von ihnen echte Grafik- und Videokünstler sind.

4chan: Die Brutstätte von Anonymous

»Hass-Maschine«, »Abschaum des Netzes«, »Asshole of the Internet« – wenn die Webseite *www.4chan.org* einem Außenstehenden beschrieben wird, dann werden meist drastische Vergleiche herangezogen. Und tatsächlich: 4chan gehört zu den abstoßendsten und gleichzeitig anziehendsten Webseiten der Welt. Der US-Buchautor Cole Stryker, der ihr ein ganzes Buch gewidmet hat, nennt sie die »interessanteste Webseite im Internet, wo man auf Hunderte Fotos von entzückenden Kätzchen genauso stoßen kann wie auf eine Galerie grausamer Autopsiefotos.«[10] Wenn Sie schwache Nerven haben, dann besuchen Sie 4chan lieber nicht – denn das Image-Board ist in vielerlei Hinsicht extrem. Gegründet hat es im Jahr 2003 der damals 15-jährige Christopher »moot« Poole nach dem Vorbild des japanischen Fotoforums »Futaba Channel« (kurz 2ch). 4chan ist so etwas wie das Anti-Facebook: Während in dem Onlinenetzwerk von Mark Zuckerberg die meisten der mehr als 900 Millionen Mitglieder mit echtem Namen auftreten, ist bei

4chan Anonymität angesagt. Wer ein Bild posten oder einen Kommentar schreiben will, der tut das entweder mit einem Pseudonym oder übernimmt einfach den automatisch zugewiesenen Nickname: Anonymous.

Die Anonymität bei 4chan hat zur Folge, dass sich die Nutzer um keine Regeln und gesellschaftlichen Konventionen kümmern: Rassismus, Sexismus, Pornografie, wüste Beschimpfungen – 4chan ist für viele offenbar ein Ventil und der dunkle Zwilling der oft glatt polierten Welt von Facebook, wo alle Freunde werden sollen. »4chan greift alles an, was anzugreifen ist. Da geht es nicht um freundlichen, respektvollen Austausch. Gutes und Schönes wird grundsätzlich abgewiesen. Wenn man auf 4chan geht und schreibt: ›ich will euch umarmen‹, dann kommt wahrscheinlich ein ›bitte erschieß dich‹ zurück«, sagt die Wiener Medienwissenschaftlerin Jana Herwig, die sich mit 4chan auseinandersetzt. »Es ist keine Community der Marginalisierten, denn auch die Marginalisierten werden marginalisiert.« Statistiken zeigen, dass die Webseite hauptsächlich von jungen Männern zwischen 18 und 25 Jahren besucht wird – 2012 soll die Webseite bis zu 22 Millionen Nutzer pro Monat gehabt haben.[11] Der zweite zentrale Punkt, in dem sich 4chan von Facebook unterscheidet, ist, dass nichts dauerhaft gespeichert wird. Während man die Profilseiten von Facebook-Mitgliedern bis zurück zu deren Anmeldetag durchsuchen kann, verschwinden Postings und Fotos bei 4chan oft nach wenigen Stunden wieder im digitalen Nirvana. 4chan ist in verschiedene Boards unterteilt: 4chan.org/a/ ist für »Animes & Mangas«, /ck/ für »Food & Cooking«, /g/ für »Technology«, /h/ für »Hentai« (japanische Pornocomics) usw. Die Manga-Bilder, Pornovideos, vegetarischen Reisrezepte und Links zu raubkopierten Filmen, die gerade bei 4chan zu sehen sind, werden nicht mehr da sein, sollten Sie es einmal wagen, die Adresse im Browser einzutippen.

Was aber auf jeden Fall da sein wird, ist die Unterkategorie /b/ – und schon habe ich die erste und zweite Regel von /b/ gebrochen. Denn beide lauten: »Über /b/ spricht man nicht.« /b/ ist für »random«-Inhalte gedacht, und genauso sieht /b/ aus: An das Webcam-Foto eines erigierten Penises reihen sich Fotos von Adolf Hitler, dem US-Amokläufer James H. und nackten Frauen, dazwischen finden sich harmlose Comics und Witze, während eine Seite weiter wieder eine hässliche Fleischwunde zu sehen ist und ein paar Nutzer diskutieren, welches das beste Computerspiel ist.

Wofür 4chan und speziell /b/ aber auch bekannt sind, sind sogenannte Internet-Meme. Den Begriff »Mem« hat der britische Evolutionsbiologe Richard Dawkins bereits 1976 geprägt und damit einen Überbegriff für Melodien, Ideen, Phrasen oder Modeerscheinungen geschaffen – also allesamt menschliche Schöpfungen bzw. Bewusstseinsinhalte, die von anderen aufgegriffen und weiterverbreitet werden. Auch Kunst oder Religion sind für Dawkins Meme, und jeder, der einmal »XY war hier« an die Wand einer Sehenswürdigkeit gekritzelt oder einen Witz weitererzählt hat, hat ein Mem weiterverbreitet. Das Internet bietet sich für die Verbreitung von Memen natürlich besonders an. Als der italienische Fußballer Mario Balotelli im Spiel gegen Deutschland bei der Fußball-WM 2012 mit nacktem Oberkörper in Bodybuilder-Pose seinen Triumph feierte, ging dieses Bild millionenfach durchs Netz – und wurde auf immer neue Art und Weise verändert. Balotelli beim Tischfußballspielen, Balotelli mit Bierkiste, Balotelli mit Presslufthammer, Balotelli im Tutu einer Balletttänzerin – Internetnutzer auf der ganzen Welt warfen ihre Bildbearbeitungsprogramme an, gestalteten witzige Bildbearbeitungen und verbreiteten das Mem millionenfach.

4chan und speziell /b/ gelten schon lange als wahre Mem-Schleudern: Die herzigen Katzenbilder der Lolcats (zusammengesetzt aus dem Internetkürzel für »laughing out loud« und cat) haben hier genauso ihren Ursprung wie das sogenannte Rickrolling: Man bringt jemanden, der sich eine andere Webseite erwartet, dazu, auf den Link zu dem YouTube-Video von Rick Astleys »Never Gonna Give You Up« zu klicken – reingefallen! Es gibt noch Hunderte andere Meme, und Webseiten wie *www.knowyourmeme.com* oder *www.memebase.com* haben es sich zur Aufgabe gemacht, die »Running Gags« des Internets zu sammeln und zu dokumentieren.

Der wilde Mix aus Anonymität, wüsten Schimpfereien, obszönen und kreativen Bildern war der perfekte Nährboden für Anonymous. Aus der Internet-Subkultur, oft auch Chan-Kultur genannt, kristallisierte sich ab 2005 immer stärker eine Bewegung heraus, die nicht nur zum Spaß bei 4chan surfte, sondern sich gelegentlich zu Aktionen zusammenschloss. Berühmt ist etwa der Überfall auf die virtuelle Spielewelt Habbo Hotel, in der sich Jugendliche mit ihren Online-Avataren zum Chatten treffen und sich Zimmer einrichten können. Die 4chan-Armee, die mit dunklen Avataren in schwarzen Anzügen 2006 zum »Great Habbo Raid« ausrückte und die anderen unbedarften Gamer zu terrorisieren begann, war damals noch vor allem »for the lulz« – also zur eigenen Belustigung – dabei. Doch im Laufe der folgenden Jahre wurden die Ziele ernster und politischer. So wurde Ende 2006 die Webseite des Bloggers und Holocaust-Leugners Hal Turner lahmgelegt. Außerdem liefen beim sogenannten »Pedobaiting« Aktionen gegen Pädophile, die online in Fallen gelockt und dann an den virtuellen Pranger gestellt werden – Selbstjustiz par excellence. Die Anonymous-Bewegung, wie sie heute auftritt, nahm immer mehr Gestalt an. Der Name war schnell gefunden, schließlich posteten die meisten unter dem automatisch zugewiesenen Namen »Anonymous« ohnehin dauernd bei 4chan. Außerdem kristallisierte sich ein gemeinsames Symbol heraus: Die Grinsemaske des britischen Attentäters Guy Fawkes erschien der jungen Bewegung als geeignetes Zeichen – schließlich bietet das Comic »V for Vendetta« und der zugehörige Hollywoodfilm, in dem der anonyme Rächer »V« mit Maske gegen einen Überwachungsstaat ankämpft, die passende Hintergrundgeschichte, mit der sich die Anons, wie sie sich selbst nennen, identifizieren können.

Heitere Possenreißer, Freiheitskämpfer und sadistische Drangsalierer: Anonymous und seine Aktivisten wurden schon vieles geheißen und eindeutig ist die Bewegung nie einzuordnen. Wie widersprüchlich Anonymous ist – einmal kämpft man für die Netzfreiheit, ein andermal hetzt man gegen Pädophile –, spiegelt auch die Maske wider. Denn der echte Guy Fawkes war ein katholischer Fanatiker, der beim »Gunpowder Plot« 1605 neben dem König Jakob I. auch alle Parlamentarier in die Luft jagen wollte, scheiterte und hingerichtet wurde. Noch heute wird in der »Bonfire Night« am 5. November in Großbritannien das Scheitern des Attentats gefeiert, und Fawkes hat damit eher wenig mit dem romantischen Anarchismus des anonymen Helden zu tun, der die Mächtigen besiegt und die Massen für seine Sache mobilisiert. Der 5. November ist trotzdem eine Art Feiertag von Anonymous geworden, an dem jährlich mit neuen Aktionen zumindest gedroht wird.

Einen Haken hat das Symbol jedoch, ist die Maske doch ein Merchandise-Artikel des Riesenkonzerns Time Warner und der tausendfache Verkauf davon beschert diesem Unternehmen, das Teil der von Anonymous stark angefeindeten Copyright-Industrie ist, wohl ein nettes Zusatzeinkommen.

Dass sich die Maske dennoch durchgesetzt hat, hat wohl vor allem praktische Gründe: Sie ist leicht zu haben, sieht frech und mysteriös zugleich aus, hat hohen Wiedererkennungswert und bietet bei Offlineaktionen von Anonymous auch gleich Identitätsschutz. Dieser war von Anfang an extrem wichtig, denn als die Bewegung das erste Mal auf die Straße ging, hatte man es bereits mit einem ganz besonderen Gegner zu tun: Scientology.

Gegen Kirche, Wirtschaft und Staat: die größten Anon-Operationen

Bis zum 15. Jänner 2008 war der Schauspieler Tom Cruise den meisten als Sunnyboy aus Hollywood mit Millionen Dollar auf dem Konto und einem gewinnenden Lächeln auf dem Gesicht bekannt. Doch ab dem 15. Jänner 2008 sollte ihn die (Internet)Welt von einer anderen Seite kennenlernen: Der Tratsch-und-Klatsch-Blog »Radar« veröffentlichte ein Video,[12] in dem Cruise (selbst Mitglied) die Scientology-Kirche verherrlichte und davon sprach, wie sie Völker vereinigen, das Leben der Mitglieder und die Welt insgesamt zum Besseren verändern könne. Das steht im krassen Gegensatz zur Realität, in der die umstrittene Kirche für die Ausbeutung ihrer Mitglieder, den Einsatz von Gehirnwäschetechniken, die Verfolgung von Aussteigern, das Zerreißen von Familien und die wirren Science-Fiction-Lehren von Gründer L. Ron Hubbard kritisiert wird. In Deutschland hält der Verfassungsschutz Scientology seit vielen Jahren unter Beobachtung. Zwar tobt seit den 1990er-Jahren ein Onlinekampf zwischen Gegnern der Kirche und Scientology, doch damit Anonymous in den Ring steigt, brauchte es ein zusätzliches Ereignis: Scientology ließ das Tom-Cruise-Video löschen.

Diese Zensur ließ die freiheitsliebende Anonymous-Bewegung aufstehen: Am 21. Jänner veröffentlichten Anonymous-Aktivisten ihrerseits ein Video, das einer Kriegserklärung an Scientology gleichkommt – der Start der berühmten »Operation Chanology« war damit getan. Die Erklärung endete mit einer Beschwörungsformel, für die Anonymous heute bekannt ist und die sich unter nahezu jeder ihrer Erklärungen wiederfindet (sie stammt aus den nicht ganz ernst gemeinten »Rules Of The Internet«[13]):

We are Anonymous.
We are Legion.
We do not forgive.
We do not forget.
Expect us.

Wir sind Anonymous.
Wir sind Legion.
Wir vergeben nicht.
Wir vergessen nicht.
Erwartet uns.

Was folgte, waren Online- und Offlineaktionen gegen Scientology, die Anonymous viel Beachtung zukommen ließen. Scientology beklagte allein im Jahr 2008 lahmgelegte Webseiten, 3,6 Millionen E-Mails böswilligen Inhalts, 8139 Telefonanrufe, 22 Bombendrohungen, zehn Sachbeschädigungen und acht Todesdrohungen gegen Mitglieder.[14] Außerdem gingen in mehr als 70 Städten weltweit (auch in Deutschland) Scientology-Gegner auf die Straße. Die Guy-Fawkes-Maske erwies sich dabei als essenziell – schließlich ließ Scientology die Demonstranten filmen, um ihre Identitäten zu ermitteln. Zwei Anonymous-Aktivisten wurden in den USA wegen der Teilnahme an DDoS-Attacken auf die Scientology-Seiten zu einjährigen Haftstrafen und hohen Geldstrafen von bis zu 37.500 Dollar verurteilt. Die kontroverse Kirche geht hart gegen ihre neuen Gegner vor.

Zwar wird »Project Chanology« oft als die erste Phase von Anonymous beschrieben, doch die Kampagne läuft eigentlich bis heute weiter: So erbeutete der österreichische Anon-Ableger »AnonAustria« im Sommer 2012 etwa 2,8 Gigabyte an internen E-Mails von Scientology Österreich. Bei den folgenden, eher spärlich besuchten Demonstrationen gegen Scientology zeigten sich auch die rechtlichen Auswirkungen des Tragens der Guy-Fawkes-Maske: Als Verstoß gegen das Vermummungsverbot bei Demonstrationen wurde ein Aktivist zu 50 Euro Geldstrafe bzw. 25 Stunden Freiheitsstrafe verdonnert.[15]

Die zweite große Anonymous-Kampagne war die »Operation Payback«: ein Großangriff gegen Unternehmen, die für eine strenge Durchsetzung von Urheberrechten im Internet stehen. Schließlich heißt es auch in der Hacker-Ethik, die der Journalist Steven Levy in seinem Buch »Hackers« 1984 beschrieb: »Alle Informationen müssen frei sein.« So stammt etwa der Begriff »Cracker« aus den frühen 1980er-Jahren, als findige Menschen den Kopierschutz von Software (vorzugsweise von Computerspielen) knackten (engl.: crack). Die Auseinandersetzung ums Copyright ist ebenfalls nicht neu und brodelt spätestens seit dem Boom der Musiktauschbörse Napster. Während die Rechteinhaber, also etwa Plattenfirmen oder Hollywoodstudios (gemeinhin Copyright-Industrie genannt), auf strenge Regeln zur Verbreitung ihrer Inhalte im Netz (Musik, Filme, Serien etc.) pochen, treten Anonymous, aber auch die Piratenparteien, für ein liberaleres Urheberrecht ein, das Filesharing zu privaten Zwecken nicht gleich mit exorbitanten Geldstrafen ahndet. Der Fall des US-Amerikaners Joel Tenenbaum (geb. 1983) führt auf drastische

Weise vor Augen, welche Folgen eine Filesharing-Klage für einen Einzelnen haben kann: Er saugte sich 2004 über die damals populäre Tauschbörse »KaZaa« 30 Songs (etwa von Nirvana, den Red Hot Chili Peppers und Deftones) aus dem Netz und wurde 2009 dafür von der »Recording Industry Association of America« (RIAA) verklagt. Er steht nun vor dem Bankrott, weil er 675.000 Dollar Strafe zahlen muss (22.500 Dollar pro Song).

Eine Aktion der Firma Aiplex, die im Auftrag von Filmstudios aus Indien handelt, brachte das Fass schließlich zum Überlaufen. Sie versuchte, die populäre Filesharing-Seite »The Pirate Bay«, die Links zu Down- und Uploads von Musik, Filmen, Spielen etc. anbietet, mit DDoS-Attacken lahmzulegen.[16] Das ließen die freiheitsliebenden Hacktivisten nicht auf sich sitzen und riefen zur Vergeltung auf: »Ihr nennt es Piraterie. Wir nennen es Freiheit«, steht etwa auf einem digitalen Flugblatt, das verteilt wurde. Am 17. September 2010 brach die Webseite von Aiplex bereits unter den DDoS-Attacken von Anonymous zusammen und die Webseiten von Vertretern der Copyright-Industrie wie die »Recording Industry Association of America« (RIAA), die »Motion Picture Associaction of America« (MPAA) oder die »International Federation of the Phonographic Industry« (IFPI) mussten ebenfalls dran glauben. Insgesamt sorgte Anonymous in den ersten sieben Wochen der Attacke für Webseiten-Auszeiten von insgesamt mehr als 500 Stunden.[17] Koordiniert wurden die Angriffe vor allem über die »AnonOps«-Webseite bzw. den gleichnamigen IRC-Channel.

Der Kerngedanke der Kampagne setzt sich bis heute fort: Anonymous ist online und offline immer da anzutreffen, wo es ums Copyright geht. Das zeigte sich 2012 klar bei den Demonstrationen gegen das Antipiraterie-Abkommen ACTA, bei Aktionen gegen die Verwertungsgesellschaft GEMA in Deutschland oder die Austro Mechana in Österreich – und natürlich beim Rachefeldzug für die Löschung der populären Webseite MegaUpload von Kim Dotcom. Diese wurde wegen mutmaßlicher Urheberrechtsverletzungen vom FBI abgeschaltet, woraufhin es DDoS-Attacken auf die Webseiten von FBI, US-Justizministerium, der US-Musik- und Filmindustrie sowie von einigen Plattenfirmen hagelte. Die »Operation MegaUpload« mit mehr als 5000 Teilnehmern soll der bisher größte Anonymous-Angriff im Netz gewesen sein.[18]

Dann nahm die »Operation Payback« im Jahr 2010 eine politische Wende: Die Enthüllungsplattform WikiLeaks des weißhaarigen Gründers Julian Assange veröffentlichte mehr als 250.000 US-Botschaftsdepeschen. Der Bezahldienst PayPal, die Kreditkartenanbieter Mastercard und Visa und Bankinstitute wie Bank of America oder PostFinance aus der Schweiz froren daraufhin die Konten von WikiLeaks und Assange ein – für Anonymous nicht hinnehmbar. Per DDoS-Attacken wurden die Webseiten von PayPal, Visa und Mastercard massiv angegriffen und teilweise stundenlang lahmgelegt. Die Rache für WikiLeaks brachte Anonymous endgültig ins mediale Rampenlicht – vor allem auch, weil die Polizei in den Niederlanden, Großbritannien, den USA und Spanien bald junge Männer festnahm, die durch die Teilnahme an den »virtuellen Sitzstreiks« zu Kriminellen erklärt worden waren. Die »Operation Payback« wurde auch auf Tunesien ausgeweitet, wo die Revolution mit Angriffen auf Webseiten der verhassten Regierung unterstützt wurde und Tunesier Anleitung bekamen, wie man unentdeckt von den Strafverfolgungsbehörden im Netz surfen kann.

Für weitere Schlagzeilen sorgte 2011 die »Operation Sony«: Der US-Hacker George Hotz (»geohot«) war von dem japanischen Megakonzern verklagt worden, weil er und eine Hacker-Truppe namens »fail0verflow« die Spielkonsole »PlayStation 3« gehackt und eine Anleitung dazu auf einer Webseite veröffentlicht hatten. Sony verlangte, dass Hotz die Informationen über den Hack nicht weiterverbreiten dürfe, und forderte die Herausgabe von Daten der Nutzer, die seine Webseite besucht hatten. In den Augen von Anonymous war dies ein klarer Fall von Zensur und ein Angriff auf die Informationsfreiheit: Hacktivisten bliesen zum Großangriff auf die Webseiten von Sony, von dem sich später viele distanzierten. Denn im Zuge der Sony-Kampagne wurde auch in die Server eingedrungen und Daten von mehr als 75 Millionen Kunden (darunter auch Kreditkartennummern) geklaut. Das stellt einen Bruch mit der sonst üblichen Vorgehensweise dar: Anstatt nur Webseiten lahmzulegen, hackten einige die Sony-Datenbanken und verursachten dadurch dem Konzern zufolge einen Schaden von 123 Mio. Dollar.[19]

Später wurde klar: Der Sony-Hack ging nicht auf das Konto von Anonymous, sondern teilweise auf das der Cracker-Truppe »LulzSec« (kurz für »Lulz Security«), die im Frühling 2011 genau 50 Tage lang ihr Unwesen trieb. Ihr Logo, ein großköpfiges Männchen mit Zylinder, Monokel, Schnauzer und zum Toast erhobenen Weinglas, wurde weltbekannt. Der Name verdeutlicht, worum es der Gruppe ging: Zum einen wollte man einfach Spaß haben (»for the lulz«), zum anderen sollten Systemschwächen in Webseiten und Datenbanken aufgezeigt werden, die die Sicherheit von Kundendaten gefährden könnten. Zumindest behauptete das ein LulzSec-Mitglied gegenüber der Journalistin Sarah Kriesche in einem Onlineinterview.[20] Dass LulzSec eigenständig aktiv wurde, dürfte auf ein Zerwürfnis mit jüngeren Anonymous-Aktivisten zurückzuführen sein, die als »script-kiddies« ohne echte Hacker-Skills gesehen wurden. Bei LulzSec ging es schließlich um echte Hacks und nicht immer nur um simple DDoS-Attacken. So wurden nicht nur die Webseiten des TV-Senders PBS wegen der Ausstrahlung einer unfairen Story über WikiLeaks oder die Webseite des US-Senats wegen geplanter härterer Maßnahmen gegen Cyberkriminalität angegriffen. LulzSec hackte auch eine Singlebörse für Militärangehörige und veröffentlichte als Beweis 170.000 E-Mail-Adressen, griff Gamehersteller wie Nintendo, Sega oder Bethesda an, stahl Nutzerdaten der Porno-Webseite Pron.com oder attackierte die Webseiten von CIA und der dem FBI nahestehenden Organisation InfraGard. Außerdem soll LulzSec auf der Webseite der Boulevardzeitung »The Sun« eine Falschmeldung über den Tod des Medienmoguls Rupert Murdoch verbreitet haben. Für einige Aktionen schloss sich LulzSec auch wieder mit Anonymous zusammen – die »Operation AntiSec« sorgte für eine Serie von Angriffen auf Behörden- und Regierungswebseiten auf der ganzen Welt, im Zuge derer auch Zehntausende Datensätze geklaut und teilweise veröffentlicht wurden. Der österreichische Ableger AnonAustria etwa drang in die Server der ORF-Tochter »Gebühren Info Service« (GIS) ein, schnappte sich 214.000 Kundendaten und veröffentlichte Auszüge, woraufhin sich das Unternehmen bei den Kunden entschuldigen und Sicherheitsmängel eingestehen musste.

Der größte Coup dürfte aber der Angriff auf Sony Pictures als Rache für den Hacker George Hotz gewesen sein, zu dem sich ein LulzSec-Mitglied im April 2012 bekannt hatte. Diese Aktion der Hacker-Gruppe rief sofort das FBI auf den Plan, das im März 2012 verkündete, den Kopf von LulzSec abgeschlagen zu haben. Der New Yorker Hector Xavier Monsegur, auch bekannt als »Sabu«, hatte seit Monaten mit dem FBI zusammengearbeitet, bis dieses die fünf anderen Mitglieder verhaften konnte.

War 2011 ein wahres Feuerwerk an Hacker-Aktivitäten zu beobachten, so ist es 2012 ein wenig stiller geworden. Was aber nicht heißt, dass Anonymous nicht mehr aktiv ist. Im Gegenteil: Die Fronten der Hacktivisten sind zahlreich. Mit »Operation Savekids« und »Operation Darknet« ging Anonymous gegen Kinderpornografie und Pädophile im Netz vor, deren IP-

Adressen veröffentlicht wurden. In der »Operation Zeta« (oft auch »Operation Cartel«) wurden Informationen gegen ein mexikanisches Drogenkartell gesammelt, um die Freilassung eines Anonymous-Mitglieds zu erzwingen. In China starteten im April 2012 Anonymous-Angriffe auf Behörden- und Firmenseiten, um die Tyrannei des chinesischen Regimes und die Internetzensur anzuprangern. Auch die Aktionen im Rahmen des Arabischen Frühlings, bei dem schon in Tunesien und Ägypten eingegriffen worden war, liefen 2012 weiter. So wurde etwa vor dem »Großen Preis von Bahrain« die offizielle Webseite der Formel 1 im April lahmgelegt, um gegen das Regime in dem arabischen Staat zu protestieren, das hart gegen die Demonstranten vorging. Und auch in Österreich und Deutschland sind die Guy-Fawkes-Masken nicht verschwunden.

Anons in Deutschland und Österreich

China, Mexiko, USA, Spanien, Tunesien: Anonymous ist in vielen verschiedenen Ländern aktiv und auch in Deutschland und Österreich hat die Bewegung Anhänger gefunden. Mitglieder einer Anonymous-Zelle in Hamburg, wie in dem Buch »We Are Anonymous« von Spiegel-Online-Redakteuren zu lesen ist, sind bereits seit den Anfangstagen dabei und haben den großen Habbo-Raid mitgemacht und waren bei »Project Chanology« aktiv. »Deutschland ist bezüglich Anonymous sehr dezentral organisiert, seit den ACTA-Demonstrationen ist der Zulauf riesig geworden und viele Anons wollen etwas bewegen oder mithelfen, Operationen usw. zu planen«, schrieb mir ein Anonymous-Aktivist von AnonNewsDE (*http://anonnewsde.tumblr.com*), einem Informations-Blog, in einem E-Mail. »Die Schwerpunkte in Deutschland liegen bei Chanology (Proteste und Aufklärung gegen Scientology), Paperstorming, Aufklärung, Demonstrationsorganisation, AnonMedics (Anonyme Demosanitäter) und OccupyGermany, das durch die BlockupyDemos auch wieder aufgeblüht ist.« Er selbst sei seit den Aktionen gegen Scientology 2009/2010 dabei gewesen und sei auf die Aufklärungsschiene von Anonymous aufgesprungen, wo er Artikel verfasst, Flyer verteilt und auf Demos mitgeht.

»Ich bin ein Aktivist. Anonymous wird leider immer als Hackerkollektiv in den Medien betitelt. Natürlich identifizieren sich auch Hacker, Script

Kiddies, Cracker usw. mit Anonymous, was aber nicht bedeutet, dass es hier nur um ›lulz‹, hacken, cracken oder DDoSen geht«, so der deutsche Anonymous-Aktivist. »Ich habe eine Ausbildung im informationstechnischen Bereich absolviert, doch ich bevorzuge für mich selbst, ein Aktivist zu sein, und lasse die Finger von Boardmitteln wie LOIC. ›For the lulz‹ hat allgemein eine größere Bedeutung, als nur mal eben einen Server lahmzulegen.« Anonymous in Deutschland sei sehr groß, würde als Sprachrohr der Bürger agieren und als »großer Zeigefinger, der auf Dinge zeigt, die aus dem Ruder laufen«, fungieren.

Neben der Unterstützung für die Occupy- und ACTA-Proteste werden deutsche Anons vor allem dann aktiv, wenn es um Urheberrecht und Internetfreiheit geht. Ein Angriffsziel etwa war die Webseite der GEMA, der deutschen Gesellschaft für musikalische Aufführungs- und mechanische Vervielfältigungsrechte. Die GEMA streitet seit Jahren mit Googles Videoplattform YouTube darüber, wie hoch die zu zahlenden Lizenzgebühren sein sollen. Deswegen sind Musikvideos teilweise nicht in Deutschland abrufbar – was Anonymous so nicht hinnehmen wollte und die Webseite der GEMA im Sommer 2011 für einige Stunden lahmlegte. Im Sommer 2012 lief deswegen eine Polizeirazzia gegen 106 mutmaßliche Teilnehmer an den DDoS-Attacken, später zog die GEMA die Anzeigen jedoch zurück. Außerdem lief in Deutschland die »Operation Kino«. So wurde der Chefprogrammierer der vom Netz genommenen Streaming-Webseite Kino.to gerächt, nachdem er im April 2012 zu einer Haftstrafe von drei Jahren und zehn Monaten verurteilt worden war. Kino.to war eine beliebte Streaming-Seite für Filme und Serien und wurde im Juni 2011 von deutschen Behörden gesperrt, weil die Betreiber als kriminelle Vereinigung Urheberrechtsverletzungen in mehr als einer Million Fällen begangen haben sollen. Nach Meinung der Anons hätte der Programmierer mit der illegalen Verbreitung der Filme nichts zu tun gehabt und die Lobby der Unterhaltungsindustrie hätte ein Exempel statuieren lassen. Die Webseiten der Justiz in Sachsen und des Bundesministeriums für Justiz wurden per DDoS-Attacken lahmgelegt, um gegen die hohe Strafe zu protestieren. Ein weiteres wichtiges Betätigungsfeld von Anonymous in Deutschland ist die »Operation Blitzkrieg«: Dabei werden Webseiten der rechtsextremen NDP, rechter Organisationen und Nazi-Plattformen angegriffen sowie Daten auf Nazi-Leaks.net veröffentlicht (z. B. Spendenlisten der NDP).

Aus dem österreichischen Netz ist die Gruppierung AnonAustria nicht mehr wegzudenken. Das Symbol der Gruppe, das gleichzeitig ein populäres Mem bei 4chan ist: die Comic-Figuren von »My Little Pony«, die bei Defacements wie etwa der Webseite des WKR-Balls (eine Veranstaltung Rechter) dem Besucher frech entgegengrinsten. Die bunten Ponys mit dem Motto »Friendship is magic« sind Teil der Mem-Kultur auf 4chan und bieten sich außerdem für Wortspiele an: Im Englischen sprechen Hacker und Gamer davon, jemanden »p0wned«, also besiegt zu haben, und die Polizei wird schon mal als »pwnyzei« verhöhnt. Laut Eigenaussage sollen bei AnonAustria Studenten, Schüler, Arbeitslose, aber auch Beamte und sogar Militärangehörige mitmachen.[21] Seit Anfang Juli 2011 laufen Angriffe auf Webseiten von Parteien (SPÖ, Grüne und insbesondere der rechten FPÖ), Regierungsseiten (im Zuge der ACTA-Proteste, die auch offline mitorganisiert werden) sowie der Rechteverwertungsgesellschaft Austro Mechana, die eine Urheberrechtsabgabe auf Computerfestplatten fordert. Auch das Leaken von Daten gehört bei AnonAustria dazu: So wurden etwa 600.000 Krankenkassendaten oder 13.000 Nutzerdaten von der Webseite der Grünen im Netz veröffentlicht, um Sicherheitsmängel aufzuzeigen. Außerdem gelangte AnonAustria an 2,8 Gigabyte E-Mails von Scientology Österreich, die im Netz veröffentlicht wurden und die Gefährlichkeit der umstrittenen Kirche zu verdeutlichen versuchten. Ebenso wie gegen ACTA und die Vorratsdatenspeicherung gehen maskierte Anons auch in Österreich gegen Scientology auf die Straße.

Werden die Hacks und Leaks von vielen meist mit Schadenfreude aufgenommen, sorgte die Veröffentlichung von Daten von 25.000 Polizisten (inklusive Namen, Adresse und Geburtsdatum) für scharfe Kritik. Im November 2011 bekamen sie für die Aktion den Negativ-Award »Scheiß Internet«-Preis verliehen, weil sie »ihren selbstherrlichen Kampf, bei dem sie sich als Robin Hoods der entmachteten Internetbevölkerung aufspielen, tatsächlich aber Datenrüpel sind und Grundsätze der Hackerethik missachten«, wie die Jury urteilte. Ein Fehltritt ist auch die »Operation Pitdog«, die sich 2012 als missglückter Aprilscherz entpuppt (»Pitdog« heißt übersetzt Grubenhund, ein Synonym für Zeitungsente). Anstatt wie angekündigt brisante Politiker-E-Mails zu veröffentlichen, wollte man die Medienaufmerksamkeit für die Vorratsdatenspeicherung hochkurbeln. Das dürfte auch intern für Unstimmigkeiten gesorgt haben. So ist eine Gruppe mit dem Namen »AnonNewsAUT«, die den Informations-Blog *http://anonnewsaut.*

tumblr.com betreibt, YouTube-Videos produziert und Demonstrationen sowie Paperstorms mitorganisiert, weg von AnonAustria in Richtung der internationalen Anonymous-Bewegung orientiert. In einem Onlineinterview ließ mich die Gruppe wissen: »Unsere Tätigkeiten, Koordination und Kommunikation finden über das Internet statt. Es kann aber durchaus sein, dass wir bei einem Paperstorm oder einer Demonstration vor Ort waren. Inwieweit sich einzelne Anons persönlich kennen, liegt in deren Ermessen. Wir wissen nicht, wie die Mitwirkenden heißen oder wo sie wohnen, und wir sprechen uns auch bei Demonstrationen oder Paperstorms nur mit erfundenen Namen an. Außerdem gibt es keinen Austausch von Telefonnummern oder anderen Informationen – der Kontakt erfolgt lediglich durch Onlinedienste wie Twitter, IRC etc.« Zu Zielen und Motivation meinten sie: »Wir treten für Grundrechte und Datenschutz ein. Unser größtes Ziel ist es, die Leute zu informieren. Ansonsten wirken wir natürlich auch bei der Koordination von Paperstorms, Demos und anderen Offlineaktivitäten mit. Über sogenannte »Tango-Downs« und »Hacks/Defaces« berichten wir, ohne dazu aufzurufen oder andere zu motivieren, zu partizipieren. Es besteht für uns eine klare Trennung zwischen Hacks und Information, die wir auch einhalten.« Gemeinsame Aktionen mit AnonAustria gebe es aber weiterhin und auch DDoS-Attacken werden als Methode zur Erzeugung von Aufmerksamkeit gutgeheißen. Strafverfolgung nimmt die AnonNewsAUT-Gruppe in Kauf: »Auf der einen Seite steht, dass wir wegen unseren Werken bei AnonNewsAUT und den Kontakten, die wir haben, wohl von der Polizei gesucht werden. Auf der anderen Seite jedoch, dass sich Anonymous für Bürgerrechte einsetzt und sich Anons dafür stark machen, dass diese Rechte gewahrt werden. Interessant wäre, wie ein Prozess gegen einen österreichischen Anon ausgehen würde, denn immerhin bezeichnen schon jetzt viele Leute und Medien die Aktionen von uns als Notwehr gegen eine katastrophale (Überwachungs)Politik.«

Die Kultur der Hacker

So präsent Anonymous auch ist – die Aktivisten mit Hackern gleichzusetzen wäre ein schwerer Fehler. Denn Hacker gibt es mindestens so lange, wie es

Computer gibt, immerhin bezeichnet der Begriff Menschen, die in Sachen Technik gerne querdenken, Maschinen auseinandernehmen, hinter die Kulissen der Technik blicken und Geräte etwas tun lassen können, für das sie ursprünglich nicht gebaut worden sind. Auf den Veranstaltungen des legendären deutschen Vereins »Chaos Computer Club« (kurz CCC), der 1981 gegründet wurde, wird die Vielfalt der Hacker-Kultur sehr schnell klar, wie ich bei meinem Besuch des 28. Chaos Communications Congress (28C3) feststellte. Klar, viele der etwa 3000 Teilnehmer erfüllten gängige Klischees – junge Männer mit schwarzen Kapuzenpullis und schwarzen Notebooks, über deren Bildschirme mysteriöse Zeichenfolgen flimmerten, waren überall zu sehen. Auch das koffeinhaltige Getränk Club-Mate (auch als »Hacker-Brause« bekannt) floss in rauen Mengen, um die langen Stunden am Computer zu ermöglichen. Doch zu den Hackern zählen sowohl jene, die selbst Quad-Copter samt Fernsteuerung bauen können, als auch die, die vom Keller aus Webseiten von Neonazis angreifen. Wichtig sind auch jene Security-Experten, die regelmäßig neue Sicherheitslücken aufdecken und auf die davon ausgehenden Gefahren hinweisen.

»Öffentliche Daten nützen, private Daten schützen« – »Der Zugang zu Computern und allem, was einem zeigen kann, wie diese Welt funktioniert, sollte unbegrenzt und vollständig sein.« – »Beurteile einen Hacker nach dem, was er tut, und nicht nach üblichen Kriterien wie Aussehen, Alter, Herkunft, Spezies, Geschlecht oder gesellschaftliche Stellung.« Diesen Leitsätzen folgen die CCC-Mitglieder und viele andere Hacker seit mehr als 30 Jahren. Dieses Selbstverständnis prägt auch die Aktivitäten des CCC. Legendäre Hacks wie jener des BTX (früher interaktiver Onlinedienst) im Jahr 1984, der Hack des Mobilfunkstandards GSM 1998 oder der Hack der Deutschen Telekom 2004 zeigten jeweils schwere Sicherheitslücken in zentralen Kommunikationssystemen auf. In dieser Tradition ist auch die Aufdeckung des deutschen Staatstrojaners 2011 durch den CCC zu sehen. Der Einsatz der staatlichen Spionagesoftware, die vom Hersteller DigiTask auch an Österreich verkauft wurde, ist heiß umstritten, weil sie mit der Ermöglichung der Onlinedurchsuchung in die Grundrechte von Bürgern eingreift. »Die Debatte um diese Spionagesoftware und die Frage, wie man mit dem Eindringen des Staates in Informationstechnologien umgehen soll, sind noch nicht zu Ende diskutiert«, sagte CCC-Sprecherin Constanze Kurz, die auch als Sachverständige der Enquête-Kommission »Internet und digitale Gesellschaft« des Deutschen Bundestags fungiert, in einem Interview zu mir. »Vielen Leuten wird immer bewusster, wie viel Intimes sie auf ihren Rechnern speichern, und da ist eine gewisse Angst entstanden – auch, weil viele die Technik nicht mehr überblicken und das Gefühl verloren haben, sich schützen zu können.« Der CCC wird als Informationsquelle für gesellschaftliche Auswirkungen neuer Technologien so immer wichtiger.

Und wie sieht das Verhältnis zwischen CCC und Anonymous aus? »Natürlich gibt es eine gewisse Abgrenzung zwischen CCC und Anonymous, denn es gibt eine Hacker-Ethik, der einzelne Aktionen von Anonymous widersprechen. Aber es gibt auch großes Interesse daran, und die Bewegung, die es ja schon ein paar Jahre gibt, hat im Zuge von WikiLeaks mehr Öffentlichkeit erfahren. Insgesamt gibt es sicher mehr Sympathien als Ablehnung«, sagte Kurz. »Ich glaube, dass Anonymous in einigen Aktionen einfach nur das digitalisiert, was wir bereits im physischen Raum kennen: Demonstrationen und Sitzblockaden. Die werden technisch übertragen, und sofern sie keinen dauerhaften Schaden anrichten, kann man sie auch verstehen, und es gibt sicher viele Hacker, die dahinterstehen. Auf der anderen Seite sorgt so eine DDoS-Attacke bei vielen CCC-Mitgliedern auch für Stirnrunzeln. Man muss sich das also pro Aktion ansehen.« Auseinandergesetzt hat man sich beim CCC mit dem Phänomen jedenfalls intensiv. »Wir haben entdeckt, dass Teile von Anonymous durch V-Männer ferngesteuert sind und Einfluss auf diese Gruppen genommen wird. Es ist schwer durchschaubar, wer bei welchen Aktionen die Fäden zieht.«

Zu WikiLeaks hat der CCC auch eine Verbindung: Die Wau-Holland-Stiftung des Clubs (benannt nach Mitgründer Wau Holland) war eine der letzten Möglichkeiten für Spendenannahmen für die Enthüllungsplattform, als andere Firmen wie VISA, Mastercard oder PayPal Ende 2011 WikiLeaks-Konten einfroren, nachdem US-Botschaftsdepeschen veröffentlicht worden waren und WikiLeaks noch stärker ins Visier der USA geriet.

Dass Hacken nicht nur Hobby und Berufung, sondern auch Beruf sein kann (und zwar ein legaler), erfuhr ich im Rahmen der Black-Hat-Europe-Konferenz im März 2012 in Amsterdam. Der Name der Veranstaltung leitet sich von den Black-Hat-Hackern ab, jenen Vertretern der Szene, die illegale Absichten verfolgen. White-Hat-Hacker sind hingegen die Guten, die Sicherheitslücken in Soft- und Hardware aufdecken und darauf aufmerksam machen (die Bezeichnungen beziehen sich auf die Hutfarben in

Cowboy-Filmen, an denen man meist die Guten und die Bösen erkennen kann).

Zwar liefen einige Teilnehmer der Konferenz tatsächlich mit schwarzen Hüten durch die Gegend, doch die Mehrheit war wohl den White Hats zuzuordnen. Sie präsentierten auf der Bühne etwa, wie man Autos, Smartphones oder Stromzähler hackt, und boten gleichzeitig ihr Know-how an, um diese Sicherheitslücken zu schließen. »Ich sehe mich als ethischen Hacker. Meine Firma macht all das, was Cyber-Kriminelle machen, aber eben mit Einverständnis des Angegriffenen«, sagte Juho Ranta von der finnischen Firma »Louhi Security« zu mir. Zu seinen Kunden gehören Banken, Versicherungen, aber auch staatliche Einrichtungen. Per Vertrag wird der Hack unter kontrollierten Bedingungen genehmigt. Mit sogenannten »Penetration Tests« sucht Ranta nach Lücken, über die er an heikle Finanz- oder Personendaten kommen könnte. Die Ergebnisse erhält der Auftraggeber, damit er seine Systeme verbessern kann.

Anonymous ist aber auch in diesen Expertenkreisen Thema und wird dort sehr kritisch gesehen. »Anonymous macht einen guten Job, wenn es darum geht, Sicherheitsmängel aufzuzeigen«, sagt Travis Carelock, Hacker und Mitorganisator der Black-Hat-Konferenz, zu mir. »Die meisten Anon-Mitglieder suchen nach bereits bekannten Lücken. Die Methoden, die Anonymous verwendet, etwa DDoS oder SQL Injections, sind sehr alte Techniken. Die vielen Sicherheitslücken gibt es schon lange, sie fallen aber erst jetzt auf, weil sie attackiert werden. Anonymous erfindet das Rad also sicher nicht neu, sondern schnappt sich einfach die Früchte, die am tiefsten hängen.« Was Anonymous aus seiner Sicht besonders gut kann, ist die Jugend anzusprechen. »Hacktivismus gibt es schon eine ganze Weile, ist also keine neue Idee. Das Internet ist ein sehr mächtiger Verstärker. Kleine Gruppen können viel mächtiger werden als früher. Das trifft auch auf Anonymous zu. Sie können die Kids heute sehr einfach davon überzeugen, sich diese LOIC-Software herunterzuladen und ihnen die Kontrolle über ihren Computer zu geben. Früher musste man dazu heimlich einen Trojaner auf den Rechner schleusen, heute machen sie freiwillig mit. Anonymous nutzt den Idealismus und Enthusiasmus der Jugend aus.«

Im Visier von Gegen-Hackern und Behörden

Anonymous-Aktivisten leben im ständigen Bewusstsein, dass ihre Gegner hinter ihren Identitäten her sind. Wer verabsäumt, sich ausreichend online (mit Nicknames und Anonymisierungsdiensten) und offline (mit der Guy-Fawkes-Maske) zu tarnen, läuft Gefahr, aufzufliegen. Der Aufstieg von Anonymous hat eine ganze Reihe von Gegen-Hackern auf den Plan gerufen, die es sich (zumindest zeitweise) zum Ziel gesetzt haben, die echten Namen von Anons aufzudecken – Gruppen wie »A-Team«, »Web Ninjas« oder »Th3 J35t3r« (»The Jester«, er bezeichnet sich als »Hacktivist der guten Seite«) haben immer wieder versucht Anonymous bzw. die Hacker-Truppe LulzSec ausfindig zu machen. Besonders aktiv war auch das »TeaMp0isoN«, das zeitweise große Rivalitäten mit Anonymous und LulzSec pflegte, weil diese als ein »Haufen Script-Kiddies« angesehen wurden. Später fusionierte das Hacker-Team, selbst politisch in Großbritannien aktiv, mit der AntiSec-Operation.

Ein wichtiger Meilenstein in der Anonymous-Geschichte ist auch der Fall »HBGary Federal«. Der Chef des Sicherheitsunternehmens Aaron Barr behauptete, mit seinen Hacking-Techniken die Identitäten von Anonymous-Mitgliedern aufgedeckt zu haben. Diese wiederum dementierten, mit den 130 Personen auf seiner Liste, die dem FBI übergeben werden sollte, etwas zu tun zu haben. Im Februar 2011 kam der Gegenangriff: Per SQL Injection und geknackten Passwörtern gelangte Anonymous in den Besitz von 68.000 E-Mails der Firma, die veröffentlicht wurden. Außerdem wurde Barrs Twitter-Account gehackt und seine Wohnadresse veröffentlicht. Der Inhalt der E-Mails war so brisant (geplante Attacken auf WikiLeaks, Dokumentenfälschung für Banken, Spionage bei Gewerkschaften), dass sich sowohl die US-Wirtschaftskammer als auch andere Security-Firmen von HB Gary Federal distanzierten. Barrs Ruf war ruiniert und er verließ die Firma drei Wochen nach dem Vorfall.

Im Gegensatz zu Barr schlug die Polizei erfolgreich gegen Anonymous zu: Einer Statistik des französischen Sicherheitsforschers François Paget zufolge gab es zwischen Dezember 2010 und April 2012 mehr als 200 Ermittlungen, Hausdurchsuchungen bzw. Verhaftungen in Sachen »Anonymous«. Den Zahlen zufolge dürfte Anonymous vor allem in den USA, Türkei, Italien, Großbritannien, Argentinien, Spanien, Chile, Niederlande, Kolumbien,

Frankreich, Griechenland und Polen aktiv sein, und viele verhaftete Anons sind zwischen 16 und 28 Jahren alt.[22] In Deutschland gab es im Zuge des Angriffs auf die GEMA-Webseite mehr als 100 Hausdurchsuchungen und auch in Österreich hat die Polizei an die Haustüren von mutmaßlichen Anonymous-Mitgliedern geklopft. Dass es dabei auch Unschuldige treffen kann, zeigt der Fall des Österreichers Michael R.: Seine Internetaktivitäten wurden von den Ermittlern (teilweise frappierend) falsch interpretiert, was später sogar eine parlamentarische Anfrage zur Folge hatte. Er soll nicht der einzige Österreicher sein, der von der Polizei Besuch bekam, wie mir eine anonym bleibende Person mit Kenntnis der Vorgänge versicherte.

Anonymous-Aktivisten leben gefährlich, so viel ist sicher. Doch sie haben es geschafft, teilweise große Aufmerksamkeit für ihre Anliegen zu schaffen und haben unter anderem mitgeholfen, ein Gesetz (das Anti-Piraterie-Abkommen ACTA) zu stürzen. Auch der Chaos Computer Club ist in Deutschland ein wichtiger politischer Faktor geworden, wie seine Aufdeckungsarbeit rund um den Staatstrojaner zeigt. Und nicht zuletzt ist es die Hacker-Mentalität, die längst die Arbeit in großen Internetfirmen prägt – Facebook ist dafür das beste Beispiel.

Facebook – Kampf um die Online-Identität

Die Firma am Hacker-Weg

Wenn man die Firma Facebook in Kalifornien besuchen will, muss man einen ganz besonderen Weg nehmen: Den Bayfront Expressway von San Francisco kommend, fährt man an der Willow Road links ab, erhascht einen Blick auf einen riesigen blauen erhobenen Daumen (besser bekannt als »Like«- bzw. »Gefällt mir«-Button) und nimmt dann den Hacker Way, um den Mietwagen auf einen der riesigen Parkplätze rund um die Unternehmenszentrale des Onlinenetzwerks abzustellen. Dass die Zufahrtsstraße Hacker Way heißt, ist natürlich kein Zufall – denn das Hacken, so will es zumindest Firmengründer und Multimilliardär Mark Zuckerberg (geb. 1984), ist der Kern jener Unternehmensphilosophie, die mittlerweile große Teile des Internets mitbestimmt. Am Hacker Way werden von gut bezahlten Softwareentwicklern jene Funktionen ersonnen, die regelmäßig den mehr als 900 Millionen Nutzern des Onlinenetzwerks größtenteils gratis zur Verfügung gestellt werden und darüber hinaus auch auf anderen Webseiten zum Einsatz kommen. Der Like-Button steht exemplarisch für den immensen Einfluss, den Facebook auf das Netz hat.

»Hack« ist für Facebook aber nicht nur ein Wort, das man auf Straßenschilder schreiben und Bürowände sprayen lässt, um sich ein möglichst cooles Image zu verpassen. Bei meinem Besuch der Firmenzentrale im Jahr 2010 –

damals nicht am Hacker Way, sondern noch im nahe gelegenen Palo Alto – war das Hacken omnipräsent. Die Eingangstür zierte das Wort ebenso wie verschiedene Sticker und Wände, und Facebook-Mitarbeiter schwärmten von den sogenannten »Hackathons« (Kunstwort aus »Hack« und »Marathon«), die regelmäßig in der Firma veranstaltet werden. Dabei handelt es sich um einen Mix aus Party und Arbeit, bei dem die Mitarbeiter eine Nacht gemeinsam durchmachen, um Pizza zu essen, sich besser kennenzulernen – und um zu arbeiten. Denn während bei anderen Firmenfeiern viel Alkohol fließt, fließen bei einem Facebook-Hackathon vielmehr die Daten. Viele Mitarbeiter nutzen solche Nächte, um neue Ideen zu entwickeln und gleich in Software umzusetzen. Die Ortungsfunktion, die heute sowohl am Smartphone als auch am Computer verwendet werden kann, um Facebook-Freunde wissen zu lassen, wo man gerade ist und wo ein Foto aufgenommen wurde, hat beispielsweise ihre Wurzeln in einem solchen Hackathon. Dass die Mitarbeiter Nachtschicht für die Firma schieben, ist natürlich auch im Interesse der Chefetage rund um Zuckerberg. Der Hackathon wirft nicht nur regelmäßig neue Features für das Onlinenetzwerk ab, sondern soll auch den Teamgeist stärken.

Schließlich ist der Hackathon nicht eine Erfindung von Mark Zuckerberg, sondern in vielen Software- und Internetfirmen des Silicon Valley gang und gäbe. Bei den Suchmaschinenbetreibern Google oder Yahoo! finden solche Veranstaltungen ebenfalls statt und dienen in den Firmen auch dazu, die Angestellten wissen zu lassen, dass deren Ideen geschätzt werden. Das erste Mal soll ein Hackathon übrigens bei der Softwarefirma Sun Microsystems (bekannt für die Gratisbürosoftware »Open Office« sowie die Programmiersprache »Java«) stattgefunden haben, und das trifft sich für Facebook wunderbar. Denn so ist das Onlinenetzwerk nicht nur teilweise in Java geschrieben, nein, die Firmenzentrale am Hacker Way war früher sogar Sitz von Sun. Heute bietet sie den meisten der mehr als 3500 Mitarbeiter mit zwei Restaurants, zwei Coffeeshops, einem Hausarzt, einem Fitnesscenter, einem Grillplatz sowie vielen kleinen Küchen mit Gratisgetränken und Snacks eine Menge Komfort. Das muss Facebook auch: Denn der Erzrivale Google ist im Silicon Valley immer noch der beliebtere Arbeitgeber, weil bei Facebook längere Arbeitszeiten sowie schlechteres Kantinenessen angesagt ist, wie eine Studie des Jobportals Glassdoor im März 2012 ergab.[23]

Das Hacker-Mantra von Facebook hat es sogar in den Börsenprospekt geschafft, der im Vorfeld des IPO (»Initial Public Offering«) am 18. Mai 2012 Anleger vom Potenzial der Firma überzeugen sollte. »Wir haben eine einzigartige Firmenkultur und einen einzigartigen Managementansatz aufgebaut, den wir den Hacker-Weg nennen«, lässt Facebook-Chef Mark Zuckerberg potenzielle Anleger darin wissen. Das Wort »Hacker« sei ungerechtfertigterweise negativ besetzt, weil darunter oft jemand verstanden werde, der in die Computer anderer einbricht. Aber: »Die große Mehrheit der Hacker, die ich getroffen habe, sind Idealisten, die die Welt verbessern wollen«, so Zuckerberg weiter. »In Wahrheit bedeutet ›Hacken‹ eigentlich nur, etwas sehr schnell aufzubauen und die Grenzen dessen, was man tun kann, auszuloten. Hacker glauben daran, dass etwas immer besser gemacht werden kann und nichts jemals fertig ist.«[24] Nicht umsonst ist im Facebook-Hauptquartier überall der Spruch »Done is better than perfect« (»fertig ist besser als perfekt«) zu lesen, der das Hacker-Ethos widerspiegeln soll. Anstatt wochenlang an der Perfektionierung einer Funktion zu basteln, probiert man bei Facebook einfach mal aus, ob etwas in der Praxis klappt – oft zum Leidwesen seiner Nutzer, die sich von neuen Funktionen überrumpelt fühlen und sogar Daten verlieren, weil sie eben nicht perfekt sind. Im Sommer 2012 etwa stellte Facebook die E-Mail-Adressen seiner Mitglieder ungefragt auf einheitliche @facebook.com-Adressen um – was in Folge zu Kommunikationsproblemen und Datenverlust führte, weil etwa die Adressbucheinträge von iPhone-Nutzern automatisch mit den neuen Adressen überschrieben wurden.[25] Facebook musste sich später dafür entschuldigen und versuchte die verlorenen Daten zu retten.

Warum man bei Facebook solche und viele andere Dinge (die Einführung des Werbesystems »Beacon«, des Newsfeeds oder der automatischen Gesichtserkennung wurden ebenfalls kritisiert) oft überhastet einführt, ist fraglich. Immerhin rühmt sich Facebook-Chef Zuckerberg: »Wir haben eine Entwicklungsumgebung zum Testen, in der wir jederzeit tausend verschiedene Versionen von Facebook ausprobieren können.« So würden sich die besten Ideen durchsetzen und nicht einfach nur die Ansagen einiger hoch bezahlter Manager. Denn: »Code ist stärker als Argumente.«

Die Hacker-Ethik, die bei Facebook groß geschrieben wird, ist aber zu hinterfragen und wirkt bei genauerem Hinsehen eher wie eine Pose. Mark Zuckerbergs Onlinenetzwerk, das er 2004 an der Universität Harvard gründete, steht spätestens seit dem Börsengang in einem harten Wettbewerb um das Internetgeschäft – und dort gelten nicht mehr die Regeln der Hacker, sondern die des Dollars.

Silicon Valley, Heimat der Cyber-Utopisten

Wenn man von Facebook am Hacker Way zu Google oder Apple fahren möchte, dann muss man nicht mehr als eine halbe Stunde Autofahrt einrechnen. Für IT-Journalisten, Softwareentwickler, Internetgeschäftsleute und Risikokapitalisten ist die Gegend südöstlich von San Francisco, besser bekannt als das Silicon Valley, ein Hightecheldorado der Sonderklasse. Wenn eine Firma im Online- bzw. IT-Business eine Rolle spielt, dann kommt sie mit großer Sicherheit aus dem Silicon Valley. Neben Facebook, Apple und Google sind hier noch andere Giganten der Branche versammelt: Cisco, HP, Twitter, YouTube, Intel, Yahoo! und Tausende andere Firmen sind zwischen San Francisco und San José angesiedelt. Das Geld, das Know-how, die Arbeitskräfte und natürlich das milde Klima der Gegend lassen kleine Start-ups nur so aus dem Boden sprießen. Kurz: Das Silicon Valley ist das Ziel fast jedes Internetunternehmers, der eine Milliardenfirma aufbauen will. Facebook-Gründer Mark Zuckerberg zog auf Anraten seines Kurzzeitmentors Sean Parker (einer der beiden Napster-Gründer) ins Silicon Valley und fand hier die Milliarden und Manager, die ihm beim Aufbau einer der großen IT-Firmen des jungen Jahrtausends halfen.

Die Gegend bei San Francisco lebt stark von ihrem guten Ruf, hat aber auch sonst viel zu bieten: Da ist die Westküstenmetropole mit ihrer Hippievergangenheit, die man heute noch auf der Haight Street und in anderen Gegenden spürt und liberales Flair als Zentrum der US-amerikanischen Schwulen- und Lesbenbewegung versprüht. Die Weingegend Napa Valley, bekannt für den einen oder anderen guten Tropfen, lockt mit sanften Hügeln und mediterranem Klima nach Norden über die Golden Gate Bridge, und wer es ein wenig cooler will, fährt hinunter in die »Surf City USA« Santa Cruz. Die Ikone der IT-Welt schlechthin, der Ende 2011 verstorbene Apple-Gründer Steve Jobs, ist ebenfalls ein Kind dieser Gegend, und seine Geschichte geht Hand in Hand mit der des Silicon Valley.

Steven Paul Jobs (geb. 1955) wuchs mitten im heutigen Silicon Valley, in Los Altos, als Adoptivsohn von Paul und Clara Jobs auf und kam dort früh mit Technologie in Kontakt. Die Ansiedlung der Raketenforschungsabteilung des Luft- und Raumfahrtunternehmens Lockheed (heute Lockheed Martin) zog Ingenieure aus dem ganzen Land an und das Leben vieler Menschen damals begann sich immer stärker um diese Technologie zu drehen. Bevor Jobs aber der Hightechwelt verfiel, zog ihn die Hippiebewegung in ihren Bann. Am Reed College im US-Bundesstaat Oregon begann er sich für den Buddhismus zu interessieren, experimentierte später mit allen möglichen Drogen und setzte sich schließlich auf eine Apfeldiät, die ihm später die Idee für den Firmennamen geben sollte. Der Höhepunkt seines Selbstfindungstrips: eine Reise nach Indien an den Fuß des Himalayas, die Jobs angesichts der Armut der lokalen Bevölkerung einen völlig neuen Blickwinkel eröffnete. »Vielleicht hat Thomas Edison doch mehr zur Verbesserung der Welt beigetragen als Karl Marx«, meinte er nach seiner Rückkehr in die USA.

Der Glaube an Technologie als Möglichkeit zur Verbesserung der Welt sollte ab diesem Zeitpunkt sein restliches Leben bestimmen. Während Jobs bei der damals jungen Game-Firma Atari jobbte, lernte er seinen späteren Langzeitpartner Steve Wozniak kennen, mit dem er Technik wirklich zu leben begann. Besonders fasziniert waren die beiden damals von »Captain Crunch« (bürgerl. Name John T. Draper), den man getrost zu den ersten Hackern zählen kann. Seine Spezialität war es, mit einer »Blue Box«, die Pfeifgeräusche erzeugte, die Vermittlungsstellen der Telefongesellschaften auszutricksen und so kostenlose Telefonate zu führen. Jobs und Wozniak taten es ihm gleich und wurden ebenfalls zu sogenannten »Phreakern« (ein Kunstwort aus »phone« und »freak«). Sie riefen einmal sogar im Vatikan an, gaben sich als Henry Kissinger aus und verlangten den Papst zu sprechen. Ihre Leidenschaft fürs Computertüfteln lebten die zwei Apple-Gründer auch im legendären »Homebrew Computer Club« aus, wo sie bei einem der Treffen mit anderen Bastlern ihren ersten Rechner, den Apple I, vorstellten. Hacken, Basteln, die Welt verändern – wer heute ein Hacker-Labor oder ein Treffen des Chaos Computer Clubs besucht, wird diese Konstanten, die die jungen Menschen damals so bewegten, heute genauso wiederfinden. Der Rest der Apple-Story ist IT-Geschichte: Jobs und Wozniak entwickelten gemeinsam die ersten Apple-Computer, brachten ihre Firma an die Börse und den Mac-Computer auf den Markt, doch dann trennten sich ihre Wege. Nach einer Auszeit kehrte Steve Jobs zu seinem Unternehmen zurück und brachte mit iPod, iPhone und iPad jene Geräte auf den Markt, die Apple zu einer der wertvollsten Marken und Firmen aller Zeiten machen sollte.

»Die Geburt und der Tod der Gegenkultur (der 1960er- und 1970er-Jahre, Anm.) waren eng mit der Entstehung des Personal Computers und des World Wide Web verwoben. Viele der führenden Apostel und Architekten von digitaler Konnektivität – etwa die exzentrischen Netzwerkvisionäre JCR Linklider und Douglas Englebart, WELL-Gründer Stewart Brand, Wired-Gründer und Herausgeber Kevin Kelly, die Apple-Gründer Steve Jobs und Steve Wozniak und der Grateful-Dead-Texter und Electronic-Frontier-Foundation-Mitbegründer John Perry Barlow waren selbst Produkte der Gegenkultur. Diese Pioniere importierten den Libertarismus der Sechziger, seine Ablehnung von Hierarchie und Autorität, seine Begeisterung für Offenheit, Transparenz und persönliche Authentizität und seinen globalen Kommunitarismus in jene Kultur, die als ›Cyberspace‹ bekannt wurde«, schreibt etwa Buchautor Andrew Keen über den Geist des Silicon Valley[26], wo er täglich arbeitet.

Diese Hippieideen schwingen in vielen Produkten des Valley mit – besonders bei Facebook, wo jeder mit jedem Freund sein soll, jeder er selbst sein will, es keine Hierarchien geben und absolute Transparenz herrschen soll. Grateful-Dead-Mitglied John Perry Barlow, der die US-Bürgerrechtsorganisation EFF ins Leben gerufen hat (die heute IT-Unternehmen und Staaten in Sachen Zensur und Überwachung Paroli bietet), hat 1996 sogar die »Unabhängigkeitserklärung des Cyberspace«[27] verfasst, in der er unter anderem die Einmischung von Regierungen, insbesondere der USA, in Internetbelange zurückweist und eine freie Entwicklung der virtuellen Welt, in der sich seiner Ansicht nach eigene Gesetze herausbilden werden, fordert.

»Kalifornien ist ein eigener Planet für sich, der von dem Mythos lebt, dass die langhaarigen Hippies in der Garage unterm Apfelbaum die coolen iPads erfinden«, sagt etwa der Wiener Medienforscher und Künstler Konrad Becker vom »World-Information Institute« für digitale Kulturtechnologien. »Dieses Idyll ist aber eine Illusion. In Kalifornien gab es eines der größten Umverteilungsprogramme der Welt in Hightech-Militärforschung. Da wurden Milliarden hineingebuttert, und eben nicht nur in Raketentechnologie, sondern auch in Computer. Egal ob Silicon Graphics, Atari oder Amiga –

das stammte alles aus der Militärforschung.« Wie auch das Internet selbst (ab 1969 vom »Advanced Research Project Agency«, kurz ARPA, des US-Verteidigungsministeriums entwickelt), fußt auch Computertechnologie stark auf militärischer Forschung und wird auch heute von Kritikern immer wieder des Einsatzes für Spionage, Überwachung und Zensur verdächtigt.

»Cyber-Utopisten« werden jene genannt, die etwas naiv an Computer und Internet als Werkzeuge für eine freiere, gerechtere Welt glauben. »Das Internet war damals in den 1990er-Jahren noch ein weißer Fleck auf der Landkarte und war deswegen ein großer Möglichkeitsraum. Es erschien damals vieles möglich, und natürlich war das überlagert von simplen und naiven Vorstellungen, die teilweise bis heute nachwirken«, sagt Becker, der 1994 mit der »Public Netbase« eine Kunst- und Kulturplattform für die freie Nutzung von neuen Medien, insbesondere des Internet, ins Leben rief. »Die Unabhängigkeitserklärung des Cyberspace von John Perry Barlow konnte man schon damals nicht wirklich ernst nehmen. Die Vorstellung, dass sich mit diesen Netzwerken eine völlige Enthierarchisierung automatisch einstellt, weil alles nur mehr basisdemokratisch und ›liquid‹ ist – das ist immer schon blanker Unsinn gewesen. Heute weiß jeder, dass es nicht so gekommen ist.«

Sieht man sich den Status quo von Computer- und Internetwelt im Jahr 2012 an, muss man aus dem Blickwinkel der Cyber-Utopisten ein wohl negatives Resümee ziehen. Abgesehen von Wikipedia und der freien Onlinelandkarte »Open Street Map« gibt es nur wenige Beispiele, die den Triumph des freien Netzes über kommerzielle Interessen und staatliche Einmischung dokumentieren. Vielmehr liefern sich die führenden IT-Konzerne der Welt einen Kampf um Nutzermassen, Marktanteile und Milliardeneinnahmen. 2012 sieht alles nach einem Fünfkampf zwischen Facebook, Apple, Google, Amazon und Microsoft aus.

Fünfkampf um die Cloud

Eigentlich ist oft die Rede von den »Big Four« der IT-Branche – doch je nachdem, wessen Ausführungen man gerade folgt, bekommt man eine andere Aufzählung. Ich spreche deswegen lieber von den »Big Five«: Amazon, Apple, Facebook, Google und Microsoft sind es, die im zweiten Jahrzehnt des zweiten Jahrtausends erbittert um die Vorherrschaft im Internet kämpfen und höchstens noch von chinesischen Firmen herausgefordert werden könnten (wonach es 2012 aber nicht aussieht). Allein die Liste der Top-Webseiten der Welt von Alexa.com zeigt, dass fünf der zehn größten Seiten eben diesen Firmen gehören.[28] Dabei ist es auf den ersten Blick gar nicht so offensichtlich, dass die großen Fünf miteinander im Wettstreit stehen. Amazon ist für viele noch ein Onlinebuchhändler, der sein Sortiment auf alle möglichen Produkte bis hin zu Gemüse ausgedehnt hat. Google bietet uns die Suchmaschine, die wir täglich anwerfen, dazu nützliche Webdienste wie YouTube und das mobile Betriebssystem Android. Microsoft kennt man für sein Betriebssystem Windows, die Bürosoftware Office und die Spielkonsole Xbox. Apple steht für formschöne Computer, den iPod, das iPhone und das iPad, und Facebook ist das Onlinenetzwerk, über das wir täglich mit Freunden (und vielen anderen Menschen) kommunizieren.

Doch sieht man genauer hin, dann zielen diese fünf Firmen alle auf dasselbe Geschäft ab: die sogenannte Cloud (»Internetwolke«) und passende Geräte, mit denen man darauf zugreift. »Cloud Computing«, ein längst überstrapazierter Marketingbegriff, beschreibt etwas, was wir im Internet eigentlich schon immer tun: Wir nutzen die Power von weit entfernten Rechenzentren, die großen Internetunternehmen gehören, um dort unsere Daten zu speichern, zu bearbeiten und zu veröffentlichen. Selbst die erste E-Mail-Adresse, die ich mir in den 1990er-Jahren zugelegt habe, war in der »Cloud« zu Hause – schließlich wurden die E-Mails über den Server des Anbieters verschickt und auf diesen gespeichert, damit ich sie von jedem Computer aus abrufen konnte. Heute spielt sich bereits sehr vieles in der Internetwolke ab, wenn man einen Computer aufdreht oder zu einem Smartphone greift: YouTube-Videos, Streamingmusik, Fotoportale wie Flickr und Instagram, Onlinespeicher bei Dropbox, Weblogs, Dokumente und natürlich auch unser Onlinebanking – all das und vieles mehr ist bereits in der »Cloud« und nicht lokal auf einer Festplatte oder einem Handyspeicher abgelegt. Spätestens dann, wenn das Netz ausfällt oder man im Urlaub keinen Internetzugang hat, merkt man, wie abhängig man bereits von der Internetwolke geworden ist.

Amazon, Apple, Google, Microsoft und Facebook geht es nun darum, das Internet zu »ihrer« Cloud zu machen und zu einem Vollversorger in Sachen Onlinedienste zu werden. Amazon ist das beste Beispiel dafür: Bei

Jeff Bezos' Firma aus Seattle kann man natürlich viel Geld im Onlineshop für DVDs, Computerspiele und Gartenzubehör ausgeben, aber man bekommt auch immer mehr digitale Güter. Musik, Bücher, Filme, Software, Zeitschriften, Games – alles, was sich in Nullen und Einsen umrechnen und auf einem Display darstellen lässt, kann man ebenfalls von den Amazon-Servern (weltweit sollen es im Sommer 2012 etwa 450.000 Großrechner gewesen sein[29]) beziehen. Die Voraussetzung für die meisten digitalen Angebote: ein Kindle-Tablet. Seit September 2011 wird das »Kindle Fire«, ein dem iPad von Apple nicht unähnliches Tablet-Gerät mit Touchscreen, um 200 Dollar in den USA verkauft. Die Strategie: Der günstige Einstiegspreis soll möglichst viele Konsumenten zum Kauf bringen, um sie in Folge zum Bezahlen von Zusatzdiensten zu bringen – Musik, Filme, Apps usw. Dass der Tablet-Computer nicht viel mehr als ein Fenster zu den Amazon-Servern ist, zeigt vor allem der Internetbrowser »Silk«, der am Kindle Fire sogenanntes »Split Browsing« erlaubt. Die meisten Funktionen sind auf die Server des Seattler Unternehmens ausgelagert, die die Webseiten abrufen, berechnen und fix und fertig an das Tablet des Nutzers schicken. Von Datenschützern wurde »Silk« stark kritisiert, dringt er schließlich tief in die Privatsphäre des Nutzers ein, indem er sämtliche Internetaktivitäten mitliest. Vom Amazon-Smartphone ist nichts anderes zu erwarten.

Die Strategien von Amazons Konkurrenten sehen sehr ähnlich aus. Google hat mit einer Serverzahl von mehr als einer Million die größte Cloud der Welt. Seine Haupteinnahmen zieht das Unternehmen aus Mountain View im sonnigen Silicon Valley noch aus den Werbeanzeigen, die in der Suchmaschine passend zu den Suchbegriffen der Nutzer angezeigt werden. Doch auch Google will die Cloud verkaufen: Im Sommer 2012 stellte man mit dem »Nexus 7« ein eigenes Tablet vor (wiederum Amazons »Kindle Fire« sehr ähnlich und als Angriff auf dieses zu werten), mit dem man unterwegs und daheim Google-Dienste konsumieren soll – von Musik über Filme bis hin zu digitalen Magazinen. Tablet-Vorreiter Apple verdient mit iPad und iPhone viele Milliarden, aber auch das Geschäft mit Film- und Musikstreams sowie Apps ist äußerst lukrativ und boomt weiter. Die sogenannte »iCloud« dient Apple als Drehscheibe zwischen den Geräten, um die Daten der Nutzer zentral auf Apple-Servern zu speichern und je nach Bedarf auf dieses oder jenes Gerät zu schieben. Auch Microsoft hat das Potenzial der »Cloud« erkannt und sein eigenes Fenster in diese Welt vorgestellt: »Surface« heißen die Tablets, die dank Windows-8-Betriebssystem eng mit der Internetwolke verzahnt sind. Wie Microsoft-Chef Steve Ballmer in einem Interview klarmachte, werde man im Kampf gegen Apple um den Software- und Hardwaremarkt nichts unversucht lassen. Und schließlich wird auch Facebook seit Jahren nachgesagt, an einem Smartphone zu arbeiten, das vorrangig als Zugangsgerät zur Facebook-Wolke dienen soll, wo von Kontaktlisten bis zu Fotoalben viele private Daten lagern. Anstatt nur auf Werbeeinnahmen zu setzen, peilt auch Facebook wie seine Konkurrenten das Geschäft mit Zusatzfunktionen und -inhalten an: Im App Center, das im Sommer 2012 gestartet wurde, sollen die Nutzer auch Apps (z. B. Spiele) kaufen.

Wer in dem Fünfkampf das Rennen machen wird, ist noch offen. Chancen auf den Sieg in der Cloud hat jede der Firmen, aber noch sind sie teilweise voneinander abhängig. Amazons Kindle-Tablet braucht das Android-Betriebssystem und die Android-Apps von Google, um überhaupt laufen zu können. Apple hat die Onlinenetzwerke Facebook und Twitter in seine Betriebssysteme integriert und Facebook wiederum hat seine Apps auf allen Geräten seiner Konkurrenten laufen. Doch die Entwicklungen der Jahre 2011 und 2012 haben gezeigt, dass die »Big Five« lieber ihr eigenes Süppchen kochen und ohne Partnerschaften auskommen wollen: Google hat sein eigenes Onlinenetzwerk gegen Facebook lanciert, Google und Microsoft ihre eigene Tablets gegen Apple und Amazon auf den Markt geworfen, Apple Googles Kartenmaterial vom iPhone verbannt und Facebook seinen eigenen App Store gegen Google und Apple gestartet.

Mit der Ausweitung ihrer Geschäftsbereiche und dem Kauf kleinerer Firmen (beispielsweise der Milliardenübernahme der Foto-App Instagram durch Facebook) dehnen die »Big Five« ihre Einflussbereiche auf immer größere Teile des Netzes aus. Das macht diese US-Konzerne sehr mächtig – denn in ihren virtuellen Territorien machen sie die Regeln und bestimmen darüber, was erlaubt ist und was nicht. Facebook etwa wird immer wieder dafür kritisiert, ohne triftigen Grund Inhalte der Nutzer zu löschen – so geschehen etwa bei Bildern von stillenden Müttern, die als pornografisch eingestuft wurden, weil sie zu viel Brust zeigten, oder Aufnahmen von nackten Puppen aus selbigem Grund. Apple-Gründer Steve Jobs' Kreuzzug gegen Onlineerotik wirkt bis heute nach: So wurde im Mai 2012 das Titelfoto der iPad-Ausgabe des Magazins »Focus«, das eine nackte Frau zeigte, zensiert, weil der App-Anbieter Zinio es nicht wagte, das Cover im App-Store zum Verkauf anzubieten. Satire-Apps zu politischen (z. B. »Obama Trampoline«, Assad-Parodie »Angry Syrians«) oder religiösen Themen (z. B. »Me So Holy«) wurden ebenfalls nicht in die heile Apple-Welt hineingelassen. Amazon löschte via Fernzugriff die digitalen Exemplare von Büchern von Kindle-Geräten seiner Kunden, obwohl diese bereits bezahlt worden waren. Als Grund gab Amazon an, der Rechteinhaber hätte auf die Entfernung bestanden – delikaterweise handelte es sich bei den beiden Titeln um George Orwells Werke »Die Farm der Tiere« und »1984«, die totalitäre Überwachungsstaaten zum Thema haben. Der US-Juraprofessor und Free-Software-Aktivist Eben Moglen bezeichnete Amazons Vorgehen im Rahmen der re:publica-Konferenz im Mai 2012 in Berlin als »moderne Form der Bücherverbrennung«. »Die Dinge, die wir lesen, lesen uns, wir werden getrackt, überwacht und berechnet«, sagte Moglen. Egal ob bei Facebook, Google, Apple oder Amazon – über deren Geräte und Dienste würden wir heute sehr viel über uns selbst freiwillig verraten. »Google gehört das Suchfeld und wir geben dort alle unsere Träume und Wünsche ein. Auf Facebook teilen wir alles mit unseren Freunden und unserem Superfreund, der die Daten jedem gibt, der danach fragt und dafür zahlen kann.«

Dass die »Big Five« trotz der scharfen Kritik von Bürgerrechtlern und Aktivisten den Internetmarkt weiter beherrschen, andere Firmen zurückdrängen werden und freien, nicht kommerziellen Angeboten wenig Chancen lassen werden, steht außer Zweifel. So gibt es bereits Befürchtungen, dass das Machtstreben von Unternehmen nicht im Internet bleiben wird und sich auch auf sämtliche Geräte mit integrierten Chips – vom Computer bis zur Waschmaschine – ausdehnen wird. Der in Kanada geborene Autor und Blogger Cory Doctorow, einer der bekanntesten Kämpfer gegen restriktive Copyright-Gesetze, warnt bereits davor, dass die Funktionen von Computern künftig von Regierungen und Unternehmen beschnitten werden könnten. Geräte wie das iPad oder Amazons »Kindle Fire« sind die ersten Vorboten einer neuen Generation an Rechnern, mit denen man nur mehr machen kann, was die Firmen erlauben. »Sie haben Software installiert, die den Nutzer bespitzelt, die bestimmte Prozesse sperrt, die verhindert, dass man jeden beliebigen Code darauf ausführen kann. Diese Computer werden gesperrt verkauft, aber man kann sie noch mit Tricks entsperren. Das ist noch der Unterschied zum Computer der Zukunft, der nicht mehr entsperrt werden kann«, sagte Doctorow in einem Gespräch im Rahmen der Hacker-Konferenz 28C3 zu mir. »Computer sind mittlerweile in jedem Produkt. Wir haben heute keine Autos mehr, sondern fahrende Computer, keine Hörgeräte, sondern Computer in unseren Ohren. Morgen werden wir in Computern sitzen, Computer ständig mit uns herumtragen, Computer in unseren Körpern tragen und fremde Firmen werden sie ohne meine Zustimmung kontrollieren dürfen. Das ist ein Alptraum.«

Noch sind Doctorow und andere Kritiker eine Minderheit, die vor einer komplett überwachten und ferngesteuerten Computerzukunft warnen, während Gadgets wie das iPhone oder immer neue Smartphones die Massen begeistern. Insofern bleibt vorerst abzuwarten, wer die Geldbörsen der Konsumenten erobern wird. Ziel der Firmen wird immer sein, den Nutzer in ihren eigenen Reichen zu halten und nicht auf die Idee kommen lassen, bei den anderen einkaufen zu gehen. Damit wir uns in ihren »walled gardens« richtig wohlfühlen, brauchen Facebook, Google, Amazon, Apple und Microsoft aber zuerst eines: unsere echte Identität.

Das Geschäft mit der Online-Identität

»Bitte hilf uns dabei, zu verstehen, wie Nutzer Facebook verwenden. Deine Antwort bleibt anonym und hat keinen Einfluss auf das Konto deines Freundes. Ist dies der echte Name deines Freundes?« Mit dieser Frage konfrontierte das Onlinenetzwerk Facebook seine Mitglieder im Sommer 2012. Hinter der scheinbar unschuldigen Frage steckt wirtschaftliches Kalkül – und Facebook forderte zu nichts anderem auf, als andere Nutzer, die unter falschem Namen auftreten, zu verpetzen. Facebook sieht sich dazu im Recht, denn schließlich heißt es in den »Standards der Facebook-Gemeinschaft«: »Auf Facebook vernetzen sich die Menschen mit ihren wirklichen Personenangaben. Diese Kultur sorgt für Berechenbarkeit und schafft Vertrauen und Sicherheit für alle. Sich als andere Person auszugeben, mehrere Konten zu erstellen oder eine Organisation falsch darzustellen untergräbt die Gemeinschaft und ist ein Verstoß gegen Facebooks Nutzungsbedingungen.«[30] Was zwischen den Zeilen steht: Es ist auch nicht erlaubt, unter Pseudonym oder Nickname aufzutreten, und wer das tut, riskiert die Löschung seines Profils.

Facebook, das von der deutschen Bundesministerin für Verbraucherschutz, Ilse Aigner, schon als »Meldeamt der Welt« bezeichnet wurde,[31] ist die Speerspitze jener Unternehmen, die Internetnutzer identifizieren und vollständig erfassen wollen. Was in der Offlinewelt Sache des Staates ist (die Vergabe von Ausweisen zur Identifizierung von Personen), will der Konzern Facebook in der Onlinewelt sein und steht damit diametral zu der Hacker-Bewegung »Anonymous«, die die Anonymität im Namen trägt und deren Mitglieder ihre Gesichter und echten Identitäten hinter Masken und Nicknames verbergen. Ein Facebook-Konto wird tatsächlich immer mehr zum Internetausweis. Es gibt Hunderte, wenn nicht Tausende von Internetdiensten, bei denen man sich nicht per E-Mail-Adresse und Passwort anmelden kann, sondern einfach per Klick auf den »Login mit Facebook«-Knopf. Anstatt seine Daten einzugeben (z. B. Name, Alter, Wohnort usw.), holt sich der Webdienst über den Browser eine ganze Reihe von Daten zu der Person von Facebook und erstellt daraus automatisch ein Profil für den Nutzer. Dass das Onlinenetzwerk so großzügig mit den wertvollen Nutzerdaten umgeht, ist kein Zufall – denn in dem Moment, in dem man den Webdienst mit Facebook verknüpft, beginnen die Daten auch in die andere Richtung zu fließen. Der Musikdienst Spotify aus Schweden, der auch in Österreich, Deutschland und der Schweiz verfügbar ist, steht exemplarisch dafür: Übernimmt man die Voreinstellungen, werden die Songs, die man sich am Computer oder am Smartphone anhört, automatisch im eigenen Facebook-Profil veröffentlicht und so den Kontakten im Netzwerk gezeigt. Das dient Spotify als Werbung (die Nachricht »Jakob hat sich Smells Like Teen Spirit von Nirvana auf Spotify angehört« könnte andere Nutzer inspirieren, ebenfalls zehn Euro pro Monat für den Dienst auszugeben), und Facebook lernt den Nutzer noch besser kennen, um in Folge Werbeanzeigen noch besser personalisieren zu können. Im Sommer 2012 gab es mehr als 130 solcher Webdienste (von Musik über Video bis zu Spielen und Nachrichten), die Facebook auf ähnliche Art und Weise massenhaft Nutzerdaten zuspielten. Ein weiteres Beispiel für das Momentum von Facebook: Eine Untersuchung der Softwareforscher von Zyxt Labs im Sommer 2012 ergab, dass 22 Prozent aller 1,3 Milliarden untersuchter Webseiten bereits einen oder mehrere Links zu Facebook bieten – 8 Prozent hatten außerdem den Like-Button integriert.[32]

Facebook ist nicht die einzige Firma, die ihre Nutzer identifizieren und in Folge durchleuchten will: Amazon hat von vielen Millionen Kunden weltweit immer länger werdende Listen über gekaufte und gewünschte Produkte und kann sie künftig mit den Surfgewohnheiten, Musikgeschmäckern und App-Käufen zu umfangreichen Personenprofilen zusammenstellen. Auch hier das wirtschaftliche Kalkül: Wenn man den Kunden ganz genau kennt, kann man ihm und seinen Freunden und Kontakten andere Produkte vorschlagen, die zu seinen Interessen passen und somit wahrscheinlich auch gekauft werden. Die Algorithmen für Produktempfehlungen sind ein gut gehütetes Geheimnis und obendrein ein eigener Geschäftszweig. Nur ein Beispiel: Die österreichische Firma Commendo hat als Teil des Forschungsteams »BellKor's Pragmatic Chaos« im Jahr 2009 sage und schreibe eine Million Dollar Preisgeld dafür bekommen, weil sie den Empfehlungs-Algorithmus des US-Online-Videoverleihs Netflix um 10 Prozent verbessern konnte. Apple kooperiert aus eben diesem Grund mit Facebook und hat zentrale Funktionen des Onlinenetzwerks zu einem Teil seines Betriebssystems »iOS 6« gemacht: Einmal eingeloggt, kann man nicht nur sehr einfach Fotos und Status-Updates von seinem iPhone in seinem Profil veröffentlichen, sondern seine Vorliebe für installierte Apps und gekaufte Musik und Filme per Like-Button angeben. Das wiederum ermöglicht es Apple, ein Interessenprofil über den Nutzer zu erstellen und ihm in Folge neue Apps und Alben zu empfehlen.

Der Internetkonzern Google hat denselben Weg wie seine Rivalen eingeschlagen: Zwischen seinem Start von Google+ im Juni 2011 und Juni 2012 wuchs Googles Onlinenetzwerk und größter Facebook-Konkurrent auf 250 Millionen Nutzer an. »Wir sehen Google+ als unser soziales Rückgrat«, sagte Google-Manager Bradley Horowitz im Rahmen der Konferenz I/O im Juni 2012.[33] Was er damit hübsch umschrieb: Mit Google+ will auch der Internetkonzern die echten Identitäten seiner Nutzer erfassen (Pseudonyme sind erlaubt, allerdings nur in Verbindung mit der Bekanntgabe des echten Namens) und diese über ihre Vorlieben aushorchen. Analog zu Facebooks »Like-Button« bietet Google Webseiten die Integration des »+1«-Knopfes an – so können neben Suchergebnissen auch Millionen andere Onlineinhalte und Hunderttausende Apps für Android-Apps von den Nutzern bewertet werden. Das Google+-Konto soll künftig zur zentralen Schnittstelle für alle Google-Dienste werden, in die der Nutzer Daten eingibt und diese folglich für Google-Werbung ausgewertet werden können. YouTube-Nutzer etwa bemerken seit Sommer 2012, dass sie aufgefordert werden, ihren alten YouTube-Namen (meist Nicknames oder Pseudonyme) durch ihren (meist echten) Namen bei Google+ zu ersetzen.

Selbst der Kurznachrichtendienst Twitter, bekannt für seine maximal 140 Zeichen langen Botschaften, hadert mit der Tatsache, dass seine Nutzer nicht immer ihre echte Identität preisgeben. Weil bei Twitter unter anderem keine Echtnamenpflicht herrscht, ist der kostenlose Service auch bei vielen Aktivisten beliebt. Ob WikiLeaks, Anonymous oder Occupy-Organisatoren – hinter vielen der mehr als 140 Millionen Accounts stecken Personen, die anonym bleiben wollen. »Sehr frustrierend« sei es, sagte Twitter-Chef Dick Costolo in einem Interview gegenüber der »Financial Times«, dass die freie Meinungsäußerung unter dem Schutzmantel der Anonymität oft für Hassbotschaften missbraucht werde. Deswegen will man mit neuen Filtermethoden die Nutzer vor sogenannten Trollen (meist anonyme Nutzer, die andere beschimpfen, diffamieren etc.) schützen und führt damit Zensur in Teilbereichen ein – übrigens ähnlich wie YouTube, wo im Sommer 2012 Filter zur Bekämpfung von beleidigenden Kommentaren angedacht wurden.

Vordergründig geht es Unternehmen wie Facebook, Google oder Twitter darum, die Verbreitung von Hassbotschaften zu bekämpfen. Unter echter Identität würden die Nutzer sich nicht trauen, andere anzugreifen, und insgesamt das gegenseitige Vertrauen zunehmen, lautet die Theorie. Erwiesen ist sie jedoch nicht – sonst würden Cyber-Mobbing-Fälle nicht so oft mit Facebook in Zusammenhang gebracht werden, und wer sich einmal die Facebook-Seiten von rechten Politikern wie jener des FPÖ-Politikers Heinz Christian Strache durchgesehen hat, wird die Theorie an der Praxis gescheitert sehen. Vielmehr dient die Identifizierung von Internet- und Techniknutzern dem Geschäft. iPhones, Android-Handys oder Kindle-Tablets sind heute nicht mehr voll funktionsfähig, wenn man sich nicht mit einer passenden ID von Apple, Google oder Amazon anmeldet. Die Leidtragenden der Zurückdrängung der Anonymität im Internet sind aber letztendlich nicht die Trolle, die zur eigenen Belustigung schimpfen, sondern politische Aktivisten, die vor allem in autoritären Regimen unerkannt bleiben müssen, um sich nicht den Schergen des Staates auszuliefern.

Warum Anonymität wichtig ist

Während ich diese Zeilen tippe, sitze ich im Austriaca-Lesesaal der Österreichischen Nationalbibliothek am Wiener Heldenplatz. Hier lässt es sich angenehm arbeiten, es ist ruhig, klimatisiert, das Buffet versorgt mit günstigem Mittagessen und – wohl am wichtigsten – es gibt kostenloses WLAN-Internet. Wenn ich eine Webseite besuche, dann übermittelt mein Internetbrowser normalerweise automatisch Daten an deren Server – etwa, welches Betriebssystem mein Computer hat, welchen Browser ich benutze, von welcher IP-Adresse ich zugreife und welche Softwareplugins ich installiert habe (z. B. Flash, QuickTime, JavaApplet). Wenn die Webseite ein Analysewerkzeug von Google, Yahoo! oder einem anderen Internetunternehmen einsetzt (was der Besucher gar nicht merkt), dann bekommt der Betreiber der Webseite noch interessantere Daten. Google Analytics kann etwa errechnen, welche Sprache der User wahrscheinlich spricht, in welcher Stadt er gerade sitzt, wie viel Zeit er auf der Webseite verbringt, welchen Internetanbieter er hat und ob er von einem mobilen Gerät wie dem iPhone oder dem iPad auf die Seite zugreift. Facebook schließlich treibt das Identifizieren von Personen auf die Spitze: Wer eine sogenannte »Facebook Page« (z. B. von Coca-Cola, Starbucks oder Lady Gaga) ansurft und den »Gefällt mir«-Knopf anklickt, der wird (sofern selbst Facebook-Mitglied) sofort umgehend analysiert. Neben Sprache, Ort und Handy werden auch sein Geschlecht und Alter erfasst.

Werbetreibende im Internet sind an diesen Daten sehr interessiert, können auf Basis solcher demografischer Informationen doch sehr genaue Nutzerprofile erstellt werden, die anschließend mit maßgeschneiderter Werbung gefüttert werden. Große Werbenetzwerke platzieren ihre Onlineanzeigen auf Tausenden verschiedenen Webseiten und können so die Nutzer anhand von Cookies, die auf den Festplatten der User abgelegt werden, beim Surfen durchs Web verfolgen. Besucht ein Surfer etwa regelmäßig verschiedene Sport-Webseiten, dann bekommt er, wenn er das nächste Mal in einem Onlineshop auftaucht, passende Werbung zu Sportartikeln, Veranstaltungstickets oder TV-Sendern eingeblendet, während ein anderer Nutzer mit einem anderen Interessenprofil Werbung für Computer oder Handys zu sehen kriegt. Sogenannte »Do Not Track«-Technologien in neuen Internetbrowsern sollen dieses Verfolgen von Internetnutzern unterbinden. Die beiden führenden Internetkonzerne Facebook und Google sind aber besonders gefinkelt, was die Erfassung von Nutzern angeht. Facebook- und Google-Nutzer sind meist bei den jeweiligen Diensten eingeloggt, selbst wenn sie nicht gerade das Onlinenetzwerk oder die Suchmaschine benutzen. Surfen sie auf eine Webseite, die den »+1«-Knopf von Google oder den Like-Button von Facebook integriert hat, werden sie von diesen automatisch erkannt. Das merkt man spätestens dann, wenn bekannte Gesichter (also Facebook- bzw. Google+-Freunde) neben den Knöpfen auftauchen, die die Webseite schon einmal mit einem »Gefällt mir« bzw. einem »+1« als Zeichen ihrer Wertschätzung bedacht haben.

Die Beispiele zeigen: Im Netz ist man nur selten wirklich anonym unterwegs. Doch die Webseiten, die ich gerade von der Wiener Nationalbibliothek aus ansurfe, können mich heute nicht identifizieren. Auf der einen Webseite werde ich als Internetnutzer des Berliner Chaos Computer Clubs erfasst, auf einer anderen als Surfer aus Amsterdam und die dritte Webseite ordnet mich einer IP-Adresse aus Rumänien zu. Zusätzlich werden jedes Mal falsche Daten über mein Betriebssystem und meinen Browser übermittelt. Der Trick gelingt mir nicht, weil ich ein Hacker bin, und ich bin dafür auch nicht auf illegale Wege abgekommen. Er ist einzig der Software »Tor« zu verdanken, die man sich gratis auf dem Computer installieren kann. Mit »Tor« kann man sich in ein anonymisiertes Netzwerk einloggen, das virtuelle Tunnel durchs Internet aufbaut und unerkanntes Surfen erlaubt. Die Internetverbindung ist zwar ein wenig langsamer als gewohnt – die Datenpakete müssen schließlich umgeleitet werden –, doch wer auf seine eigene Anonymität bedacht ist, nimmt den Geschwindigkeitsverlust in Kauf. Ursprünglich wurde das heutige »Tor Project«, an dem auch der Netzaktivist Jacob Applebaum mitarbeitet, in Zusammenarbeit mit der US Navy entwickelt – mit dem Ziel, die Internetkommunikation der US-Regierung zu schützen. Heute nutzen täglich zwischen 400.000 und 800.000 Menschen »Tor«, um ihre Identität vor neugierigen Technologien und Spitzeln zu schützen, wie Applebaum auf der 28C3-Konferenz in Berlin sagte. Anonymous-Aktivisten etwa verwenden Tor als Tarnkappe, wenn sie sich im IRC-Chat treffen oder Webseiten angreifen. Wer mit den Anons Kontakt aufnehmen will, dem wird ebenfalls geraten, zuerst »Tor« oder einen anderen Anonymisierungs-Dienst anzuwerfen, da davon ausgegangen wird, dass Behörden die Chats überwachen.

»Tor« als bekanntester Anonymisierungsdienst – es gibt auch andere wie etwa Telex oder verschiedene VPN-Services – ist aber nicht nur ein Fall für Anonymous. Wie die Macher der Software zeigen, ist »Tor« in den unterschiedlichsten Gebieten im Einsatz.[34] Unternehmen verwenden den Dienst, um vertrauliche Informationen im Internet auszutauschen und sich vor Industriespionage zu schützen. Im Militärbereich findet »Tor« zu Anonymisierungszwecken, etwa im Spionagebereich, ebenfalls Anwendung. Auch Medien und Journalisten setzen auf Onlineanonymität, um sich etwa mit anonym bleibenden Informanten (»Whistleblower«) auszutauschen. Während der Olympischen Spiele in China 2008 etwa nutzten Journalisten, etwa jene der Nachrichtenagentur AP, sogenannte VPNs (Virtual Private Networks), um die Zensur des autoritären Staates zu umgehen und ihre Nachrichten ungefiltert außer Landes zu bringen.[35] Bei WikiLeaks ist Anonymität ebenfalls essenziell: Dort garantiert ein Mechanismus, dass brisante Dokumente anonym eingereicht werden können, und der mutmaßliche WikiLeaks-Informant Bradley Manning flog nur deswegen auf, weil er sich wahrscheinlich selbst in einem Chat gegenüber dem Ex-Hacker Adrian Lamo verriet, der ihn schließlich den Behörden meldete.[36]

Eines der wichtigsten Einsatzgebiete von »Tor« ist aber der Netzaktivismus. Pro Sekunde schleust die Software im Schnitt zwei Gigabyte an Daten an staatlichen Internetfiltern vorbei ins »freie« Netz. Die Zugriffe stammen dabei oft aus Staaten mit strikter Webzensur, etwa China, Syrien oder dem Iran. Bei meinem Besuch in Schanghai im Jahr 2008 etwa lernte ich eine junge chinesische Studentin kennen, die mir zu meiner Verwunderung bald eine Freundschaftsanfrage auf Facebook zuschickte – obwohl Facebook zu diesem Zeitpunkt in China aufgrund von Zensurbestimmungen nicht zugänglich war. Doch »Tor« erlaubte ihr wie Tausenden anderen Chinesen das populäre Netzwerk trotzdem zu nutzen. Die seit 2002 frei verfügbare und ständig weiterentwickelte »Tor«-Software, deren Macher in den kommenden Jahren mit noch mehr Nachfrage rechnen, ist den Zensoren naturgemäß ein Dorn im Auge. Spätestens seit 2004 liefern sich die »Tor«-Macher und restriktive Staaten wie China, Syrien oder der Iran ein digitales Wettrüsten, in dem die staatliche Zensur immer neue Lücken schließt, durch die »Tor« schlüpfen konnte.

Um das Thema Anonymität im Internet, das in »Tor« seinen technischen Ausdruck findet, ist 2012 eine hitzige Diskussion ausgebrochen.

»Für Menschen, die in Diktaturen leben, stellt es ein Risiko dar, wenn sie im Netz identifiziert werden können. Sobald sie ein Profil in einem Sozialen Netzwerk wie Facebook oder Google+ anlegen, geben sie persönliche Daten preis. Diese werden von Konzernen verwaltet, die von autoritären Regierungen unter Druck gesetzt werden können. Im Extremfall bedeutet das, dass jemand sein Leben einem Privatunternehmen anvertraut«, so die US-Bürgerrechtlerin und Direktorin der »Electronic Frontier Foundation« Jillian C. York.

»Neben Aktivisten in Diktaturen verschweigen auch Nutzer in anderen Ländern aus guten Gründen ihre echten Namen. Prominente, Politiker und ihre Partner möchten private Meinungen, die sie online vertreten, oft nicht mit ihrem echten Namen in Verbindung bringen. Jugendliche, die Mitglieder in schwulen oder lesbischen Foren sind, werden dafür oft gemobbt. Opfer von Missbrauch wollen nicht von ihren Tätern gefunden werden.«[37] Auch der österreichische Bürgerrechtler Josef Barth, Initiator von *www.amtsgeheimnis.at*, meint: »Auch in einem demokratischen System müssen Menschen Repressalien fürchten, wenn sie ihre politische Meinung kundtun wollen. Wenn man Mitarbeiter im öffentlichen Dienst ist, wird man politischem Druck ausgesetzt, sobald man sich unter echtem Namen in eine andere Richtung äußert als die, die die Regierung vorgibt. Das passiert oft, verdeckt oder nicht. Aber auch für diese Menschen muss es die Möglichkeit geben, sich zu äußern, und da ist die Anonymität wichtig.«

Den Verfechtern von Anonymität im Internet stehen klarerweise Gegner gegenüber – so hält etwa der deutsche Bundestagspräsident Norbert Lammert Anonymität im Internet für ein Problem. Zwar will er sie nicht abschaffen, aber jedenfalls sei es »kein Zufall, dass gerade bei aggressiven und beleidigenden Wortbeiträgen auf Anonymität größter Wert gelegt wird.«[38] Der Generalsekretär des Europarates, Thorbjørn Jagland, sagte in einem Interview Ende 2011 nach den Anschlägen des Massenmörders Anders Behring Breivik in Norwegen, denen 77 Menschen zum Opfer fielen: »Es gibt das gleiche Recht auf Meinungsfreiheit online und offline. Allerdings gibt es offline gewisse Begrenzungen dessen, was publiziert werden kann – vor allem, wenn es anonym publiziert werden soll. Online ist das kein Problem. Und das hat es etwa bei Breivik auch erschwert, hinter seine Pläne zu kommen. Er hat in rassistischen Debatten unter vielen verschiedenen Namen operiert. Das wirft die Frage auf, ob wir online wirklich das Recht haben sollten, extremistische Botschaften und Aufrufe zur Gewalt anonym zu verbreiten. Wir müssen mehr Verantwortlichkeit im Internet schaffen, auf der Userseite und auf der Seite der Firmen.«[39] Genauso wie die ehemalige Facebook-Managerin Randi Zuckerberg (Schwester von Gründer Mark Zuckerberg) hat sich auch der deutsche Innenminister Hans-Peter Friedrich gegen Pseudonyme im Internet ausgesprochen. »In der demokratischen Auseinandersetzung streiten wir mit offenem Visier auf Basis unserer verfassungsmäßigen Spielregeln. Warum sollte das im Internet anders sein«, sagte er in einem Interview.[40] Die Rollen scheinen also klar verteilt: Bürgerrechtler und Netzaktivisten wie auch die Piratenpartei verteidigen das Recht auf Anonymität, während hochrangige Politiker und Unternehmen dazu tendieren, Menschen im Internet eindeutig identifizieren zu wollen.

Den optimalen Lösungsvorschlag für beide Seiten gibt es wohl nicht; ich persönlich finde, dass beispielsweise der Kurznachrichtendienst Twitter und das Blognetzwerk Tumblr interessante Modelle für einen Kompromiss bieten. Sie erlauben den Nutzern die freie Wahl, ob sie unter echtem Namen auftreten wollen oder unter einem Pseudonym. So können glaubwürdige Profile aus beiden Welten nebeneinander existieren: Bei Twitter betreibt der deutsche Regierungssprecher Steffen Seibert (@RegSprecher, mehr als 66.000 Follower) ebenso einen Account wie österreichische Anonymous-Aktivisten (z. B. @AnonAustria, mehr als 24.000 Follower), und bei Tumblr ist Barack Obama (*http://barackobama.tumblr.com*) genauso vertreten wie deutsche Anons (z. B. *http://anonnewsde.tumblr.com*).

Personalisierung als Scheuklappe

Die eindeutige Identifizierung von Menschen im Internet birgt aber nicht nur die bereits beschriebenen Probleme, sondern auch eine neue Gefahr, die man noch gar nicht richtig abschätzen kann: Jene der Personalisierung von Onlineinhalten. Im Jänner 2012 hat der Internetkonzern Google die neue Funktion »Search, plus Your World« eingeführt, die maßgeschneiderte Suchergebnisse für den Nutzer auf Basis seines Profils bei Googles Onlinenetzwerk Google+ ausspuckt. Wenn ich bei aktivierter Funktion etwa nach dem Begriff »WikiLeaks« suche, finden sich unter den ersten zehn Treffern drei Suchergebnisse, die auf mein Google+-Profil angepasst wurden: ein Onlineartikel einer großen deutschen Tageszeitung, den viele meiner Google+-Kontakte kommentiert haben, Bilder zum Thema, die eine mir bekannte Journalistin und ich im Netz veröffentlicht haben, sowie einer meiner eigenen Blogartikel (siehe *http://digitalsirocco.tumblr.com*) über die Whistleblower-Plattform. Google zufolge ist diese Personalisierung praktisch, weil sie mich schneller zu den Webseiten bringt, die relevant für mich sind. Wenn Sie nach »WikiLeaks« suchen, werden Sie wahrscheinlich andere Treffer gelistet bekommen, die sehr wahrscheinlich zu Ihrer eigenen Suchvergangenheit bzw. Ihren Aktivitäten bei Google+ passen.

Die Personalisierung von Onlineinhalten ist auch bei Facebook zu beobachten. »Ein Eichhörnchen, das vor deinem Haus stirbt, könnte für dich in diesem Augenblick wichtiger sein als Menschen, die in Afrika sterben«, lautet die These von Facebook-Gründer Mark Zuckerberg, die er in seinem Onlinenetzwerk technisch umsetzen will.[41]

Der Newsfeed – also jener Nachrichtenstrom, der für jeden Nutzer verkehrt chronologisch listet, was seine Freunde den ganzen Tag so gepostet haben – sieht für keinen Nutzer gleich aus, sondern setzt sich aus immer verschiedenen, selbst gewählten Quellen (Kontakte, Fanseiten, Gruppen etc.) zusammen. Facebook steht damit für einen großen Wandel in der Medienwelt: Nicht mehr Experten (z. B. Journalisten) suchen die Nachrichten aus, die man täglich konsumiert, sondern Laien (»Freunde«). Der durchschnittliche Facebook-Nutzer verbringt pro Tag bereits mehr Zeit in dem Onlinenetzwerk als mit einer Tageszeitung.

Damit nicht genug, bestimmt Facebook auf Basis des sogenannten Edge-Rank-Algorithmus auch jene Inhalte (Statusmeldungen, Fotos, Links etc.), die für den Nutzer am relevantesten sind. In Folge bekommt man nach dem Einloggen vorerst nur die Hauptmeldungen zu sehen – selbst, wenn man sich alle Aktualisierungen anzeigen lässt, listet Facebook nicht alle Einträge jener Quellen, die der Nutzer »gefreundet« bzw. »geliked« (oder mit einem anderen Wort: abonniert) hat. Vorrang haben bei Facebook Inhalte mit vielen Interaktionen (Likes, Kommentare) sowie Postings, die von Freunden kommen, mit denen man häufigen Kontakt hat (z. B. via Direktnachrichten, Chat etc.). »Auf Facebook lassen sich bequem Stunden mit Small Talk, Selbstbeschreibungen und der Beobachtung anderer Profile verbringen, ohne sich in komplexere Themenbereiche einarbeiten oder in die Offlineöffentlichkeit treten zu müssen«, so der Soziologe Jan-Felix Schrape von der Universität Stuttgart. »Im Gegensatz zur Rezeption massenmedialer Angebote entsteht bei den Nutzern solcher Plattformen noch nicht einmal ein Gefühl der Passivität, denn sie sind ja aktiver Teil dieses kastrierten digitalen Abziehbilds gesellschaftlichen Lebens.«[42] Microsoft, ein Facebook-Investor, zieht Facebook für US-Nutzer mittlerweile ebenfalls heran, um die Ergebnisse seiner Suchmaschine ebenfalls zu personalisieren. Auch hier lautet das Versprechen: relevantere Suchergebnisse.

»Die Befürworter der Personalisierung bieten eine Vision einer maßgeschneiderten Welt, in der uns jede ihrer Facetten perfekt passt«, schreibt der Netzaktivist Eli Pariser, der 2011 mit seinem Buch »The Filter Bubble« international für Aufsehen gesorgt hat. »Es ist ein gemütlicher Ort, der von unseren liebsten Menschen, Dingen und Ideen bevölkert wird. Wenn wir nichts mehr über Reality-TV hören wollen, müssen wir das nicht – und wenn wir über jeden Schritt von Reese Witherspoon informiert werden wollen, können wir das. Wenn wir nicht mehr auf Onlinekochrezepte, Artikel über Gadgets oder die Welt außerhalb der Grenzen unseres Landes klicken, werden sie einfach verblassen. Wir werden niemals mehr gelangweilt sein. Wir werden niemals mehr verärgert sein. Unsere Medien werden die perfekte Reflektion unserer Interessen und Begierden sein.«[43]

Die Gefahr, die Pariser wie viele andere Beobachter von Internetentwicklungen sieht, ist, dass das Internet mit seiner Informationsfülle unseren Horizont nicht erweitert (wie man anfangs oft angenommen hat), sondern vielmehr unsere Sichtweise verengt. Durch die automatische Personalisierung von Onlineshops (»Wenn Ihnen A gefällt, gefällt Ihnen auch B«), Suchmaschinen und sozialen Netzwerken (»Deinem Freund X gefällt die Marke Y. Acht weiteren deiner Freunde gefällt das ebenfalls«) droht der Blick über den Tellerrand durch kommerzielle Interessen von Internetfirmen verstellt zu werden und in Gesellschaft unserer Onlinefreunde schwimmen wir immer mehr in der eigenen Content-Suppe.

»Wir leben in einer Welt des Informationsüberflusses, und wenn ich für mich relevante Daten präsentiert bekomme, bin ich ein glücklicherer Nutzer«, verteidigte Jeremy Stoppelman die Personalisierung seines Lokalbewertungsportals Yelp.com auf Basis von Facebook-Daten in einem Interview, das ich im Sommer 2011 mit ihm in San Francisco führte. »Wenn der Schnäppchendienst Groupon mir einen Deal für Beinenthaarung zuschickt, werde ich den Deal nicht kaufen. Wenn ich in einer Filterblase lebe, in der ich diesen Deal nicht bekomme, ist mir das egal. Ich lebe lieber in einer gefilterten Welt als in einer, in der ich mit irrelevanten Informationen überhäuft werde. Darauf beruht auch der Erfolg von Google.« Doch selbst Facebook-Partner gestehen mittlerweile ein, dass maßgeschneiderte Inhalte nicht immer von Vorteil sind – etwa Axel Dauchez, Chef des französischen Musikdienstes Deezer, wo sich Facebook-Freunde gegenseitig Songs empfehlen. »Im Internet wird alles mehr und mehr auf Basis der eigenen Vorlieben angepasst, vielen fehlt der Blick aufs große Ganze, man bewegt sich nur mehr im eigenen Getto. Wir müssen Funktionen einführen, die erlauben, Rockmusik zu durchsuchen und nicht bloß jene Rockmusik, die die Freunde mögen. Der Presse kommt dabei eine wichtige Rolle zu. Deezer selbst etwa hat für jedes Land zwölf verschiedene Musikkategorien eingeführt, die das Wichtigste darin präsentieren und die es uns erlauben, auf kulturelle Bedürfnisse eingehen zu können«, erklärte er mir in einem Interview im Mai 2012.

Auch bei Facebook ist man sich der Filterblasenproblematik gewahr – hat man doch im Jänner 2012 eine Studie des hauseigenen Data-Teams rund um Forscher Eytsan Bakshy präsentiert, die genau das widerlegen hätte sollen. Allerdings zeigt die Studie, bei der 1,2 Milliarden geteilte Links von 253 Millionen Facebook-Nutzern untersucht wurden, lediglich Folgendes: Facebook-Nutzer teilen mehr Links, die von schwachen Verbindungen (z. B. entfernten Bekannte, Onlinefreunden, etc.) als von starken Verbindungen (z. B. engen Freunden, Familienmitgliedern) kommen. Das ist aber nur logisch und kein Beweis, dass die Filterblase (auch »Hallraum« oder Echokammer genannt) nicht existiert – schließlich haben Facebook-Nutzer im Schnitt 190 Freunde und unter diesen befinden sich eben wenige echte Freunde und viele schwache Bekanntschaften oder gar Fremde.

Derweil arbeitet der Internetkonzern Google fleißig weiter an der Personalisierung. Ab 2014 soll das »Project Glass« Onlineinhalte auf eine Google-Brille bringen. Videotelefonate, E-Mails, Wegbeschreibungen – das soll künftig alles nicht mehr via Smartphone-Display, sondern auf Minidisplays vor den Augen abgerufen werden. Als Werbeunternehmen hat Google wohl Interesse daran, dem Nutzer vorrangig Dinge zu zeigen, die zu dessen Interessen passen. Du magst Pizza? Dann bieg hier rechts ab. Du brauchst neue Schuhe? Da vorn ist ein Geschäft. Du willst Dich mit Andreas treffen? Hier ist ein nettes Café. Wie die Google-Brille in der Praxis funktionieren wird, bleibt abzuwarten – aber schon jetzt drängt sich der Vergleich zu einer digitalen Scheuklappe sehr stark auf.

WikiLeaks – Information will frei sein

Die Enthüllungen und die Folgen

Als das Time Magazine Ende 2010 Facebook-Gründer Mark Zuckerberg (damals 26 Jahre alt) zur »Person des Jahres« für die Vernetzung von damals mehr als einer halben Milliarde Menschen, der Kreation eines neuen Systems zum Austausch von Informationen und überhaupt der Veränderung unser aller Leben wählte[44], monierten viele Beobachter, dass hier gerade der Falsche gekürt worden sei. Denn viele, einschließlich der 1,24 Millionen Leserstimmen, die auf der Webseite Time.com abgegeben wurden, hätten sich einen anderen Mann als »Person des Jahres« gewünscht: WikiLeaks-Gründer Julian Assange.

Zuckerbergs Facebook und Assanges WikiLeaks stehen beide für die neue Transparenz, die das Netz mit sich bringt, doch die Ansätze könnten unterschiedlicher nicht sein: Während das Onlinenetzwerk Facebook das Privatleben seiner Nutzer vor allem zum Zwecke wirtschaftlicher Profite immer stärker nach außen kehrt, macht auch die Whistleblower-Plattform vormals Geheimes öffentlich – jedoch nicht zum Zweck der Gewinnmaximierung, sondern um dort Transparenz zu erzeugen, wo hinter den Kulissen die Fäden der Macht zusammenlaufen (Motto: »We open governments«). Während Mark Zuckerberg, einmal angesprochen auf Gemeinsamkeiten zwischen Facebook und WikiLeaks, herumdruckste und nur vage meinte, dass die beiden Themen auf einem »hohen Level« miteinander zu tun hätten[45], fand Assange relativ klare Worte zu dem Freundesnetzwerk: »Facebook ist die schrecklichste Spionagemaschine, die jemals erfunden wurde. Hier haben wir die weltweit umfassendste Datenbank über Menschen, ihre Beziehungen, ihre Namen, ihre Adressen, ihre Standorte, ihre Angehörigen und die Kommunikation untereinander, und das alles ist den US-Geheimdiensten zugänglich.«[46]

Welcher der beiden, Zuckerberg oder Assange, nun letztendlich mehr erreicht hat, ist kaum abzuschätzen. Während der eine 2012 seine Firma (mit einem enttäuschenden Start) an die Börse brachte, kämpfte der andere gegen seine Auslieferung an Schweden, wo ihm sexuelle Vergehen gegen zwei Frauen zur Last gelegt werden. Während die einen Assanges Glaubwürdigkeit aufgrund der Vorwürfe als zerstört ansehen, wittern andere eine Verschwörung gegen Assange durch Geheimdienste, die ihn in eine Falle gelockt hätten, um ihn zu diskreditieren und von seiner eigentlichen Mission abzubringen. Aus heutiger Sicht (Sommer 2012, Anm. des Autors) scheint die Zeit der Mega-Leaks, mit denen es die Whistleblower-Plattform auf die Titelseiten schaffte, jedenfalls vorbei. Weder die Veröffentlichungen der »Spy Files« (287 Dateien über die Machenschaften von Unternehmen aus dem Bereich der IT-Sicherheit und -Überwachung) noch die der »Global Intelligence Files« (5,5 Millionen E-Mails der »Schatten-CIA« Stratfor) oder die der »Syria Files« (mehr als zwei Millionen E-Mails syrischer Politiker, Beamter und Firmenangehöriger) hatten jene mediale Durchschlagskraft, die die großen Leaks des Jahres 2010 hatten.

Schließlich war 2010 ganz klar das große Jahr von WikiLeaks: Mit der Veröffentlichung eines Dokuments der Gruppe »CIA Red Cell«, wie diese gegen WikiLeaks vorgehen wolle, positionierte sich die Whistleblower-Plattform selbst als Gegner der USA. Danach ging es Schlag auf Schlag: Im April brachte das »Collateral Murder«-Video, das einen Luftangriff eines Apache-Hubschraubers auf Menschen am Boden in Bagdad mit mindestens elf Opfern (darunter zwei Reuters-Mitarbeiter) zeigte, die Schrecken des Irakkriegs via YouTube-Video in die Wohnzimmer der Menschen. Ab Juli konnten auf der WikiLeaks-Webseite unter dem Titel »Afghan War Diaries« 77.000 Dokumente von US-Geheimdiensten und -Botschaften über den Afghanistan-Krieg (2004 bis 2010) eingesehen werden – unter anderem war dort auch über die Tötung Hunderter Zivilisten zu lesen. Im Oktober folgten 392.000

»Iraq War Logs« aus dem Zeitraum 2004 bis 2009, aus denen auch abzulesen war, dass 66.000 der 109.000 Kriegsopfer in dem Zeitraum Zivilisten waren. Im November schließlich sorgte WikiLeaks für »Cablegate«: Etwa 251.000 Depeschen von US-Botschaften an das US-Außenministerium aus den Jahren 1966 bis 2010 zeigten nicht nur, wie die USA über andere Staatschefs denken (Nicolas Sarkozy wird als »Kaiser ohne Kleider«, Wladimir Putin als »Alpharüde«, Silvio Berlusconi als »Sprachrohr Putins in Europa«, die deutsche Kanzlerin als »Teflon-Merkel« bezeichnet), sondern hatten auch die Anklage zweier Generäle in Simbabwe wegen Hochverrats zur Folge.[47]

Davor und danach war und ist WikiLeaks ebenfalls hochaktiv: Die Veröffentlichung von Handbüchern aus dem US-Gefangenenlager Guantánamo Bay auf Kuba, deutsche Toll-Collect-Verträge, der Minton-Bericht über toxische Abfälle in der Elfenbeinküste oder Planungsdokumente der Love Parade 2010, wo eine Massenpanik 21 Tote und 511 Verletzte forderte, sorgten jeweils für großen Nachhall und lieferten Journalisten und Ermittlern wertvolles Material.

Über die Folgen der Leaks lässt sich streiten. Selbst bei jenen, die gemeinsam mit Assange das weltbekannte Collateral-Murder-Video veröffentlichten, herrscht Unstimmigkeit. Die isländische Aktivistin und Parlamentarierin Birgitta Jónsdóttir etwa meint: »Das Video hat bis heute Einfluss auf Menschen, die sich deswegen dazu entschieden haben, aktiv zu werden. Natürlich weiß man, dass Kriegsverbrechen passieren, aber die Stimmen und das computerspielartige Rattern der Waffe zu hören, mit der auf einen verletzten Mann geschossen wird, hat vielen die Brutalität des Krieges vor Augen geführt. Das Video und die irakischen und afghanischen Kriegstagebücher haben in vielen Menschen etwas bewegt, und allein wenn man Anonymous anschaut, weiß man, dass heute viel mehr Menschen aktiv sind als früher.«

Weniger überzeugt vom Einfluss der Enthüllungen auf die Welt ist Ex-WikiLeaker Daniel Domscheit-Berg, wie er in einem Interview Ende 2011 zu mir sagte: »Es gab immer viele Schlagzeilen über den Umstand, dass es einen Leak gab, aber kaum jemand hat berichtet, was da drinnen stand. WikiLeaks hat keine reale Konsequenz, hat nichts verändert. Bis auf wenige Ausnahmen gibt es keine Erfolgshistorie mit konkreten Punkten, die verändert wurden. Das Wichtigste, was WikiLeaks geschafft hat, ist, dass Menschen wie mein 87-jähriger Opa, die nichts mit dem Internet zu tun haben, das Wort ›Whistleblower‹ kennen. Jetzt haben viele gehört, dass es eine Chance gibt, die Gesellschaft besser zu informieren, und dass es außerhalb des Denunziantentums etwas gibt, wo der Verrat eines Geheimnisses eine positive Konnotation hat. Ich glaube, dass da gerade ein Wandel stattfindet, und das ist das größte Verdienst von WikiLeaks.« Domscheit-Berg ist der Meinung, dass WikiLeaks in der Medienwelt einen neuen Maßstab gesetzt hat: »Es gibt jetzt eine technische Möglichkeit, mit der Quellen anonym Informationen an Journalisten weitergeben können. Das erweitert das Spektrum der Kanäle, über die Informationen an Journalisten gelangen können, und im digitalen Zeitalter ist es logisch, dass man diesen Kanal öffnet. Bei OpenLeaks bekommen wir viele Anfragen, und ich glaube, dass jedes Medium, das investigativ arbeitet, sich so aufstellen wird.« Bei OpenLeaks handelt es sich um Domscheit-Bergs Nachfolgeprojekt zu WikiLeaks, das Onlinemedien und Nichtregierungsorganisationen die technische Plattform zur anonymisierten Entgegennahme von brisanten Dokumenten ermöglichen soll – bis Sommer 2012 war OpenLeaks jedoch kein großer Erfolg beschieden.

Als unbestritten kann gelten, dass WikiLeaks etwas unter Aktivisten bewegt hat. Das Leaken von Dokumenten jeglicher Art (von Polizeidaten bis zu Source Codes von Securitysoftware) durch Anonymous-Aktivisten steht mittlerweile auf der Tagesordnung und vor allem auf der Webseite Pastebin.com werden regelmäßig gehackte Daten aller Art veröffentlicht. Zudem wollen Webseiten wie »OpenLeaks«, »AnonLeaks«, »Par:AnoIA«, »GlobaLeaks«, »VatiLeaks«, »Murdoch Leaks«, »Brusseleaks« oder »BalkanLeaks« (mit jeweils unterschiedlichem Erfolg) WikiLeaks nacheifern. Auch im Journalismus gehört das Leaken von brisanten Informationen wieder fix dazu: In Österreich kam im März 2012 unter dem Schlagwort »mediale Jagdgesellschaft« die Diskussion auf, ob der Leak-Journalismus nicht schon zu weit gehe, der Verrat von Verrat von »Amtsgeheimnissen« in Serie kollektiver Amtsmissbrauch sei und ob insgesamt sogar die rechtsstaatliche Kultur durch den Enthüllungs- und Aufdeckungsjournalismus infrage gestellt werde – mit naturgemäß sehr unterschiedlichen Meinungen dazu.

Die österreichische Tageszeitung KURIER, für die ich arbeite, rief im Dezember 2010 mit »AustroLeaks« ebenfalls einen WikiLeaks-Ableger ins Leben. »WikiLeaks hat den Journalismus vor allem dazu inspiriert, auch digitale Kanäle zur Informationsbeschaffung zu nutzen. Ansonsten ist die Ausrichtung grundverschieden: WikiLeaks stellt Dokumente relativ wahllos online, investigativer Journalismus hat die Aufgabe, das Material auf seinen Wahrheitsgehalt zu überprüfen und dann im jeweiligen Kontext einzuordnen«, sagt Rainer Fleckl, der das Ressort für investigative Recherche des KURIER leitete. »Monatlich gehen im Schnitt 15 bis 20 Dokumente und weitere 20 Mails mit Hinweisen ein, tatsächlich brauchbar und verfolgenswert ist jeder zehnte Hinweis.«

Assange dürften diese Entwicklungen nicht unrecht sein. Mit dem »Collateral Murder«-Video haben journalistische Gestaltungsmethoden Einzug bei WikiLeaks gehalten (Videoschnitt, Hintergrundrecherche, Kontext), seit der Veröffentlichung der »Afghan War Diaries« arbeitet WikiLeaks regelmäßig mit traditionellen Medien wie der New York Times, dem Guardian, dem Spiegel, Le Monde oder El Pais zusammen, deren Journalisten das geleakte Material sichten, analysieren, bewerten und zur Veröffentlichung aufbereiten. Das große Ziel von Assange ist der »wissenschaftliche Journalismus« (manchmal auch »Sunshine Journalism«), wie er es nennt: In Artikeln sollen Originalquellen wie in einer wissenschaftlichen Arbeit immer verlinkt sein, damit sich der Leser diese durchsehen und selbst bewerten kann, ob die Darstellung des Journalisten richtig und die Geschichte, die er erzählt, wahr ist.

Julian Assange und die Cypherpunks

Dass Julian Assange heute weltbekannt ist, sein Gesicht ständig in Medien auftaucht und der WikiLeaks-Gründer sogar eine eigene TV-Show namens »The World of Tomorrow« beim russischen Nachrichtensender RT hat, passt eigentlich so gar nicht zu seiner Vergangenheit. Denn Assanges Liebe zum Internet hat sich aus einer konträren Perspektive entwickelt: jener eines anonymen Hackers.

Wie dem Roman »Underground – die Geschichte der frühen Hacker-Elite« zu entnehmen ist, den Assange gemeinsam mit der australischen Journalistin Suelette Dreyfus verfasst hat, begann Assanges Hacker-Karriere unter dem Pseudonym Mendax (Assange hat später zugegeben, dass er »Mendax« war). Der Roman offenbart auch, dass Assange ein sehr bewegtes Leben hatte – immer auf der Flucht vor seinen Verfolgern und gleichzeitig auf der Jagd nach seinen Idealen. Geboren 1971 in Townsville an der Nordostküste Australiens, führte er von Anfang an ein vagabundenartiges Leben.

Seine Mutter heiratete einen Theaterdirektor, mit dem die Familie durchs Land zog. »Dieser Teil meiner Kindheit war vor allem ein ziemliches Tom-Sawyer-Leben«, sagte Assange einmal in einem Interview. »Ich hatte ein eigenes Pferd, ich habe mir ein eigenes Floß gebaut. Ich ging angeln. Ich bin in Minenschächte und -stollen hinabgestiegen.«[48] Noch prägender für Assange war aber wohl die Flucht vor der Sekte »Die Familie«, der sein Stiefvater angehörte, und vor der sich Assanges Mutter und ihr Sohn jahrelang versteckten. In dieser Zeit kam Julian auch das erste Mal in Kontakt mit Computern und begann Programme auf einem Commodore 64 zu schreiben. Im Alter von 17 Jahren (also 1987) bekam Assange dann sein erstes Modem, mit dem er seinen Rechner an andere Computer- und Telekommunikationsnetzwerke anschließen konnte – das World Wide Web, wie wir es heute kennen, wurde schließlich erst 1989 im schweizerischen CERN von Tim Berners-Lee entwickelt. Im selben Jahr, so beschreibt es zumindest der Hacker-Roman »Underground«, soll Mendax auch von zu Hause aus Angst vor einer Hausdurchsuchung davongelaufen sein, sich in eine 16-Jährige verliebt, diese mit 18 geheiratet, ein gemeinsames Kind bekommen und sich später von ihr im Streit getrennt haben.[49]

Julian Assange a.k.a. Mendax war dank seiner Programmierfähigkeiten und Hacking-Kenntnisse bald Teil der jungen australischen Hacker-Szene, die sich nicht nur in Mailboxen wie »Pi« oder »Zen« (auch »Bulletin Board Systems« genannt, über die Kommunikation und Datenaustausch stattfindet) herumtrieben, sondern sich auch im »Real Life« trafen, um etwa ins Kino zu gehen. Die Clique der PI-Mailbox etwa waren fanatische Blues-Brothers-Fans und kleideten sich gerne entsprechend in dunkle Anzüge, weiße Hemden und schmale Krawatten.[50] Heute noch sind Anonymous-Aktivisten auf Demonstrationen in diesem Stil gekleidet, und das Anonymous-Logo zeigt ebenfalls einen Anzugträger, über dessen Kragen statt eines Kopfes ein Fragezeichen schwebt.

Mendax war damals aber weniger an Äußerlichkeiten interessiert als vielmehr an den Innereien von Computersystemen. Gemeinsam mit zwei anderen Hackern, »Prime Suspect« und »Trax«, gründete Assange die »International Subversives«, mit denen er etwa in die Systeme des US-Verteidigungsministeriums und des Los Alamos National Laboratory eindrang, um sich dort ein wenig umzusehen. Der Hacker-Ethos damals gebot nämlich: Beschädige die Computersysteme nicht, in die du eindringst, ändere keine Informationen, sondern teile sie mit anderen. Verhängnisvoll sollte aber schließlich der Hack des Hauptterminals des kanadischen Telekomunternehmens Nortel durch die »International Subversives« im September 1991 werden: Am 29. Oktober klopfte die Polizei nach intensiven Ermittlungen bei Assange an – sie hatten die Telefonleitungen angezapft und waren den Hackern so auf die Schliche gekommen. Chefermittler Ken Day sagte über Assange: »Er war der klügste und verschwiegenste der Gruppe. Er hatte irgendwie ein altruistisches Motiv. Ich glaube, er handelte in der Überzeugung, dass jeder Zugang zu allem haben sollte.«[51]

Der aufgeflogene Hack hatte Folgen für Assange: eine Wiedergutmachungszahlung von 2100 australischen Dollar, ein Eintrag ins Strafregister in allen Punkten der Anklage (24 Fälle des Hackens) sowie eine Bewährungsstrafe.

Neben dem praktischen Hacken hat aber auch eine Denkrichtung, die ihren Ursprung in der Hacker-Szene der 1980er-Jahre hat, großen Einfluss auf Assange und damit auf WikiLeaks: der Kryptoanarchismus. Der Informatiker Timothy C. May verfasste 1992 das »Crypto Anarchist Manifesto«[52] und betrieb die Mailingliste »Cypherpunks«, an der sich Assange rege beteiligte. Vereinfacht dargestellt, fordert der Kryptoanarchismus einen Ausgleich in der Asymmetrie der Macht zwischen Staat und Bürger. Der Staat überwacht zu großen Teilen die Kommunikation des Bürgers, während er gleichzeitig vieles vor dem Bürger geheim hält. Cypherpunks (nicht zu verwechseln mit »Cyberpunk«; »cipher« steht für »Chiffre« und damit für Verschlüsselung und anonyme Kommunikation) fordern, dass private Informationen des Bürgers mit kryptografischen Mitteln verschlüsselt werden, um die Privatsphäre des Einzelnen vor dem Staat zu schützen, während dessen Wissen radikal offengelegt werden soll.[53] Das erinnert auch an das Motto des Hacker-Vereins Chaos Computer Club: »Öffentliche Daten nützen, private Daten schützen.«

Cypherpunks stehen damit dem Libertarismus (maximale individuelle Freiheit, minimale staatliche Herrschaft) nahe, was wiederum aktuell von Piratenparteien aufgegriffen wird. Auch John Young, Gründer der Whistleblower-Plattform Cryptome.org, war wie Assange Mitglied der Cypherpunk-Mailingliste und sollte ihm später dabei helfen, die Webadresse von WikiLeaks anzumelden. Bei Assange hatten die Ideen der Cypherpunks nachhaltigen Einfluss, im Juni 2012 brachte Russia Today sogar eine ganze Folge von Assanges TV-Show, in der Aktivisten der Cypherpunk-Bewegung

(Andy Müller-Maguhn, Jeremie Zimmermann und Jacob Appelbaum) mit dem WikiLeaks-Kopf diskutierten. »Ich habe das Gefühl, dass die ökonomischen und politischen Kräfte dafür sorgen werden, dass wir in einer globalen, total überwachten Gesellschaft enden werden, wo die letzten freien Menschen jene sind, die wissen, wie man Kryptografie einsetzt, um sich gegen diese Totalüberwachung zu wehren«, sagte Assange in der Diskussion.

Die Cypherpunk-Ideen finden sich auch in dem WikiLeaks-Manifest »Conspiracy as Governance«, das Assange vor dem Start der Whistleblower-Plattform verfasst und 2006 im Netz veröffentlicht hat. Darin beschreibt Assange die Funktionsweisen von Verschwörungen autoritärer Herrschaft und die Mittel, die man dagegen einsetzen kann. Für den WikiLeaks-Gründer stellen sich Verschwörungen als Netzwerke zwischen den Handelnden dar, die man sich als Stecknadeln in einem Korkbrett vorstellen kann. Die Kommunikationsflüsse, in denen die verschwörerischen Informationen fließen, sind als Fäden zwischen diesen Stecknadeln gedacht – je dicker der Faden, desto wichtiger die Kommunikation. Um die Verschwörung aufzulösen, gibt es für Assange zwei Wege: Entweder man eliminiert die Verschwörer oder man kappt die Kommunikationsflüsse. Die Option der Ermordung der Handelnden lehnt Assange ausdrücklich ab, weswegen er sich auf die Alternative stürzt. Einen Kommunikationsstrang eines Punktes ganz abzudrehen erscheint ihm zu aufwendig – naheliegender ist es für ihn, das Gesamtvolumen der Verbindungen zu reduzieren und damit das Funktionieren des Gesamtsystems zu stören.[54]

Damit wird klar, dass WikiLeaks mit der Veröffentlichung von internen Unternehmens- und Regierungsdaten nicht nur das bloße Ziel verfolgt, die darin enthaltenen Informationen offenzulegen. Klar: Das Leaken ist wesentlich bei WikiLeaks, und nicht umsonst ist eines von Assanges Vorbildern Daniel Ellsberg, der mit der Enthüllung der »Pentagon Papers« 1971 die Irreführung der Öffentlichkeit in Bezug auf den Vietnamkrieg durch die US-Regierung aufgedeckte und die Watergate-Affäre auslöste. Es geht den Whistleblowern aber auch ganz klar darum, die Kommunikation an sich zu stören. Egal ob US-Depeschen, die über das SIPRNet der USA verschickt werden, oder interne E-Mails syrischer Politiker oder US-Unternehmer: Die Opfer der Leaks werden sich künftig gut überlegen, ob sie weiter auf die lückenhaften Kommunikationskanäle setzen werden und müssen Zeit, Geld und Energie aufwenden, um neue, sicherere Wege aufzubauen.

Der Einfluss der Ideen der Cypherpunks spiegelt sich auch in Projekten zu freien, nichtkommerziellen Onlinenetzwerken wider, die als Alternativen zur »Spionagemaschine« Facebook positioniert sind und die sichere, verschlüsselte und damit nicht auswertbare Internetkommunikation der Nutzer zum Ziel haben. Projekte wie »Social Swarm«, »Friends Of WikiLeaks« oder »AnonPlus« stammen aus dem Umfeld der Whistleblower, Datenschützer – und natürlich der Hacktivisten von Anonymous.

Die Anonymous-Connection

»Der Umgang von Politik und Justiz mit der WikiLeaks-Affäre hat eine ganze Generation junger Hacker weltweit politisiert. Julian Assange mag vorübergehend kaltgestellt sein – aber seine Erben machen weiter«, schrieb der österreichische Journalist und IT-Experte Erich Möchel 2011 über den Einfluss der Whisteblower-Plattform auf die Anonymous-Bewegung.[55] Während Assange damals im Londoner Hausarrest mit Fußfessel gegen die Auslieferung an Schweden kämpfte, liefen weltweit Anonymous-Aktionen gegen unterschiedlichste Ziele – von Webseiten der Rechtspartei FPÖ bis zur US-Beraterfirma Booz Allen Hamilton. Letztere wurde mit der Veröffentlichung von 90.000 Datensätzen, die E-Mail-Adressen von Angehörigen des US-Militärs samt zugehöriger Passwörter, bloßgestellt – ganz in der Tradition der großen Leaks von Assange, die immer wieder die Kommunikationskanäle seiner Feinde torpedierten.

Doch eine einseitige Beeinflussung von Anonymous durch WikiLeaks zu beschreiben greift zu kurz. Vielmehr haben sich beide Phänomene im Verlauf der vergangenen Jahre immer wieder gegenseitig unterstützt und zugearbeitet. »Anonymous war schon aktiv, da hat kein Schwein von WikiLeaks geredet«, sagte der Deutsche Daniel Domscheit-Berg, Ex-WikiLeaks-Mitglied und nach einem Rauswurf wieder Mitglied des Chaos Computer Club, in einem Interview Ende 2011 zu mir. »Die haben uns ja auch unseren ersten großen Leak, eben zu Scientology, zugespielt. Wir hatten immer das Problem, dass die Information organisiert werden musste, und das hat in keinem Fall so gut funktioniert wie bei den Scientology-Dokumenten. Die waren damals extrem dahinter, das Material so aufzubereiten, dass die Leute etwas damit anfangen konnten. Das hätte ich mir für viele andere Sachen auch gewünscht. Das müssen extrem kompetente, motivierte Leute sein, die sehr viel Zeit investiert haben. Ich zolle denen sehr viel Respekt für die Aktion gegen Scientology, weil das schon vor zwanzig Jahren passieren hätte müssen – nur gab es damals die Möglichkeiten des Internets noch nicht.«

Die Dokumente, die die Anonymous-Aktivisten an WikiLeaks 2008 zur Veröffentlichung weitergaben, sorgten international, aber vor allem in der Scientology-Kirche, für große Unruhe. Denn sie beinhalteten die geheimen, internen Handbücher der Organisation, die unter anderem darüber Auskunft geben, wie man als Scientology-Mitglied von Level zu Level aufsteigt. Mit jeder »Tethanen«-Stufe wird man in immer mehr wirre Geheimnisse des Kults rund um Gründer L. Ron Hubbard eingeweiht – etwa, dass Hubbard in Wirklichkeit einige Millionen Jahre alt ist und von Planet zu Planet reisen kann. Ärgerlich für Scientology war es wohl auch, dass nun jeder kostenlos in den digitalisierten Handbüchern im Netz blättern konnte – immerhin musste man der kontroversen Kirche bereits den Gegenwert eines Einfamilienhauses vermacht haben, um überhaupt über die Existenz der Außerirdischen informiert zu werden, wie Domscheit-Berg in seinem Buch »Inside WikiLeaks« schreibt.[56]

Auch WikiLeaks-Kopf Assange dürfte sich Anonymous nahe gefühlt haben. »Remember, remember the fifth of November«, rezitierte er den Vers aus dem Kinderreim in Erinnerung an den gescheiterten Attentäter Guy Fawkes, kurz bevor das Collateral-Murder-Video veröffentlicht wurde.[57] Er soll außerdem mit den Hackern von LulzSec Kontakt aufgenommen haben, um eine mögliche Zusammenarbeit zu besprechen. Eine weitere Verbindung: Der Hacker (später zu einem Jahr Haft verurteilt) der privaten E-Mails der US-Politikerin Sarah Palin, die WikiLeaks 2008 veröffentlichte, stammte ebenfalls aus dem Umfeld von 4chan und Anonymous. Palin revanchierte sich 2010 bei WikiLeaks dafür und forderte, dass Assange wie ein Al-Kaida- oder ein Taliban-Führer gejagt werden sollte.

Etwa zwei Jahre nach dem Scientology-Leak, quasi als Dankeschön, ergriffen Anonymous-Hacktivisten im Rahmen der »Operation Payback« Partei für WikiLeaks. Die Whistleblower hatten ab 28. November 2010 mit »Cablegate« 251.000 Depeschen (etwa 15.000 davon waren als »geheim« eingestuft) von US-Botschaften veröffentlicht, die weltweit medial für enormes Echo sorgten. Nur wenige Tage später, am 1. Dezember, versagte Amazon

WikiLeaks – möglicherweise auf Druck von US-Senator Joe Lieberman – die Unterstützung und sperrte die Server, die die Whistleblower zuvor angemietet hatten, um die enorme Zahl der Zugriffe auf die Webseite bewältigen zu können. Ab dem 4. Dezember froren Mastercard, Visa, PostFinance, Bank of America und der Onlinebezahldienst PayPal Konten von Assange und WikiLeaks ein und drehten ihnen damit den Geldhahn (v. a. Spenden) zu. Ab dem 6. Dezember antworteten Anonymous-Hacktivisten mit Vergeltungsschlägen gegen diese Firmen und griffen ihre Webseiten mit DDoS-Attacken an, die daraufhin teilweise für einige Stunden oder gar Tage nicht mehr erreichbar waren. Koordiniert wurden die Angriffe über den Twitter-Account »@Anon_Operation« und gegenüber dem britischen Guardian[58] sagte damals ein mutmaßliches Anonymous-Mitglied: »Wenn wir WikiLeaks ohne Kampf verschwinden lassen, denken Regierungen, sie könnten jede Seite, die ihnen nicht gefällt, schließen.« Die Reaktion der Polizei ließ nicht lange auf sich warten: Seit Dezember 2010 wurden in Großbritannien, den Niederlanden und den USA mindestens 26 vorwiegend junge Männer verhaftet, die teilweise Geständnisse ablegten, bei der »Operation Payback« mitgemacht zu haben. »Cablegate« war außerdem Anlass für die »Operation Leakspin«, die einen Taktikwechsel darstellt: Anonymous-Aktivisten versuchten das Material zu übersetzen, zu sichten und die Ergebnisse auf verschiedenen Webseiten, darunter etwa Cablewiki.net, zu veröffentlichen. Für Aufsehen sorgte vor allem die Enthüllung, dass ein neues, strenges Urheberrechtsgesetz in Spanien auf Druck der USA zustande gekommen war (in Anspielung an die verantwortliche Ministerin bald »Sinde-Gate« genannt).

Doch das Zusammenspiel zwischen WikiLeaks und Anonymous sollte weitergehen: Als Julian Assange im Februar 2012 von London aus 5,5 Millionen interner E-Mails der texanischen Firma Stratfor (»Strategic Forecast«) veröffentlichte, wurde sofort wieder eine Verbindung zu Anonymous hergestellt. Denn Hacktivisten hatten wenige Monate zuvor behauptet, bei einem Hack der Stratfor-Server 850.000 E-Mail-Adressen und Passwörter sowie 75.000 Kreditkartendaten von den insgesamt 292.000 Stratfor-Kunden erbeutet zu haben. Stratfor wurde mit dem Leak jedenfalls international bloßgestellt, deckten die E-Mails etwa auf, wie die Privatfirma auf der einen Seite ähnlich wie ein staatlicher Geheimdienst agieren will und auf der anderen Seite reichlich unprofessionell bei der Informationssammlung für seine Kunden agiert und fremdsprachige Texte schon mal schnell mit »Google Translate« übersetzen lässt. Ein ähnliches Zusammenspiel zwischen Anonymous und WikiLeaks ist bei dem Leak im Sommer 2012 zu vermuten: Die »Syria Files« (etwa 2,4 Millionen E-Mails von syrischen Beamten) könnten aus einem Hack durch Anonymous-Aktivisten im Februar 2012 stammen, die dann der Whistleblower-Plattform zugespielt wurden. Straßenproteste für WikiLeaks, zu denen Anonymous aufrief, blieben aber weitestgehend aus.

Die Verbindungen zwischen WikiLeaks und Anonymous sind jedenfalls gegeben, wenn auch darüber gestritten werden kann, wie stark sie sind. Auf die Frage, ob Assange ein Vorbild der Anons sei, schickten mir die Aktivisten von AnonNewsAUT (*http://anonnewsaut.tumblr.com*) folgende Antwort: »Die Frage ist, ob es ein Vorbild für ein anonymes Kollektiv geben kann. Bestimmt gibt es Menschen, deren Ideen und Taten viele von uns inspirieren, aber dennoch wird das bei jedem anders sein. Ob es jetzt um Freiheit im Internet- und im Softwarebereich geht wie bei Richard M. Stallman, um WikiLeaks oder Aktivismus jeglicher Art wie beim chinesischen Künstler Ai Weiwei, wird hier jeder ein anderes ›Vorbild‹ haben.« Und in Anspielung auf ihr eigenes Logo, das der Spielzeugserie »My Little Pony« entnommen und ein Insiderwitz ist, meinten die österreichischen Anon-Aktivisten augenzwinkernd: »Natürlich werden wir auch stark von den Lehren der Ponys beeinflusst.«

Das Erbe der Whistleblower

Während im Netz munter weitergeleakt wird, sieht es für den mutmaßlich wohl wichtigsten Whistleblower des jungen Jahrtausends düster aus: Der US-Soldat Bradley Manning (geboren 1987), der WikiLeaks sowohl die US-Depeschen, Informationen zu den Kriegen in Afghanistan und im Irak als auch das Videomaterial von »Collateral Murder« zugespielt haben soll, sitzt seit Mai 2010 in Untersuchungshaft. Im Februar 2012 wurde dem mutmaßlichen Informanten die Anklage vor einem US-Militärgericht verlesen, die 22 Punkte umfasst – unter anderem »Unterstützung des Feindes«, die Übertragung geheimer Daten auf seinen Rechner und »Weitergabe von Informationen zur nationalen Verteidigung an eine nicht befugte Quelle«. Manning droht lebenslange Haft und theoretisch sogar die Todesstrafe und im Sommer 2012 befand er sich bereits mehr als zwei Jahre ohne Verhandlung in Gefangenschaft. Starten wird der Prozess im November 2012 oder sogar erst im Jänner 2013. Das und die teilweise sehr harten Haftbedingungen (Isolationshaft, Wegnahme seiner Kleidung u. ä.; Mannings Vater bezeichnete die Haftbedingungen als »schockierend«) haben mehr als 50 Abgeordnete des EU-Parlaments dazu gebracht, einen offenen Brief an die USA zu schicken und darin Menschenrechtsverletzungen gegen Bradley Manning anzuprangern.

Wie der mutmaßliche Whistleblower die Daten erbeutet hatte, dazu gibt es folgende Geschichte, die auf den Aussagen des Hackers Adrian Lamo basieren, der Manning auffliegen ließ: Während seiner Stationierung im Irak in den Jahren 2009 und 2010 hatte Manning als Informationsanalyst des US-Militärs Zugang zum SIPRNet, dem geheimen Netzwerk des US-Verteidigungsministeriums, und damit Zugriff auf Daten der Geheimhaltungsstufe »Top Secret«. Von dort soll Manning das brisante Material kopiert, auf CDs mit der Aufschrift »Lady Gaga« gebrannt und dann bei WikiLeaks hochgeladen haben – wohl via Satellitenverbindung. Diese nützte er auch im Mai 2010 (etwa einen Monat nach der Veröffentlichung von »Collateral Murder«), um sich in einem Chat Lamo anzuvertrauen. Der schmächtige junge Mann, der zu der Zeit wohl unter großem psychischen Druck litt (neben der Kriegsarbeit haderte er auch mit seiner Homosexualität, die er im Militärdienst unterdrücken musste) schrieb damals: »Hypothetische Frage: Wenn du freien Zugang zu verschlüsselten Netzwerken hättest, über längere Zeiträume … sagen wir, acht bis neun Monate … und unglaubliche Dinge sehen würdest, schreckliche Dinge, Dinge, die an die Öffentlichkeit gehören und nicht auf eine Festplatte, die in einem dunklen Zimmer in Washington DC steht … was würdest du tun?«[59]

Ganz klar ist die Geschichte, wie Manning dann genau aufgeflogen ist, nicht. Das US-Magazin »Wired« veröffentlichte 2011 Chat-Protokolle, aus denen hervorgehen soll, dass sich Bradley Adrian Lamo über seine Tat anvertraut hat, und dieser dann die Behörden informierte. Es gibt aber auch eine andere Version: Dem US-Magazin »Forbes« zufolge soll Lamo ein Sicherheitsspezialist des geheimen »Project Vigilant« sein, das 600 Freiwillige den Netzverkehr auf verdächtige Inhalte überwachen lässt, die Militärbehörden, FBI und NSA zuarbeiten. Lamo sollen die Internetaktivitäten von Manning aufgefallen sein, woraufhin er ihn aus Angst um das Leben von US-Soldaten bei der Polizei meldete. Aufklärung über den tatsächlichen Hergang wird aber erst der Prozess bringen, mit dessen Ende 2013 zu rechnen ist.

Für die einen ist Manning wegen seiner mutmaßlichen Taten bereits zum Helden avanciert, der sich für die Wahrheit opfert, während seine Gegner (v. a. US-amerikanische Politiker wie Mike Huckabee oder Mike Rogers) die Todesstrafe für ihn forderten.

Mannings ungewisses Schicksal wirkt auf andere potenzielle Whistleblower mit Sicherheit abschreckend, und den USA wird vorgeworfen, ein Exempel an ihm statuieren zu wollen – immerhin argumentiert seine Verteidigung, dass durch die Leaks die Leben von US-Bürgern und -Soldaten nicht gefährdet worden sind. Auch gegen Assange soll laut der australischen Zeitung »Sydney Morning Herald« bereits eine US-Anklage fertig vorliegen. Es gibt aber auch politische Kräfte, die Whistleblowern künftig mehr Schutz bieten wollen: die Piratenparteien. Als WikiLeaks nach der Veröffentlichung der US-Depeschen drohte, vom Netz genommen zu werden, spiegelten Piratenparteien, darunter auch jene aus Deutschland, Österreich und der Schweiz, die Webseite, damit die enthaltenen Informationen weiterhin online abgerufen werden konnten. Raffael Herzog, Pressesprecher der schweizer Piratenpartei, meinte damals dazu: »Plattformen wie WikiLeaks schaffen Transparenz, jeder Bürger kann die wahren Beweggründe für Entscheidungen nachvollziehen und das stärkt letztlich die Demokratie.« Der Schutz von Informanten steht bei der deutschen Piratenpartei mittlerweile auf dem Programm: »Die Piratenpartei Deutschland erachtet Whistleblowern als wichtiges Korrektiv in jeder freien und demokratischen Gesellschaft. Dazu ist einerseits erforderlich, eine allgemeine gesetzliche Regelung zum Schutz von Whistleblowern zu finden. Andererseits muss die Gesellschaft darüber aufgeklärt werden, dass Whistleblower einen gesellschaftlichen Wert haben, wie dies für Presseinformanten schon etabliert ist.« Und auch die Wiener Piraten haben im Sommer 2012 beschlossen, eine »Whistleblower-Partei« werden zu wollen, an die sich Menschen mit wichtigen Informationen über Schieflagen in Politik und Wirtschaft wenden können. Doch wer sind diese Piraten überhaupt?

Piraten – Eine neue politische Kraft

Piraten entern Europa

»Einst waren die Grünen die Rebellen, jetzt gibt es eine neue Revoluzzertruppe: die Piratenpartei.«[60] Als bei der Wahl zum Berliner Abgeordnetenhaus am 18. September 2011 die Piratenpartei 8,9 Prozent der Stimmen bekam und noch vor der FDP zur fünftstärksten politischen Kraft der deutschen Hauptstadt wurde, war nicht nur Spiegel Online klar: Eine neue Kraft hat das politische Parkett Mitteleuropas betreten. Mit Themen wie Mindestlöhne und gesichertes Grundeinkommen, die Liberalisierung des Umgangs mit Cannabis und kostenloser Nahverkehr sowie mit Forderungen nach mehr direkter Demokratie, mehr Bürgerbeteiligung und mehr Transparenz im Parlament konnten die Piraten vor allem bei den jungen Wählern punkten und viele vormalige Nichtwähler wieder zum Urnengang bewegen.

Eine Protestpartei der Internetgeneration – so beschrieben viele die Piraten nach der überraschenden Wahlsensation, die 15 von ihnen als Abgeordnete ins Berliner Abgeordnetenhaus schickte. »Eine Generation, die Britney Spears antwittern kann oder mit Coca-Cola chatten, erwartet diese Nähe auch von der Politik«, kommentierte der bekannte deutsche Blogger und Autor Sascha Lobo das Wahlergebnis damals. »Der Erfolg der Piraten beruht weniger auf dem Internet, sondern viel mehr darauf, was man mit dem Internet machen kann: direkte Verbindungen herstellen.«[61] Diese neue Art der Bürgernähe sollten die Piraten Deutschlands auch weiterhin herstellen können. Bei der Landtagswahl im Saarland im März 2012 holte die Piratenpartei 7,4 Prozent der Stimmen und damit 51 Sitze des Saarländischen Landtags. Weiter ging es bei den Landtagswahlen in Schleswig-Holstein und Nordrhein-Westfalen im Mai 2012 mit respektablen Ergebnissen von 8,2 Prozent bzw. 7,8 Prozent.

Die Vertreter der Piratenpartei sind dabei überwiegend männlich, jung und oft mit IT-Hintergrund – woraus man schließen könnte, dass ihre Wählerschaft ähnlich tickt und vorwiegend junge Männer in Kapuzenpullis mit einer Affinität zu Computern und Internet sind. Doch das täuscht: Wie etwa eine ZDF-Umfrage im Zuge der Wahl im Saarland gezeigt hat, holten die Piraten Stimmen zu je 15 Prozent bei CDU, SPD und Linkspartei und außerdem zu 6 Prozent bei den Grünen. Weitere 20 Prozent der Wähler stammen außerdem aus jener Gruppe, die vorher bei Wahlen zu Hause geblieben war.

Auch in Sachen Ausbildungsstand sind die Piratenwähler – zumindest im Saarland – überraschend heterogen: Arbeiter, Angestellte und Selbstständige sind gleichmäßig vertreten, nur Beamte und Bürger mit Hauptschulabschluss konnten vergleichsweise wenig Gefallen an der 2006 gegründeten Partei finden.[62] Insgesamt wird der deutschen Piratenpartei in verschiedenen Analysen bei der Bundestagswahl 2013 ein Potenzial von mehr als 5 Prozent und damit der Einzug in den Bundestag zugeschrieben. Klar ist, dass ein möglicher Wahlerfolg stark von Jungwählern getragen werden würde. Eine Umfrage des Instituts für Jugendforschung erhob im Sommer 2012, dass in Deutschland 23,4 Prozent der 16- bis 29-Jährigen die Piraten wählen würden – andere Parteien wie SPD, CDU/CSU und Grüne sind bei 12 bis 14 Prozent in dieser Altersgruppe deutlich abgeschlagen.

Dass die Piratenpartei gerade in der Bundesrepublik punkten kann, hat durchaus historische Gründe. Zum einen ist die Hacker-Szene, aus der sich die politische Bewegung zum Teil nährt, gerade in Deutschland mit dem 1981 gegründeten Chaos Computer Club stark vertreten und kann auf eine lange Tradition zurückblicken. Zum anderen ist Deutschland in Sachen Privatsphäre und Datenschutz gewissermaßen der Gegenpol zu den USA, wo diese Themen in Bezug auf das Internet eher hintan gereiht sind. Bei Internetunternehmen wie Google und Facebook gilt das ungeschriebene Gesetz: Wenn eine neue Funktion den hohen Auflagen des deutschen Datenschutzgesetzes genügt, dann geht sie ziemlich sicher auch in allen anderen Ländern in Ordnung. So war es etwa in Hessen, wo 1972 das erste Datenschutzgesetz der Welt eingeführt wurde.[63]

Piraten gibt es abgesehen vom Gründungsland Schweden und von Deutschland mittlerweile in mehr als 40 Ländern, in vielen davon als Partei registriert, in anderen (v. a. Osteuropa und Nord- bzw. Südamerika) zumindest als aktive Vereine. Bei der Generalversammlung der Dachorganisation »Pirate Parties International« Mitte April 2012 diskutierten Vertreter von 28 nationalen Piratenparteien über die Zukunft der Bewegung, 19 davon (darunter Deutschland) unterzeichneten eine Deklaration betreffend eines gemeinsamen Antretens bei den Europawahlen 2014.[64]

Auch in Österreich gibt es eine Piratenpartei (PPÖ). Entstanden ist sie wie jene in Deutschland und Schweden im Jahr 2006, und zwar im Umfeld des Wiener Hacker-Labors Metalab, das von seinen Mitgliedern als »unabhängig und gemeinschaftlich betriebener Raum für technisch-kreative Projekte« bezeichnet wird. Der Mitgründer der österreichischen Piraten, der Villacher Künstler und Netzaktivist Florian Hufsky, war Mitglied des Hacker-Treffpunkts Metalab und verstarb tragischerweise 2009 im Alter von nur 23 Jahren.

Bis 2012 hat sich die Piratenpartei vom Metalab und seinen Gründungsmitgliedern entfernt und ist in andere Sphären eingedrungen. Im Sommer 2012 schwärmte man bei der PPÖ bereits davon, europaweit sogar die stärkste Piratenpartei zu sein. Abgeleitet wurde diese Stärke von Umfragen wie jener des Politmagazins »profil« im Oktober 2011, die ein Wählerpotenzial von sagenhaften 31 Prozent erhob, oder jener des Humaninstituts im Mai 2012, die die Piratenpartei und andere neue Parteien bei 16 Prozent sah. Andere Erhebungen, meist im Auftrag von österreichischen Tageszeitungen, ermittelten Zustimmungswerte von 6 bis 7 Prozent – jedenfalls genug, um die 4-Prozent-Hürde für den Einzug in den österreichischen Nationalrat zu schaffen. Doch selbst die niedrigeren Werte sind mit Vorsicht zu genießen. »Es gibt in Österreich ein Potenzial von 15 bis 20 Prozent, die bereit sind, eine andere Partei, die derzeit nicht im Parlament sitzt, zu wählen«, erklärte mir der Meinungsforscher Wolfgang Bachmayer von der Österreichischen Gesellschaft für Marketing (OGM). Dabei handle es sich allerdings um ein »theoretisch maximal erreichbares Wählerpotenzial«, das die Piraten und andere neue Formierungen der österreichischen politischen Landschaft wie etwa die »Online-Partei Österreichs« schaffen könnten. »Derzeit würde keine dieser Parteien die 4-Prozent-Hürde für den Einzug in den Nationalrat schaffen. Das kann sich aber bis 2013 ändern«, sagte Bachmayer im Sommer 2012.

Scheinen die Piraten vor allem in Mitteleuropa vergleichsweise stark, so tauchen sie in anderen Ländern noch kaum in Mainstream-Medien und Umfragen auf. Denn: »In anderen Ländern gibt es auch Piratenparteien, diese werden aber nicht so wahrgenommen. Das hängt mit den verschiedenen politischen Systemen zusammen. In den meisten europäischen Ländern bekommt man für 10 Prozent der Stimmen 10 Prozent der Sitze im Parlament. In den USA, Großbritannien, Frankreich oder Australien braucht man eine Mehrheit in einer Region, um einen einzigen Sitz im Parlament zu erobern. 51 Prozent der Stimmen zu bekommen ist eine ganz andere Herausforderung, als 5 Prozent zu schaffen. Es kommt also nur darauf an, die richtigen Ideen zu entwickeln, um diese politischen Systeme zu knacken«, erklärte mir der Schwede Rick Falkvinge in einem Interview im Mai 2012. Sollten Sie Falkvinge noch nicht kennen: Er ist jener Mann, der die erste Piratenpartei der Welt gegründet hat und zählte 2012 laut Time Magazine bereits zu den 100 einflussreichsten Menschen der Welt.[65]

Der erste politische Pirat: Rick Falkvinge

»Viele Leute fragen mich, ob ich die Piratenpartei als mein Baby ansehe, und ja, natürlich sehe ich das zum Teil so. Aber wie jedes Kind, das größer wird, entwickelt es sich nicht ganz so, wie man es sich vorgestellt hat. Zu beobachten, wie es sich entwickelt, fasziniert mich. Ich habe den ersten Knopf gedrückt, aber Millionen Leute haben nach mir Knöpfe gedrückt, und gemeinsam haben sie das entwickelt, was es jetzt ist.«

Der Schwede Rick Falkvinge wirkt auf den ersten Blick nicht wie einer, der eine neue politische Bewegung ins Leben gerufen hat. Mit seiner zurückhaltenden Art, seinem gemütlichen Bäuchlein, seinem violetten Hemd und seinem kleinen Notebook unter dem Arm ist er nicht unbedingt der Idealtypus eines mit erhobener Faust feurige Reden schwingenden Revolutionsführers. Mein Eindruck von Falkvinge (Jahrgang 1972, gebürtig Dick Augustsson), den ich im Rahmen der Berliner re:publica im Mai 2012 zum Interview traf, war eher der eines Personalmanagers denn der eines Parteiideologen – was mir der erste politische Pirat im Gespräch dann auch bestätigte.

Falkvinge, der sich schon früh für Computer – in seinem Fall den Commodore – begeisterte und während seiner Studienzeit bei der liberal-konservativen Mitte-Rechts-Partei »Moderaterna« politisch aktiv war, gründete die erste Piratenpartei der Welt am 1. Jänner 2006. In den 1990er-Jahren war er eigentlich von der Politik abgekommen, gründete eine Softwareentwicklungsfirma und arbeitete später als Projektmanager für Microsoft. Doch seine Faszination mit Computern und die besondere Entwicklung des Internets in Schweden brachten ihn zurück zur Politik. »Schweden hat mich stark beeinflusst. Ich hatte bereits 1998 eine 10-Megabit-Anbindung in meinem Appartment, also so schnelles Internet, wie es das noch heute in vielen europäischen Regionen nicht gibt«, erklärte Falkvinge in dem Interview. »Während in Schweden Internet von privaten Unternehmern vorangetrieben wurde, wurde es im Rest Europas von Kabel-TV-Anbietern und Telekom-Firmen ausgebaut, die eigentlich kein wirtschaftliches Interesse daran hatten, weil es ihr eigenes Geschäft zu kannibalisieren drohte. Schweden lag damals in Sachen Internetnutzung weltweit auf Platz drei, knapp hinter Japan und Südkorea. Die schwedische Regierung hat ihr Geld damals aber lieber in den Ausbau für digitales TV gesteckt und nicht ins Internet und daraus ist ein Konflikt entstanden. Auf der einen Seite standen Unternehmer und Aktivisten und auf der anderen die Regierung, die das Netz offensichtlich nicht verstand.«

Falkvinge (auf seinem Twitter-Profil mit Augenklappe zu sehen) traf allein mit der Registrierung der Webadresse *www.piratpartiet.se* den Nerv der Internetgeneration. Die Webseite wurde innerhalb von zwei Tagen mit mehr als drei Millionen Zugriffen geflutet. Als wenige Monate später, im Mai 2006, die Räumlichkeiten der populären, 2003 in Schweden gegründeten Torrent-Webseite »The Pirate Bay« von der Polizei durchsucht und Server beschlagnahmt wurden, stellte Falkvinge (als jugendlicher Besucher von Copy-Partys ohnehin affin für das Thema) gemeinsam mit anderen politischen Jugendorganisationen eine Piratendemonstration in Stockholm auf die Beine – was der Piratenpartei große Sympathien und Mitgliederzulauf einbrachte. Die Verbindung zu »The Pirate Bay« ist auch ganz klar im Namen ersichtlich: Bei der Taufe seiner neuen politischen Bewegung ließ sich Falkvinge von der schwedischen Organisation »Piratbyrån« (»Das Piraten-Büro«) inspirieren, die seit 2003 gegen die Copyright-Industrie und für den freien Austausch von Informationen kämpfte und deren Mitglieder auch »The Pirate Bay« ins Leben riefen.

Die kurze Geschichte der schwedischen Piratenpartei gleicht in den nächsten Jahren einer Achterbahnfahrt. 2009 stieg man, gemessen an den Mitgliederzahlen, kurzfristig zur drittgrößten Partei Schwedens auf, was stark mit den Sympathien in der Bevölkerung zur Webseite »The Pirate Bay« zusammenhing, deren Betreibern im selben Jahr der Prozess gemacht wurde. Der Zulauf bescherte den Piraten bei den europäischen Parlamentswahlen 7,13 Prozent und einen Abgeordnetensitz (aus dem später dank dem Vertrag von Lissabon zwei wurden). National zeigt sich ein ganz anderes Bild der schwedischen Piraten: Der Zuspruch der Partei, den es von Anfang an gab, reichte weder bei den Wahlen im Jahr 2006 (0,63 Prozent) noch im Jahr 2010 (0,65 Prozent) zum Einzug ins Parlament.[66]

Am 1. Jänner 2011 zog Falkvinge die Konsequenzen aus den bescheidenen Wahlergebnissen und Kontroversen um seine Person (u. a. missverständliche Äußerungen rund ums Thema »Netzsperren für Onlinekinderpornografie«) und trat als Parteivorsitzender zurück. Der Bewegung ist er aber als Gründer und Mentor erhalten geblieben. »Unser Plan war immer, zuerst Schweden, dann Europa und dann die ganze Welt zu ändern. Wir wollten zuerst ins schwedische Parlament einziehen, dann die entstandenen Ressourcen nutzen, Piratenparteien in vier, fünf Kernländern in Europa zu gründen, und wenn wir den größten Wirtschaftsraum der Welt geändert haben, können wir die Welt ändern«, sagte Falkvinge zu mir. »Ich habe damit gerechnet, dass das 20 bis 25 Jahre dauern wird. Aber bereits sechs Jahre nach der Gründung stehen wir in Deutschland knapp davor, ins Parlament zu kommen, um dort die Politik zu verändern.«

Falkvinge ist dabei einer, der zwar große Ziele vorgibt (»Wir unterstützen und verteidigen einen vernetzten Lebensstil«, »Breitbandinternet für alle«), doch sein Wirken in der Partei ist vor allem soziologischer Natur. Er betreibt »Schwarm-Management«: Dabei geht es in erster Linie darum, Rahmenbedingungen zu schaffen, innerhalb derer sich einander fremde Menschen mit gleichen Interessen möglichst effizient vernetzen und zusammenarbeiten können. Dazu gehört einerseits eine vom Piraten-Gründer mitentwickelte Software namens »Acitivzr«, mit der man von der Onlineabstimmung bis zur Presseausendung viel Parteiarbeit abwickeln kann, andererseits Gruppenstrukturen. Wie Falkvinge erklärte, sollte man Gruppen nach drei magischen Zahlen teilen: 7, 30 und 150. Kleine Arbeitsgruppen sollten maximal 7 Mitglieder haben, da sie ab einer Größe von 8 tendenziell in zwei Vierergruppen auseinanderbrechen. Die nächstgrößere Zahl ist die 30, was in etwa der Größe einer Schulklasse entspricht. Übersteigt etwa ein Stammtischtreffen (z. B. in einem politischen Bezirk) diese Größe, sollte man überlegen, dieses in zwei separate Treffen aufzuteilen. Die nächste magische Zahl ist die 150, die sogenannte Dunbar-Zahl: Sie geht auf den britischen Psychologen Robin Dunbar zurück und ist ihm zufolge die theoretisch kognitive Grenze der Anzahl an Menschen, mit denen eine Einzelperson soziale Beziehungen unterhalten kann.[67]

Diese und andere Zahlen sind mir auch während der Recherche zu meinem ersten Buch »Phänomen Facebook« immer wieder untergekommen. Internetunternehmer, die soziale Netzwerke im Web kreieren wollen, beschäftigen sich intensiv mit solchen Gruppengrößen, weil sie über Erfolg und Misserfolg eines Webdienstes entscheiden können. So lautet etwa eine ungeschriebene Regel, dass ein neuer Nutzer eines Webdienstes mindestens fünf Bekannte vorfinden sollte, damit er wiederkommt. Auch interessant: Bei Facebook haben die Mitglieder im Schnitt – je nach Erhebung – zwischen 130 und 190 Freunde, was der Dunbar-Zahl nahekommt.

Zwar geht es bei den Piraten stark um Basisdemokratie – leitende Mitglieder braucht es laut Falkvinge aber natürlich trotzdem. »Man muss eine Hierarchie von Anführern herausbilden«, so der Schwarm-Management-Experte, ihre Gruppen geografisch organisieren und regelmäßige Treffen abhalten. Auch für das physische Zusammenkommen hat Falkvinge interessante Regeln parat: »Meetings sind keine Arbeit, bei ihnen berichtet man von der Arbeit, die man zwischen diesen Meetings erledigt.« Deswegen sollten sie im lockeren Rahmen bei Pizza und Bier stattfinden und nicht länger als 60 Minuten dauern. »Alles, was in dieser Zeit nicht diskutiert wurde, war eben nicht wichtig genug und wird auf das nächste Mal vertagt.« So könne man auch sichern, dass die Mitglieder Spaß an der Sache haben, und dies wiederum sei eine Grundvoraussetzung, um eine Bewegung wachsen zu lassen. »Leute gehen am liebsten dorthin, wo andere Leute Spaß haben.«

Dass es einmal mit dem Spaß aus sein könnte und Machtfragen in der Partei überhand nehmen, ist auch dem ersten Piraten klar. Wenn man Geld und Macht hat, zieht man Menschen an, die Geld und Macht wollen. Auch die Piraten werden deswegen über kurz oder lang in die Situation kommen, Karrieristen anzuziehen. »Unsere Struktur ist bis zu einem gewissen Punkt dagegen resistent, aber ab einem gewissen Punkt werden die karriereorientierten Politiker übernehmen.« Früher oder später wird auch in der flachen Piratenpartei geklärt werden müssen, wer Minister wird und wer nicht. Falkvinge: »Ich denke, Deutschland ist als nächstes dran. Ich weiß natürlich nicht, wie die Verhältnisse nach der nächsten Bundestagswahl aussehen und ob die anderen deutschen Parteien an einer Regierungsbeteiligung der Piraten interessiert sind, aber ich traue mich vorauszusagen, dass wir innerhalb der nächsten Dekade in Europa Piraten sehen werden, die Ministerämter bekleiden.« In Tunesien ist das übrigens schon passiert: Nach der Revolution wurde dort der Internetunternehmer, Blogger und politische Pirat Slim Amamou Staatssekretär für Jugend und Sport.

Die Piraten der Karibik

Der Name der Piratenpartei leitet sich, wie schon beschrieben, von der schwedischen Anti-Copyright-Bewegung »Piratbyrån« ab. Diese hat den Begriff des Piraten aber nicht selbst gewählt, sondern sich wiederum bei der 2001 in Schweden gegründeten Lobby-Organisation »Antipiratbyrån« (*www.antipiratbyran.se*) bedient, die als Reaktion auf Filesharing-Plattformen wie Napster ins Leben gerufen wurde und für die Interessen der schwedischen Musik- und Filmindustrie eintrat.[68] Von Musikpiraten ist aber nicht erst seit den Tauschbörsen im Internet die Rede. Bereits in den 1980er-Jahren versuchte die »British Phonographic Industry« mit der Kampagne »Home Taping is Killing Music« die Jugend auf die wirtschaftlichen Schäden und persönlichen rechtlichen Folgen des privaten Kopierens von Musikkassetten aufmerksam zu machen. Das Logo der Kampagne zierte damals eine schwarze Kassette mit zwei gekreuzten Knochen darunter. Die zwei Löcher der Spulen sollten die leeren Augenhöhlen eines Totenschädels nachahmen und insgesamt die »Jolly Roger« genannte Piratenflagge nachstellen. Die Musikbranche hat ihrer Gegenbewegung also selbst jenen coolen Namen verpasst, der jetzt für jene politische Bewegung steht, die viele junge Wähler besonders anziehend finden.

Wollte die Musikindustrie schon vor mehr als 30 Jahren Assoziationen zu Freibeutern wecken, die das Hab und Gut rechtschaffener Händler rauben, so haben sie mit dem Begriff (wohl unabsichtlich) auch eine in politischer Hinsicht interessante Verbindung zum »Goldenen Zeitalter« der Piraterie des 16. bis 18. Jahrhunderts geschaffen. Im späten 17., frühen 18. Jahrhundert sollen Piraten unter der Führung von Captain James Mission einen eigenen Freibeuterstaat auf Madagaskar gegründet haben: Libertalia (oft auch Libertatia). »Missions Piraten waren Antikapitalisten und Gegner der Armut, welche den Anstieg von Lohnarbeit und Kapitalismus begleitete. Sie bestanden darauf, dass jeder Mensch frei geboren werde und ein Recht auf Nahrung habe, wie auf die Luft, die er atmet«, kann man heute auf Anarchopedia.org nachlesen, einem anarchistischen Pendant zu der populären Onlineenzyklopädie Wikipedia. »Den Frevel, mit dem Verbrecher und mitleidlose Gläubiger unglaubliche Reichtümer anhäuften, während andere ins Unglück stürzten, verachteten sie und sprachen von einem natürlichen Recht auf einen Teil der Erde, der groß genug sei, um für den eigenen Unterhalt zu sorgen.«[69]

In Libertalia soll die Macht der Herrscher demokratisch kontrolliert worden sein: Alle drei Jahre soll ein neuer Anführer gewählt worden sein, und ein Piratenrat, zusammengesetzt aus den Fähigsten und nicht nach Herkunft oder Hautfarbe, soll Gesetze beschlossen haben. Sklaverei, damals in den Kolonien der europäischen Königreiche weltweit verbreitet, soll in Libertalia keinen Platz gehabt haben, und Eigentum und Geld soll es in dem sich selbst versorgenden Staat auch nicht gegeben haben – alles in allem also ein paradiesischer Traum einer basisdemokratischen, anarchistischen Gesellschaft.

Schade nur, dass es Libertalia wohl nie gegeben hat, vielmehr dürfte es nur eine Kopfgeburt sein. »Es handelt sich dabei wahrscheinlich um einen fiktiven Ort des Schriftstellers Daniel Defoe«, räumt Anarchopedia.org ein. Das heißt aber nicht, dass Basisdemokratie den Piraten jener Zeit fremd gewesen wäre. »Dass Führerschaft sich aus der Billigung der Gefährten ableiten lässt, anstatt von einer höheren Autorität gewährt zu werden, dürfte eine durchaus wahrscheinliche Erfahrung für die Besatzungen von Piratenschiffen zu Beginn der modernen atlantischen Welt gewesen sein«, schreibt etwa der US-Soziologe John Markoff in einem Essay über die Entstehung der Demokratie.[70] Auch David Graeber, einer der Vordenker der Occupy-Bewegung, die seit 2011 gegen das Finanzsystem und für mehr Mitsprache auf die Straße geht, vermutet, dass auf den Piratenschiffen des 17. Jahrhunderts jene basisdemokratischen Vorstellungen entstanden sein könnten, von denen heute die politischen Piraten Europas gerne reden. Auf Piratenschiffen hätten sich damals oft Meuterer verschiedenster Herkunft zusammengefunden, die der Herrschaft des Staates entsagten – Briten, Holländer, Spanier, Schweden, Afroamerikaner, Afrikaner, Indianer. »Mit anderen Worten: eine bunte Ansammlung von Menschen, bei denen sich aller Wahrscheinlichkeit nach eine gewisse praktische Erfahrung mit direktdemokratischen Institutionen fand, vom schwedischen *Thing* über die afrikanische Dorfversammlung bis hin zum Friedensrat der Indianer«, schreibt Graeber. »Und plötzlich sahen sich diese Menschen mangels einer regierenden Autorität gezwungen, für irgendeine Art der Selbstverwaltung zu sorgen. Insofern waren Piratenschiffe der perfekte interkulturelle Versuchsraum. Womöglich hat es damals im ganzen atlantischen Raum keinen besseren Nährboden für die Entwicklung neuer demokratischer Institutionen geben können.«[71]

Wohlgemerkt: Demokratische Praktiken wie diese hat es in der Menschheitsgeschichte immer schon gegeben. So wie die Berichte über die Piratenschiffe die Autoren der US-Verfassung des Jahres 1787 beeinflusst haben könnten, gab es auch andere Quellen für demokratische Ideen, die zu jener Zeit angezapft wurden. So argumentiert etwa Robert J. Miller, Experte für die Ureinwohner Nordamerikas, dass die Gründerväter stark von den Indianern beeinflusst worden seien. »Benjamin Franklin, Thomas Jefferson, George Washington und Thomas Paine kannten die inneren Funktionsweisen der Stammesregierungen wie jene der Irokesen-Konföderation, der Cherokee und der Shawnee sehr gut. Tatsächlich hat der Häuptling der Irokesen Franklin 1744 vorgeschlagen, dass die 13 Kolonien eine Union bilden sollten, so wie die sechs Stämme die Irokesen-Konföderation geformt haben.«[72] Das Zeitalter der Aufklärung in Europa als alleinige Wurzel der demokratischen Bewegungen und jener Verfassung der USA zu sehen, die massiven Einfluss auf die Revolutionen in Europa des 18. und 19. Jahrhunderts hatte, greift damit zu kurz.

Wofür stehen die Piraten?

Links oder rechts, konservativ, sozial oder liberal, Mitte oder Rand – noch tun sich viele, die sich für die Piratenpartei prinzipiell interessieren, schwer, sie im politischen Spektrum einzuordnen. »Dem durchschnittlichen Wähler ist bundesweit noch nicht klar, wer hinter der Partei steckt und was sie will«, sagt etwa der Meinungsforscher Wolfgang Bachmayer von OGM. Das bestätigt auch der Politologe Peter Filzmaier: »Vom Wahlverhalten her handelt es sich um Proteststimmen, genauso sind die Piraten aus Protest entstanden. Protest und Enttäuschung haben kein ideologisches Etikett, daher ist auch möglich, dass sich von weit rechts bis weiter links unterschiedlichste Personen zusammenfinden. Kurzfristig ist das eine Stärke, langfristig birgt es natürlich Konfliktpotenzial.«

Auch der Gründer der Piratenpartei, Rick Falkvinge, ist sich dessen bewusst, wie er mir sagte: »Das ist ein Problem, das auch andere hatten. Als die Grünparteien aufkamen, hatten sie enorme Probleme, die Idee der Nachhaltigkeit zu erklären, weil das Konzept zuvor einfach nicht existierte. Es gab noch keine bekannten Begriffe, mit denen sie es kommunizieren konnten, und es hat Jahre gebraucht, bis sie ihr eigenes Repertoire dafür entwickelt hatte. Dasselbe Problem hatten die Liberalen, als sie im 17. Jahrhundert gefragt wurden, ob sie auf der Seite der Kirche oder jener des Königs stünden, sie aber sagten, dass sie für individuelle Rechte eintreten würden. Als die Sozialisten im 19. Jahrhundert kamen, konnte man sie weder bei den Konservativen noch bei den Liberalen einordnen, weil sie neue Ideen brachten. Jede neue Bewegung wird gefragt, auf welcher Seite des aktuellen Konflikts sie steht, aber sie sind eben nicht Teil dieses alten Konflikts, sondern bringen einen neuen Konflikt erst auf, den das Establishment noch gar nicht wahrnimmt – in diesem Fall jenen der Internetgeneration gegen das System.«

Die Piraten passen nicht in das gängige Links-Rechts-Spektrum, das auf die französische Nationalversammlung des Revolutionsjahres 1789 zurückgeht und noch heute die Sitzverteilung von Abgeordneten in vielen demokratischen Staaten bestimmt. Damals saßen die Revolutionäre und Republikaner links, während die Monarchisten und Gemäßigten rechts Platz nahmen – wo die Fraktion der Piraten sitzen würde, darüber kann man streiten. Um zu verstehen, wo die junge Partei steht, kann man dem deutschen Autor Wätzold Plaum folgen, der selbst Mitglied der Piratenpartei ist und in seinem Buch »Die Wiki-Revolution« die Grundsätze der Piratenpolitik skizziert. Er siedelt sie nicht in einem Links-Rechts-Spektrum an, sondern in einem politischen Dreieck, dessen Spitzen die drei großen Schulen des politischen Denkens bilden, die sich seit der Aufklärung des 18. Jahrhunderts durchgesetzt haben. Das rechte untere Eck gehört dem Konservatismus und in seiner Nähe sind Parteien wie CDU/CSU oder die österreichische Volkspartei zu finden. Das linke Eck der Basis des Dreiecks gehört SPD, SPÖ und natürlich Die Linke, aber auch die Grünen sind eher diesem Eck zuzuordnen. Die obere Spitze des Dreiecks bildet schließlich der Liberalismus. Plaum zufolge sind die Piraten dort anzusiedeln, wobei sie über der Mitte des Dreiecks genau zwischen Konservatismus und Sozialismus schweben.

»Während sich der strenge Sozialismus für einen starken Staat einsetzt, um Gleichheit durchzusetzen und den Schwächeren vor dem Stärkeren zu schützen, ist der Liberalismus für einen schwachen Staat und vertraut auf die Eigenverantwortlichkeit des Einzelnen«, so Plaum. »Konsequenterweise muss sich der Liberalismus sowohl für schwache Staaten als auch für schwache Konzerne einsetzen.«[73] Diese Dazwischen-Position der Liberalen zwischen rechten und linken Ideologien spiegelt sich auch darin wider, wenn ihre Vertreter etwa das Recht auf Waffenbesitz unterstützen, was man eher von Konservativen gewohnt ist. Andersherum wird man immer wieder auf Mitglieder der Piraten stoßen, die ihre Partei als liberal-sozial beschreiben und für die Grundsicherung eintreten – eine typisch linke Forderung.

Noch sind die Piraten aber nicht so weit, dass sie eine massive politische Strömung Richtung Liberalismus auslösen – das ist 2012 vielleicht auch gar nicht notwendig. »Die genaue Form der Andersartigkeit ist gar nicht so wichtig, die Piraten könnten auch ›Raubritter‹ oder ›Winnetous Apachen‹ heißen – von den Wählern und Journalisten werden sie dankbar angenommen, weil sie eine Alternative zu etablierten Politakteuren darstellen«, erklärt der Politologe Filzmaier.

Die Andersartigkeit bringt den Piraten aber nicht immer gewollten Zulauf. So musste sich die Partei schon von Rechtsradikalen distanzieren, die ebenfalls in die Bewegung einzutreten versuchten. Auch die Forderung einiger österreichischer Mitglieder nach einem »Schützenverein zur Heimatverteidigung« sorgte im Sommer 2012 für großes Befremden. »Ob es um eine Frauenquote geht oder um das Recht, eine wahnsinnige Meinung haben zu dürfen: Es ist kein Zufall, dass es gerade bei den Piraten Diskussionen über

Quotenregelung und Verbotsgesetz gibt, weil das eben nicht zu den Ansätzen eines libertären Weltbilds passt«, sagt der bekannte österreichische Blogger Helge Fahrnberger, der den Medien-Watchblog *www.kobuk.at* initiiert hat.

Insgesamt sind die Piraten aber eher nicht als Radikale einzustufen. Junge Idealisten, die von einer großen Zukunft schwärmen, Pessimisten, die den totalen Überwachungsstaat fürchten, Arbeitslose, Gebildete und Computerfreaks, dazwischen ein paar gescheiterte Existenzen – die Piraten, wie ich sie bei einem ihrer Stammtische in Wien kennengelernt habe, sind insgesamt ein liebenswürdiger und chaotischer Haufen.

Am Piraten-Stammtisch

»Realität ist da, wo der Pizzamann herkommt.« Wer schon einmal einem Onlinespiel wie »World of Warcraft« verfallen ist, der kennt diesen Spruch. Mit »lol«-Kürzel und Zwinker-Emoticon versehen, wird der Witz seit Jahren in die Chats von Onlinegamern geschrieben, die zu verstehen geben wollen, dass die Welt da draußen maximal zur Nahrungsbeschaffung nützlich ist und das wirklich Wichtige sich sowieso nur am Bildschirm und zwischen weltweit vernetzten Computern abspielt. Zuletzt gelesen habe ich den Spruch auf einem Treffen der Wiener Piratenpartei. Gedruckt auf das schwarze T-Shirt eines jungen, freundlichen Neopiraten, war es das erste, was ich bei einer Teilnahme am Stammtisch der 2006 gegründeten Partei im Juni 2012 zu sehen bekam. Sein Träger, ein junger, arbeitsloser Chemiker, war wie viele andere vom medialen Hype rund um die politische Bewegung angezogen worden und ihrem Ruf gefolgt.

Wer echte politische Piraten treffen möchte, der muss – zumindest in Wien – ins Kaffeehaus gehen. Mittlerweile drei wöchentliche Stammtische brachten die Mitglieder der stark im Netz verwurzelten Partei im echten Leben (»real life«) zusammen.

Ob Absicht oder Zufall: Die Piraten folgten damit einer jahrhundertealten Tradition politischer (oft revolutionärer und vom Staat verfolgter) Bewegungen. Der Sturm auf die Pariser Bastille, also der symbolische Auftakt der Französischen Revolution 1789, wurde durch eine flammende Rede des Anwalts und Journalisten Camille Desmoulins im Café de Foy ausgelöst, andere Vordenker und Wegbereiter der Revolution wie der Schriftsteller Jean-Jacques Rousseau, der Autor Voltaire oder der Philosoph Denis Diderot waren damals Stammgäste in Lokalen wie dem Café Procope oder dem Café de la Regence. Eifrig räsoniert wurde in Kaffeehäusern auch rund um das Revolutionsjahr 1848: Das Wiener Griensteidl bekam damals den Beinamen »Café National«, weil es Treffpunkt der Liberalen war, in Berlin war das Café Stehely einer der wichtigsten Orte, wo die Opposition gegen den preußischen König verkehrte. Auch in vielen anderen europäischen Städten wie London oder Amsterdam dienten Kaffeehäuser vor und nach 1800 als Plattform für den intensiven Gedankenaustausch und die Vernetzung Oppositioneller, was Regierungen aber später auch auf die Idee brachte, solche Sammelbecken zu bespitzeln und mit restriktiven Regeln lahmzulegen.[74] Aber auch nach der Auflösung der Sozialdemokratischen Arbeiterpartei durch das faschistische Regime von Engelbert Dollfuß im Februar 1934 etwa fungierte das Wiener Café Central als geheimer Treffpunkt der Revolutionären Sozialistischen Jugend.[75]

Ob man in zweihundert Jahren noch von den legendären Treffen der Wiener Piraten im Café Dani schwärmen wird, ist fraglich. Am Abend, an dem ich mich unter die Mitglieder der Partei mischte, war von flammenden Reden, hitzigen Debatten und großen Zukunftsplänen keine Spur. Vielmehr waren sie an diesem Abend im Juni wieder einmal mit sich selbst beschäftigt. Eine Woche zuvor war man aus dem bisherigen Stammlokal Café Wratschko geflogen – einigen Medien zufolge wegen einer Schlägerei, Saufgelagen und unbezahlten Rechnungen, anderen Meinungen nach aufgrund des Platzmangels, in jedem Fall aber nicht unerwartet. Intern beschmunzelte man den Vorfall bereits als »Wratschko«-Gate, öffentlich war schnell von »Chaos statt Programm« und Ähnlichem die Rede.

Keine angenehme Situation also für eine politische Bewegung, der so manche Umfrage zweistellige Werte nachsagte und sie zeitweise zur stärksten europäischen Piratenpartei machte. Dementsprechend gedrückte Stimmung herrschte im Keller des Café Dani. Von den Anwesenden erfüllten einige mit ihren schwarzen Notebooks, langen Haaren und Heavy-Metal-Band-T-Shirts und Spitznamen (z. B. »Hellboy«) jene Klischees, die ich mir im Vorfeld aus den Berichten anderer zusammengereimt hatte, andere wiederum gar nicht. Mich überraschte vor allem die große Bandbreite an vertretenen Altersgruppen und sozialen Schichten: Doktoren und Jurastudenten,

Unternehmer und Arbeitslose, dazwischen ein paar Punks mit ihren Hunden und ein Rollstuhlfahrer repräsentierten die verschiedensten Lebensstile und -einstellungen. »Wir sind offen für alle«, sagte ein Mitglied zu mir. »Das ist unsere Stärke und gleichzeitig unsere Schwäche.«

Um künftig negative Berichterstattung zu vermeiden, wurde an dem Abend meines Besuchs von einem Mitglied, das seit der Gründung 2006 dabei ist, ein »Konzept zur menschenwürdigen und wertorientierten Kommunikation innerhalb der Partei« präsentiert, das allerdings nur für mäßiges Interesse sorgte. Vor allem die jungen und neuen Mitglieder der stark männerdominierten Wiener Landesorganisation waren eher daran interessiert, die inhaltliche Arbeit in den sogenannten Taskforces weiter fortzusetzen. In der Taskforce »Öffentlichkeitsarbeit« wurde eifrig und laut debattiert; Schlagwörter wie »Social Media«, »Guerilla Marketing« und »viraler Content« schwirrten durch die Luft, doch eine Meinungsverschiedenheit brachte die anfängliche Euphorie schnell wieder zum Erliegen.

»Die Onlinezusammenarbeit ist viel effizienter, da geht mehr weiter«, sagte eines der jüngeren Mitglieder zu mir, dem meine Verwunderung über die Situation wohl aufgefallen war. So dürften viele der damals etwa 1150 österreichischen Piraten das virtuelle Diskutieren bevorzugen – oder einfach am Bildschirm daheim die Wahl des Schiedsgerichts mitverfolgen, die im Laufe des Abends aus dem Keller des Dani mit dem Smartphone »live« ins Netz übertragen wurde (die Lose wurden aus einem Sektkübel gezogen). Einer der älteren Anwesenden klagte mir sein Leid, nicht so recht zu wissen, wie das Internet funktioniere, und fragte, ob ich ihm bei der Auswahl eines neuen Notebooks helfen könne (was ich gerne tat).

Während im Keller also von den älteren Semestern der Piraten eher an Grundsätzlichem gearbeitet wurde, hatten sich die Jungen nach oben zu einem Bier gesellt. Baustellen gab und gibt es viele: Von der Organisation der Demonstration gegen das Antipiraterieabkommen ACTA über die Einrichtung von Infoständen an neuralgischen Knotenpunkten (»U-Bahn-Stationen funktionieren, die Unis nicht«) bis hin zur Erstellung eines Parteiprogramms war noch vieles offen; ein Neuling wollte sich gar gleich einer umgehenden Verwaltungsreform widmen – für einige der Mitglieder dürfte es an jenem Abend jedenfalls noch spät geworden sein.

Liquid Feedback – Flüssige Demokratie im Netz

Wenn sich die Piraten nicht offline am Stammtisch treffen, dann arbeiten sie online zusammen. Bei vielen ist das sogar beliebter als der Real-Life-Treff und effizienter soll die Zusammenarbeit im virtuellen Raum auch teilweise sein. In der Partei ist von bis zu 40 verschiedenen Internettools die Rede, die dabei genutzt werden, doch fünf davon haben sich als die wichtigsten und wirksamsten etabliert. Für Konferenzanrufe setzen die Piraten auf das Programm »Mumble« (*http://mumble.sourceforge.net*), eine seit 2005 entwickelte Software, die auch gerne von Computerspielern zur Kommunikation beim gemeinsamen Zocken verwendet wurde. Ähnlich wie bei kommerziellen Angeboten wie Skype, den Hangouts von Google+ oder TeamSpeek können sich mehrere Teilnehmer in einer Gruppe zusammenfinden und mittels VoIP (»Voice over IP«) kostenlose Internettelefonate führen. Aber nicht nur deswegen ist Mumble bei den Piraten beliebt: Die Software ist außerdem frei und ohne kommerziellen Hintergedanken entwickelt und bietet außerdem verschlüsselten Datenverkehr, was wichtig zur Absicherung der Anonymität der Nutzer ist.

Bei den Piraten wird aber nicht nur viel gechattet, sondern auch getippt. Dazu steht das »PiratePad« bzw. das »PiratenPad« (*http://piratepad.net* oder *http://www.piratenpad.de*) zur Verfügung, bei dem es sich wie bei der Mehrheit der von der Partei eingesetzten Lösungen um eine freie, offene und nicht kommerzielle Software handelt. Am ehesten ist das PiratePad mit Google Docs, den kostenlosen Onlinebüroprogrammen des Internetkonzerns vergleichbar, mit denen man Onlinedokumente erstellen kann. Anders als bei dem Google-Angebot braucht es zur Nutzung allerdings kein Google-Konto. Vielmehr kann man ohne Account ein Dokument anlegen (z. B. mit der Adresse *http://piratenpad.de/p/digitalerfruehling*) und dort wie in einem Word-Dokument Texte verfassen. Will man, dass andere an dem Text mitschreiben, schickt man ihnen einfach den Link zu dem Dokument, und schon können die Eingeladenen ihren Senf dazugeben. Ich habe ein Interview mit Anonymous-Aktivisten über ein PiratePad abgewickelt – ich habe meine Fragen hineingeschrieben, und die Anons haben kollaborativ ihre Antworten dazugesetzt. Die Piraten erfassen mit den Pads beispielsweise Sitzungsprotokolle.

Wenn es um das Managen von Projekten geht (z. B. Taskforces zu bestimmten Themen), dann setzen die Piraten auf »Redmine« (*www.redmine.org*).

Diese webbasierte Anwendung hilft dabei, Projekte zu planen, indem Aufgaben verteilt, ein gemeinsamer Terminkalender geführt und den Nutzern verschiedene Rollen (Zugriffs- und Schreibberechtigungen) zugeteilt werden können. Es gibt sogar eigene Apps für iPhone und Android-Handys, damit man auch unterwegs auf Redmine zugreifen kann. Weitere wichtige Adressen zur Koordination und Information der Partei und ihrer Mitglieder sind die Wikis (in Deutschland *http://wiki.piratenpartei.de*, in Österreich *http://wiki.piratenpartei.at*). Dort lassen sich (sofern vorhanden) Parteiprogramm, Überblicke über die Landesorganisationen, FAQs, Satzungen, Geschäftsordnungen usw. abrufen.

Die wichtigste Software der Piratenpartei ist aber mit Sicherheit »Liquid-Feedback« *(https://lqfb.piratenpartei.de)*, die sogar schon als »Demokratie-Wunderwaffe«[76] bezeichnet wurde. Diese Onlinesoftware wird seit 2009 von Mitgliedern der Piratenpartei Deutschlands entwickelt und ist laut Eigendefinition eine »Internetplattform zur demokratischen Willensbildung und Entscheidungsfindung«. Die Vorreiterrolle der deutschen Piraten spiegelt sich auch in diesem Bereich wider: Die »LiquidFeedback«-Instanz der österreichischen Piraten ist im Sommer 2012 noch über Server und Webadresse (*https://lqpp.de/int/at*) der deutschen Schwesterpartei erreichbar gewesen. Zugang haben nur Mitglieder der Piraten, die dort als Autoren schreiben, mitdiskutieren und mitbestimmen dürfen. Als Nichtmitglied hat man online bis zu einem gewissen Grad Einsicht in die internen Diskussionen der Partei: Im Juni 2012 etwa wurde ein Antrag zu Korrekturen im beschlossenen Wahlprogramm zur Abstimmung eingebracht, ein frei wählbarer Mitgliedsbeitrag vorgeschlagen oder auch die Anerkennung der Distel zur Parteiblume diskutiert. Farbige Balken zeigten an, wie viele der Parteikollegen für den Vorschlag gestimmt hatten, wie viele sich ihrer Stimme enthielten und wie viele dagegen waren.

»LiquidFeedback« (oft mit LQFB abgekürzt) dient aber auch zur Entwicklung eines Parteiprogramms. Vom »absoluten Rauchverbot nach dem irischen Modell« über die »Entkriminalisierung von Cannabis zum Eigenbedarf und nicht kommerziellen Zwecken«, die »Ablehnung der Stromproduktion durch Kernspaltung«, die »Einführung von Veto-Volksbegehren«, die »Reform des Urheberrechts« bis hin zu einer »Gesetzesgestaltung über das Verbot des Wegwurfs von Nahrungsmitteln« konnten die österreichischen Piraten 2012 über viele verschiedene Vorschläge anderer Mitglieder abstimmen, Änderungen im Text anregen oder bei zu wenig Unterstützern wieder einfrieren.

Noch wirkt die Software wie eine unausgereifte Version ihrer selbst und ist für Neulinge in der Partei nicht immer sofort begreif- und erlernbar – und auch die Teilnehmerraten sind im Verhältnis zu den Mitgliederzahlen noch eher bescheiden. Das mag am nüchternen Design liegen. Man kann von Facebook und Google halten, was man will, doch bei deren Produkten könnten sich die Macher von LQFB noch etwas abschauen. Außerdem befinden sich bereits andere internetbasierte Lösungen in Entwicklung, etwa die Software »Adhocracy« *(www.adhocracy.de)* des gemeinnützigen und überparteilichen Vereins Liquid Democracy e.V. oder das Programm »Socializr«, das von Piratengründer Rick Falkvinge initiiert wurde.

Die Kollaboration über LiquidFeedback soll jedenfalls mittelfristig in ein eigenes Parteiprogramm für die anstehenden Wahlen münden (z. B. Bundestagswahl in Deutschland 2013, Nationalratswahl in Österreich 2013). Doch die Onlinesoftware dient noch einem anderen Zweck: Sie soll den Einsatz von elektronischen Mitteln für demokratische Prozesse fördern und versteht sich als digitaler Wegbereiter zu mehr direkter Demokratie – einer zentralen Forderung der Piratenpartei.

Direkter Parlamentarismus

Volksabstimmungen, Volksbegehren, Volksbefragungen und natürlich Wahlen: Den politischen Piraten des 21. Jahrhunderts – und übrigens auch vielen anderen – reichen die gängigen Möglichkeiten direkter Demokratie nicht mehr. »Der Begriff des Abgeordneten allein ist schon veraltet«, sagt etwa der deutsche Mathematiker, Philosoph und Buchautor Gunter Dueck, der lange Zeit Technologiechef bei IBM Deutschland war. »Im 19. Jahrhundert ist der Abgeordnete in den USA etwa vom US-Bundesstaat Arkansas bestimmt worden, um nach Washington zu reiten und die Meinung der Bürger zu überbringen, weil es konnten ja nicht alle nach Washington reiten. Im Internet ist das anders, da kann jeder, etwa über Twitter sagen, was er will.« Dass direkte Demokratie gerade in Mitteleuropa wieder zum Thema wird, ist kein Zufall. »In Deutschland und genauso Österreich besteht aus historischen Gründen ein Defizit an direkter Demokratie«, so der österreichische Politologe Peter Filzmaier. »Das ist auch verständlich, da man naturgemäß zur Zeit des Grundgesetzes eine solche für keine gute Idee und auch kaum für eine den Alliierten vermittelbare Idee hielt: Schließlich wäre es ja um die Direktbeteiligung eines Volkes gegangen, das unmittelbar zuvor zwölf Jahre lang von der Propagandamaschinerie der Nationalsozialisten indoktriniert worden war.«

Heute, mehr als 65 Jahre später, gilt das Internet vielen als Lösung für das Problem, dass nur eine kleine Auswahl an Menschen – also die Abgeordneten – beinahe täglich in Entscheidungen involviert ist und der Wähler nur alle paar Jahre. Über den Onlineweg könnte theoretisch jeder überall an einer Abstimmung teilnehmen, ohne eine Reise zur Urne antreten zu müssen. Direkter Parlamentarismus heißt das Ideal, das etwa der deutsche Pirat und Buchautor Wätzold Plaum anstrebt. »Das Grundprinzip des direkten Parlamentarismus besteht darin, dass jeder Bürger theoretisch die Möglichkeit hat, auch unabhängig von Wahlen sein Stimmrecht im Parlament direkt wahrzunehmen«[77], so Wätzold. So könne man seine Stimme entweder direkt einbringen, oder, wenn man dies nicht will, sich von einem Abgeordneten vertreten lassen – also eine Mischung aus direkter und parlamentarischer Demokratie, der direkte Parlamentarismus eben. Wätzold sieht positive Effekte durch dieses System: So könne einerseits die Politikverdrossenheit überwunden werden, weil die Menschen sich aktiv und regelmäßig in den Entscheidungsprozess einbringen können. Andererseits könne der Lobbyismus zurückgedrängt werden, weil die Bürger wohl nur mit höchst aufwendigen Werbemaßnahmen durch die Lobbyisten erreichbar wären.[78]

Um zum direkten Parlamentarismus zu kommen, schlägt Plaum für Deutschland unter anderem diese Schritte vor: Internetwahlen ermöglichen, Kandidaten per Vorwahlen aufstellen, den Regierungschef direkt vom Volk wählen lassen und die Zulassung von Prioritätenlisten. Letzterer Vorschlag bezieht sich auf die Idee, dass Menschen sich künftig nicht mehr nur von Parteien vertreten lassen wollen, sondern auch von Nichtregierungsorganisationen wie Amnesty International, Attac oder Greenpeace, die in ihren spezifischen Gebieten Expertenschaft für ein Thema haben. »Ist die politische Partei das Kind des 19. Jahrhunderts, so ist die Bürgerinitiative ein Kind des 20.«[79], schreibt Plaum – und genau diese Initiativen sollen sich künftig zu Bündnissen zusammenschließen können. Anstatt etwa beim Thema »Atomstrom« wie bisher die Grünen zu wählen, könnte man über Prioritätenlisten hier seine Stimme einem Bündnis z. B. von Greenpeace geben, beim Thema »Atomausstieg« aber wieder den Grünen seine Stimme geben und beim Thema »Studiengebühren« seine Stimme direkt abgeben.

»Rein technisch ist der Vorschlag, eine Verfassungsänderung vorausgesetzt, natürlich machbar«, so Politikwissenschaftler Peter Filzmaier. »Sie können täglich morgens die fünf Fragen der Republik jedem Bürger auf die Kühlschranktür schreiben und sie ebenda mittels Touchscreen beantworten lassen.« Doch wie Filzmaier stellen auch andere infrage, ob sich dadurch die Qualität politischer Entscheidungen verbessern würde. Besonders klare Worte findet etwa der Wiener Medienforscher Konrad Becker dafür: »Ich will nicht, dass flashmobartig über die Todesstrafe in Österreich abgestimmt wird. Der Begriff der Weisheit der Masse ist sehr irreführend, weil es sie nur gibt, wenn bestimmte Rahmenbedingungen erfüllt sind«, so der Medienforscher und Künstler. »Schwarmintelligenz erfordert, dass es eine Vielfalt an unbeeinflussten Meinungen gibt, die miteinander in Wettstreit treten können. Die vermeintlich sozialen Medien bauen hingegen immer auf sehr triviale Verstärkungseffekte. Bei Google wird das bevorzugt, was schon populär ist, und wenn du drauf reinfällst, wird es noch populärer. Liquid Democracy darf nicht einfach nur Dummheit verstärken.«

Auch Meinungsforscher Bachmayer sagt: »Würden Gesetze über das Internet beschlossen werden, würde das sicher ins Chaos führen. Direkte Demokratie heißt nicht, dass man permanent selbst über neue Gesetze abstimmen kann.« Was er für wahrscheinlicher hält, ist, dass sich ein neues Wahlverhalten etablieren wird. »Es wird den ehemals dominierenden Stammwähler immer geben, aber er wird seltener werden. Der Kreisverkehrwähler wird durch das Internet an Bedeutung gewinnen«, sagt Bachmayer – also solche Personen, die einmal die Grünen für ihre Umweltpolitik, die Roten wegen ihrer Sozialpolitik und die Konservativen wegen ihrer Wirtschaftspolitik wählen. Das entspricht auch den Vorstellungen vieler, dass man künftig Bündnissen (z. B. aus NGOs, Parteien oder gar Einzelpersonen) in einzelnen Fragen seine Stimme gibt und nicht nur einmal alle paar Jahre Rot, Grün, Schwarz oder eine andere Farbe wählt. Doch auch gegen solche Ideen gibt es Einwände, die geschichtlich begründet sind. »In Deutschland sind die Wahlchancen nur insofern eingeschränkt, weil man aus den Erfahrungen der Weimarer Republik heraus eine Fragmentierung des Parlaments bzw. Zersplitterung in Kleinstparteien verhindern wollte«, analysiert Politologe Filzmaier. »Im Reichstag fanden sich damals Negativmehrheiten gegen alles – teilweise mit absurden Allianzen von Nationalsozialisten und Kommunisten – sowie Positivmehrheiten für gar nichts mehr. Das hat den Ruf nach einer diktatorischen Führung zumindest unterstützt und die heutige Mindestprozentklausel im deutschen Wahlrecht ist deshalb relativ hoch.«

An die schöne neue Welt des direkten Parlamentarismus glaubt auch der österreichische Bürgerrechtler und ehemalige Bundespräsidentenberater Josef Barth nicht, der heute mit *www.amtsgeheimnis.at* mehr Transparenz in die Behörden bringen will. »Direkte Demokratie in jedem Bereich ist kein Allheilmittel und gar nicht wünschenswert. Der Mensch kann sich nur bis zu einem gewissen Grad über Dinge informieren, er kann nicht auf jedem Gebiet Experte sein.« Ob beim Atomstrom, in Steuerfragen oder bei Militäreinsätzen – viele würden dabei nach Bauchgefühl abstimmen und einfach nicht die Zeit und die Ausbildung haben, um sich in die komplexe Materie einzuarbeiten. Ein solches System würde Barth zufolge vielmehr eine Verzerrung der Abstimmungen zur Folge haben, weil bei Spezialthemen nur wenige Interessenvertreter mitmachen würden und andererseits hohe Wählerbeteiligung nur bei stark emotionalisierenden Themen zu erwarten sei. »Das ist leider kein Garant dafür, dass das Thema sachlich korrekt behandelt wird«, so Barth.

Bis es neue, internetvermittelte Möglichkeiten zu mehr Partizipation in unseren heutigen Demokratien geben wird, wird es also noch viele Diskussionen geben. Dazu ist wichtig, dass die Piratenpartei zuerst einmal intern beim Prozess der Entscheidungsfindung auf neue Onlinetechnologien setzt und so zum Testareal für mögliche künftige Entwicklungen wird und anderen »alten« Parteien Impulse geben kann. Doch auch hier liegt ein steiniger Weg vor den Piraten – denn die Frage, wie transparent und partizipativ man sein kann und soll, ist bereits innerhalb der Partei umstritten.

Die Probleme der Praxis

»Würden Sie sich wohlfühlen, wenn ich mit einer Webcam umgehängt unser Gespräch live ins Internet übertragen würde?« Der ehemalige Reuters-Korrespondent und Ex-Bundesmediensprecher der österreichischen Piraten Toni Straka ist keiner, der sich ein Blatt vor den Mund nimmt – auch nicht, wenn es um Kritik an der eigenen Partei und die von ihr vehement geforderte Transparenz geht. Er ist seinen Parteimitgliedern auch unter dem Spitznamen »Harmonizer« bekannt und gehörte, als ich ihn im Juni 2012 zum Interview traf, zu den älteren Mitgliedern der Piratenpartei – und gleichzeitig auch zu deren internen Kritikern.

Straka gewährte mir tiefe Einblicke in die Probleme, die die österreichischen Piraten plagen. »Die Forderung nach Privatsphäre kollidiert mit der Forderung nach größtmöglicher Transparenz«, sagte der Medienprofi, der es sich zum Teil auf die eigenen Fahnen schreibt, dass die Piraten 2012 zu den »Darlings der Nation« wurden. Die großen Ideale der Partei würden oft an der Realität scheitern. Zwei Beispiele: Trotz geforderter Transparenz würde es einerseits immer noch Mitglieder geben, die ihren eigenen Lebenslauf nicht bekanntgegeben haben, andererseits haben einige Mitglieder das Gefühl, innerhalb der Partei überwacht zu werden. Auch bei der Finanzierung würde Transparenz hinderlich sein. Das zeigt sich in der Piraten-Praxis sehr deutlich, wie auch mir klar wurde: Wer die junge Partei finanziell unterstützen will, wird mit Namen und Adresse gelistet – für viele potenzielle Geldgeber dürfte das abschreckend wirken.

Auch mit dem eigenen Personal hadert man bei den Piraten. Zu wenige Frauen gibt es in der Partei, die IT-Lastigkeit ist ebenfalls ein Problem und auch in Sachen Kompetenz dürfte es noch Aufholbedarf geben. »Wünschi-Twens« nennen manche die jungen Idealisten, die zwar viel Wunschdenken in die Partei mitbringen würden, aber zu wenig politische Erfahrung und Know-how, was sich etwa an der verfahrenen Diskussion zum Thema Grundsicherung zeigen würde. Nur wenige Piraten dürften dazu zu bewegen sein, sich zuerst einmal auf kleinere Themen wie etwa die öffentlichen Verkehrsmittel in Wien zu stürzen, bevor man an einer großen Verwaltungsreform zu arbeiten beginnt. Viel Kapazität für umfangreiche Entwürfe dürfte es im Sommer 2012 jedenfalls nicht gegeben haben. Da war man eher mit Geschäftsordnung und Satzung als mit echten politischen Inhalten beschäftigt – ein Eindruck, der sich bei meinem Besuch des Piratenstammtisches in Wien bestätigte.

Schwierig ist aber nicht nur die Offline-, sondern auch die Onlinezusammenarbeit der jungen Partei. »Liquid Feedback ist nicht jedermanns Sache, es soll nicht nur eine technische Elite mitspielen können«, kritisierte Straka. »Es gibt hoch bezahlte Professoren, die da mitarbeiten wollen, aber die sagen: Ich will Programmarbeit machen, aber dazu keine Computerkurse absolvieren.«

Für die oft bei den Piraten beschworene Schwarmintelligenz (auch als »Weisheit der Masse« besprochen) hat der Pirat Straka nicht nur positive Worte über. »Wenn 17 Leute über etwas da drinnen abstimmen, ist mir das nicht basisdemokratisch genug«, meinte er, um gleich einen provokanten Vergleich zu liefern: »1938 haben 99 Prozent der Österreich für den Anschluss gestimmt. Ist das Schwarmintelligenz?«

Dass die Piraten noch in ihrer Selbstfindungsphase stecken, ist klar – und die Zeit sei ihnen auch vergönnt. Zwar 2006 gegründet, war der österreichische Ableger bis zu den Erfolgen der deutschen Schwesterparteien nicht mehr als eine Stammtischpartei, wie die Mitglieder selbst sagen. Das anschließende öffentliche Interesse, die Welle der Sympathie und die traumhaften Umfrageergebnisse überrumpelten die junge Partei und inhaltlich und personaltechnisch konnte man nicht mit den teilweise hochgesteckten Erwartungen mithalten.

Das größte Stück Arbeit liegt noch vor den Piraten – und die sollte besser früher als später angegangen werden. Denn dass es durchaus schnell gehen kann, zeigt ein Blick in die Geschichte: Bis die deutsche Bundespartei »Die Grünen«, gegründet 1980, in den Bundestag einzog, brauchte sie drei Jahre, bis die ersten grünen Minister in der Regierung saßen, vergingen 18 Jahre. Die österreichischen Grünen schafften es gleich im Jahr ihrer Gründung (1986 schlossen sich die Vereinten Grünen Österreichs und die Alternative Liste Österreichs zur Grünen Alternative zusammen) ins Parlament.

Das Jahr der Gründung einer Partei ist aber vielleicht nicht der beste Zeitpunkt, den man zu Vergleichen heranziehen sollte. Die Wurzeln der Grünpartei in Deutschland liegen in Umwelt- und sozialen Bewegungen der 1970er, als Geburtsstunde der österreichischen Grünen gelten die Proteste gegen das Kernkraftwerk Zwentendorf des Jahres 1978. Die Piratenparteien Mitteleuropas als eine Bewegung, die die digitale Revolution mitgestalten will, sind erst seit einigen Jahren wirklich sichtbar geworden – nicht zufällig im Zuge einer verschärften Debatte um Urheberrecht, Überwachung, Zensur, Datenschutz und Privatsphäre. Die Teilnahme und die Mitorganisation von Demonstrationen gegen Gesetze wie Vorratsdatenspeicherung oder das

Antipiraterieabkommen ACTA sowie die Suche nach Koalitionen mit Single-Issue-Vereinen (z. B. Datenschützer, Bürgerrechtler) kann man durchaus analog zu den ersten Aktivitäten der späteren Grünen sehen. Die Piratenpartei steht insofern noch ganz am Anfang ihrer Karriere und ihr Erfolg hängt auch von ihrer Professionalisierung ab. Auch Straka sieht die Partei noch ganz am Anfang: »Es gibt eine große Gruppe von Unzufriedenen, die Korruption, Intransparenz und Freunderlwirtschaft in ihrem Umfeld sehen. Wenn mehr solcher Menschen zu der Partei kommen, dann sind wir sehr schnell sehr viel weiter. Mit einer Partei im Rücken haben Forderungen einfach mehr Gewicht.«

Wohin segeln die Piraten?

Die Piratenparteien Mitteleuropas stecken 2012 in ihrer schwersten Phase seit ihrer Gründung 2006. Es ist kein Zufall, dass sie gerade zu einer Zeit den politischen Mainstream zu erobern beginnen, in der Entwicklungen wie WikiLeaks, Anonymous-Aktivisten und Occupy-Bewegung großen Zuspruch finden. Die Piraten sind die wohl wählbarste Partei für jene Menschen, die sich einerseits von »Internetthemen« wie Urheberrecht, Anonymität, Datenschutz und Privatsphäre angesprochen fühlen und andererseits mehr Transparenz bei wirtschaftlichen und politischen Vorgängen fordern. Natürlich sollte man auch eines nicht vergessen: Die Piraten sind für viele einfach ansprechend, weil sie frischen Wind in eine Politiksphäre bringen, in der selbst die Grünen nichts mehr von ihrem ehemaligen Revoluzzerimage haben.

Attraktiv sind die Piraten auch bei jenen, die selbst aktiv sein möchten: Anstatt sich bei anderen durch einen verstaubten Parteiapparat hochdienen zu müssen, kann man sich bei den Piraten einfach an den Stammtisch dazusetzen bzw. sich online einloggen – kaum anderswo wird man seine eigenen politischen Ideen so leicht einfließen lassen können wie bei den Piraten. Auch die besorgniserregenden wirtschaftlichen Rahmenbedingungen in Europa spielen den Piraten in die Hände: So sind es – wenig überraschend – viele Junge und Arbeitslose, die bei den Piraten mitmachen möchten. Fix ist der mittel- und langfristige Erfolg der jungen Partei aber nicht – denn eher früher als später werden auch die anderen Parteien erkennen, dass es sich bei den Piraten-Unterstützern nicht nur um ein Konzentrat aus Anonymous-Sympathisanten und Computernerds handelt, sondern einfach um eine wachsende Gruppe Unzufriedener. Die Piratenpartei muss deswegen schnell handeln und Profil und Programm entwickeln – ansonsten passen Grüne, Rote und Schwarze ihren Kurs an und ziehen ihnen die gerade eben gewonnene Wählerbasis wieder unter den Füßen weg.

Arabellion – Die erste Internetrevolution?

Ägypten – Der Fall des letzten Pharaos

»Es war die größte Party meines Lebens. Es war das erste Mal, solange ich mich zurückerinnern kann, dass die Leute in Ägypten aus einem politischen Grund auf den Straßen gefeiert haben und nicht wegen eines Fußballspiels.« Wenn Tarek Amr an den 11. Februar 2011 zurückdenkt, dann zaubert ihm das heute noch ein Lächeln ins Gesicht. Der Blogger aus Ägypten (siehe *http://kelmeteen.blogspot.com*) hat wie Millionen andere Geschichte selbst mitgeschrieben – jene der ägyptischen Revolution. Auch er war am Tahrir-Platz, hat gegen das Mubarak-Regime protestiert, hat Menschen neben sich sterben sehen, hat bis zuletzt nicht an das Wunder geglaubt. »Zu Anfang der Proteste hatten wir wenig Hoffnung, dass Mubarak geht. Selbst am 11. Februar, an dem Tag seines Rücktritts, hatten wir Zweifel. Ich und ein paar Freunde haben um fünf Uhr den Tahrir-Platz verlassen, um nach Hause zu gehen. Wir haben gesagt: ›Er wird nicht gehen, lass uns nach Hause gehen und ein bisschen ausruhen.‹ Wir waren ziemlich enttäuscht, aber dann kam am Heimweg plötzlich die Meldung: Er ist zurückgetreten. Dann haben wir sofort umgedreht und sind zurück auf den Platz.«

Bis zum Rücktritt von Mubarak, der wegen seiner Allmacht oft mit einem Pharao verglichen wurde, war es ein harter und blutiger Weg für Ägypten. Als »Facebook-Revolution« wird der Volksaufstand bezeichnet, während dem mindestens 846 Menschen getötet und 6467 verletzt wurden,[80] und heute kann man am berühmten Tahrir-Platz, dem großen Symbol der Proteste, T-Shirts mit dem Logo des Onlinenetzwerks als Souvenir kaufen. Den Tahrir-Platz als Zentrum der Aufständischen, der besetzt wurde und vehement von seinen Besetzern gegen die Polizei verteidigt wurde, kennt heute jeder – und auch der 25. Jänner 2011 als Startdatum der Revolution ist vielen bekannt, die die Geschehnisse mitverfolgt haben. Dass Oppositionelle und Netzaktivisten schon lange davor gegen die Untaten des Regimes tätig waren, ist weniger bekannt. Die 1470 Tage Gefängnis des Bloggers Abdel Kareem Suleiman Amer, die 2010 endeten (er soll den Islam und Mubarak beleidigt haben), stehen symbolisch für die Anstrengungen einiger weniger, gegen das Regime vorzugehen – und gleichzeitig für die harte Hand, mit der der »letzte Pharao« das Land regierte. Zur Revolution sagt etwa Ivan Sigal, CEO der politischen Blogger-Community »Global Voices Online« (auf der auch Tarek Amr schreibt) zu mir: »Das ist kein plötzliches Auftauchen, sondern jahrelange Arbeit. Wenn man sich die Bewegungen ansieht, haben sich einige Personen lange mit den Themen auseinandergesetzt, haben Dinge ausprobiert, sind immer wieder gescheitert. In Tunesien etwa wurde seit 2003, 2004 an den Aufständen gearbeitet. Einige Dinge haben funktioniert, andere nicht. In einigen Fällen haben sich Hierarchien gebildet, in anderen Fällen haben sich Gruppen als Antwort auf bestimmte Geschehnisse gebildet. Die Revolutionen in Nordafrika sind eine Kombination aus bestehenden Gruppen und dem Erreichen einer kritischen Masse. Die Forderungen in Ägypten sind nichts Neues, man kann sie vier, fünf Jahre zurückverfolgen.«

Dabei ist das Regime Mubaraks vor allem dank seiner Geheimpolizei lange im Sattel geblieben. »Die ägyptische Staatssicherheit reichte bis tief in die Gesellschaft hinein, sie mischte sich in alle Details des Lebens ein«, schreibt etwa der Netzaktivist Wael Ghonim,[81] der mit der Gründung einer Facebook-Seite eine wichtige Rolle bei der Organisation der ersten Aufstände hatte, in seinem Buch »Revolution 2.0«. Als Hebel dazu diente der Geheimpolizei das verhasste Notstandsgesetz, das nach dem Sechstagekrieg 1967 in Kraft getreten war und bis 2012 (mit kurzer Unterbrechung 1980/81) galt. Es erlaubte ägyptischen Behörden, jeden Bürger ohne richterlichen Beschluss oder Recht auf einen Anwalt zu verhaften, zu verhören und bis zu sechs Monate lang festzuhalten – Respekt vor der Privatsphäre gab es so gut wie nicht. Es sorgte für folgenden Effekt: Das Jammern über die Zustände in der Bevölkerung (etwa über Korruption, Polizeibrutalität, Arbeitslosigkeit) war immer groß, aber es gab nie die Massenbewegungen, die etwa gegen Wahlergebnisse von stalinistischer Qualität (zwischen 90 und 99 Prozent für den Präsidenten Mubarak) protestierten. Das soll nicht heißen, dass in Ägypten nicht protestiert wurde: Vor den Geschehnissen Anfang 2011 gab es viele Streiks. Der ägyptischen Bloggerin Noah Atef zufolge fanden zwischen April 2009 und Mai 2010 169 Sit-Ins, 87 Demonstrationen, 63 Protestmärsche und 112 Streiks statt.[82] 2011 ging es ähnlich weiter, etwa im April mit einem Streik in einer Textilfabrik in Mahalla, der die Unterstützung von 70.000 Facebook-Nutzern fand.

Das Onlinenetzwerk war und ist in Ägypten eine gern genutzte Webseite: Die Zahl der Internetnutzer stieg im Land zwischen 2004 von 1,5 Millionen auf 13,6 Millionen im Jahr 2008, und neben Zehntausenden Bloggern (natürlich ist nur eine Minderheit politisch aktiv) zog es immer mehr zu Facebook, bis es schließlich mehr Facebook-Mitglieder als Zeitungsleser in Ägypten gab (bei einer Analphabetenrate von etwa 40 Prozent).

Im Sommer 2010 passierte dann etwas, was man heute als Initialzündung der Revolution bezeichnen kann: Der 28-jährige Khaled Mohamed Said wurde am 6. Juni 2010 unter der Anschuldigung, er hätte ein Päckchen Marihuana verstecken wollen, von zwei Geheimpolizisten aus einem Internetcafé gezerrt. Die beiden Staatsbeamten prügelten Said zu Tode (und wurden später dafür zu sieben Jahren Haft verurteilt). Das Foto seiner Leiche, das bald im Internet kursierte, führte vielen Ägyptern drastisch die Polizeibrutalität vor Augen: Zerrissene Unterlippe, ausgerenkter Unterkiefer, fehlende Zähne, überall Blut – das Bild des toten jungen Mannes schockiert noch heute.

Der ägyptische Google-Mitarbeiter Wael Ghonim sowie Aktivisten der Jugendbewegung des 6. April, die schon die Proteste der Textilfabrik unterstützt hatten, legten unabhängig voneinander zwei Facebook-Seiten an: Ghonim nannte seine »Kullena Khaled Said« (»Wir alle sind Khaled Said«). Auf jener der Jugendbewegung des 6. April, die übersetzt »Mein Name ist Khaled Mohamed Said« heißt, herrschte von Anfang an ein schärferer Ton. Beide Seiten konnten in den folgenden Monaten Hunderttausende Nutzer gewinnen, Medien berichteten darüber und erregten dadurch die Aufmerksamkeit der regierenden NDP (Nationaldemokratische Partei) von Mubarak: Deren Elektronikkomitee fuhr eine Schmierenkampagne dagegen, in der Khaled Said als Drogenhändler bezeichnet wurde. Gemeinsam riefen die beiden Facebook-Seiten zum »Stillen Widerstand« in Alexandria auf, an dem sich bis zu 8000 Menschen beteiligten – eine von mehreren Aktionen.

»Mein Name ist Khaled Said« wurde wenig später von Facebook mit der Begründung, dass dort urheberrechtlich geschütztes Material hochgeladen worden war, gesperrt, und Ghonims Seite wurde zur zentralen Khaled-Said-Seite. Sie hatte im September 2010 250.000 Anhänger. Allerdings: Das anfängliche Feuer der Bewegung ließ nach, und erst, als die Parlamentswahlen im November und Dezember 2010 80 Prozent für die Mubarak-Partei brachten, wurde der Zorn der Bevölkerung wieder angefacht. Die Aufstände der Tunesier gegen ihren Diktator Ben Ali (dazu später mehr) gaben den Ägyptern neuen Mut, und Ghonim hatte gemeinsam mit Facebook-Nutzern auf seiner Seite die Idee, den 25. Jänner 2011 (den »Nationalen Feiertag der Polizei«) zum Tag der nächsten Proteste gegen die Regierung zu machen. Ein Facebook-Eintrag von Ghonim mit dem Titel »25. Jänner: Revolution gegen Folter, Armut, Korruption und Arbeitslosigkeit« gilt mittlerweile als legendär – hat er doch nichts weniger als die ägyptische Revolution angekündigt.

Der Aufruf verbreitete sich in Folge wie ein Lauffeuer: Neben anderen großen Facebook-Seiten halfen dabei aber auch Jugendorganisationen, E-Mails, Massen-SMS, gedruckte Flugblätter usw. Am 25. Jänner kamen tatsächlich bis zu 30.000 Menschen auf den Tahrir-Platz und auch in anderen Städten wurde protestiert. Am selben Tag sperrte die ägyptische Regierung über die inländischen Internetanbieter Zugänge zu Facebook und Twitter. »Die Entscheidung, diese beiden Websites zu blockieren, war ein schwerer Fehler des Regimes, denn damit gestand es ein, dass es die Protestbewegung als große Bedrohung betrachtete«, schreibt Ghonim[83] (das Regime machte massiven Datenverkehr auf den Servern der Betreiber für den Ausfall verantwortlich). Anonymous-Aktivisten schickten daraufhin eine Warnung an die ägyptische Regierung, die Zensur sofort zu stoppen und freien Zugang zu unzensierten Medien zu ermöglichen. DDoS-Attacken auf Regierungswebseiten folgten, Anleitungen für Netzaktivisten zum sicheren Internetsurfen wurden verbreitet und Faxe mit WikiLeaks-Dokumenten nach Ägypten geschickt, die die Gräueltaten des Regimes dokumentierten. Die Hacker-Gruppe Telecomix, die 2009 in Schweden gegründet wurde, stellte die Internetverbindungen teilweise wieder her, indem sie Telefonleitungen an 56-Kbit-Modems anschlossen. Die Regimegegner vor Ort legten ebenfalls nach: Der 28. Jänner wurde zum »Tag des Zorns« ausgerufen und zog vor allem deswegen so viele Menschen auf den Tahrir-Platz, weil die Veranstalter klugerweise den Freitag, den Tag des Gebets, auswählten: Bei den Moscheen sammelten sich die Menschen trotz Verbots und zogen von dort gemeinsam Richtung Tahrir-Platz. An diesem Tag begann auch die Gewalt: Demonstranten jagten die Polizei in einem Steinhagel vom Tahrir-Platz, zündeten Polizeiwachen und die Parteizentrale der NDP an. Kugeln der Polizei und Panzerfahrzeuge, die Menschen überrollten, forderten erste Tote.

Die folgenden Tage sind Geschichte: Am 1. Februar gingen beim »Marsch der Millionen« erstmals mehr als eine Million Ägypter auf die Straße. Kairo glich einem Kriegsschauplatz, es kam zu Plünderungen und Zerstörungen (u. a. im Ägyptischen Museum) und vom Regime bezahlte Schlägertrupps – die sogenannten »Baltagyja« (»Axtträger«), rekrutiert in den Kairoer Slums – schüchterten Demonstranten ein. Außerdem wurde die militärische Präsenz weiter erhöht. Am 2. Februar ritten Polizeibeamte und Mitglieder der NDP in der »Kamelschlacht« gegen die Aufständischen, während diese mit allen Mitteln den Tahrir-Platz besetzt hielten. Außerdem ließ die Regierung Internet-, SMS- und Handykommunikation mit Sperren durch die Internetanbieter und Mobilfunkbetreiber unterbinden. Damit war klar: Wenn die Regierung sogar das Netz abdreht, dann muss etwas ganz Großes im Gange sein. Zuvor waren noch YouTube-Videos zugänglich, die etwa in dramatischen Bildern die Schlacht auf der Qasr-el-Nil-Brücke, die zum Tahrir-Platz führt, zeigten. Der Platz selbst blieb besetzt und die Aufständischen gingen auf Zugeständnisse von Mubarak nicht ein, bis es endlich geschafft war: Der »letzte Pharao« Ägyptens trat am 11. Februar 2011 zurück und wurde Anfang 2012 zu einer lebenslangen Haftstrafe verurteilt. Seit dem 30. Juni 2012 hat Ägypten seinen ersten wirklich frei gewählten demokratischen Präsidenten, den Muslimbruder Mohammed Mursi.

»Nach dem Diktator Ben Ali ist Mubarak nun das zweite Opfer eines neuen arabischen Selbstbewusstseins«, schreibt der ORF-Korrespondent und Ägypten-Experte Karim El-Gawhary in »Tagebuch der Arabischen Revolution«,[84] in dem er die Geschehnisse in Nordafrika eindrucksvoll schildert. Für El-Gawhary, der selbst Ägypter ist, hat die Revolution wie für viele andere vor allem eines gebracht: eine selbstbewusste ägyptische Öffentlichkeit und das Prinzip der Rechenschaft in der arabischen Welt: »Wer immer die Verantwortung für die Länder zugesprochen bekommt, der wird verpflichtet sein,

Rechenschaft abzulegen, gegenüber einem gewählten Parlament, gegenüber Gewerkschaften und Berufsverbänden, aber auch gegenüber der Straße.«[85]

Tunesien: Aufstand gegen Fehler 404

Ein wesentlicher Faktor für das Gelingen der ägyptischen Revolution war die Revolution in Tunesien (oft auch »Jasminrevolution« genannt). Als die Nachrichten über die Proteste und schließlich die Flucht des verhassten Präsidenten Zine el-Abidine Ben Ali am 14. Jänner 2011 nach Saudi-Arabien auch Ägypten erreichten, fassten viele Aktivisten neuen Mut. Das kleine Tunesien mit etwa zehn Millionen Einwohnern hatte dem großen Ägypten mit mehr als 80 Millionen Bewohnern vorgezeigt, dass die Revolution funktionieren kann. Dabei kam sie auch in Tunesien natürlich nicht über Nacht. »Auf Facebook und Twitter, den beiden großen sozialen Netzwerken, führten wir schon seit einigen Jahren umfangreiche und wirkungsvolle Aktionen gegen Zensur und Folter durch«, schreibt die tunesische Bloggerin Lina Ben Mhenni (geboren 1983) in ihrem Büchlein »Vernetzt euch!«.[86]

Sie machte ihre erste Zensurerfahrung 2008, als ihr Blog gesperrt wurde, weil dort auch politische Tabuthemen behandelt worden waren. Wollte man den Blog besuchen, bekam man lediglich die Fehlermeldung »Ammar 404« (»404 not found«) zu sehen. »Fehler 404« wurde deswegen zum Symbol des Kampfes der Netzaktivisten gegen das Regime Ben Alis, das nicht nur wegen der harten Internetzensur (Blogs-, Videoportale, soziale Netzwerke, Nachrichtenseiten) verhasst war, sondern auch wegen der mafiösen Geschäfte seines Familienclans. Dieser war an Banken, Fluglinien, Immobilien, Telekommunikations- und Medienunternehmen beteiligt und wollte man ihn nicht einsteigen lassen, so bekamen Firmen einfach keine Lizenz. Fünf Milliarden Dollar soll das Privatvermögen der Familie Ben Alis wert gewesen sein, während große Teile der Bevölkerung in Armut leben mussten.[87]

Unter diesen Umständen regte sich schon viele Jahre lang der Protest, doch als »Schlüsselmoment unserer Revolution« bezeichnet Bloggerin Lina Ben Mhenni (*http://atunisiangirl.blogspot.com*) den 22. Juni 2010: Gemeinsam mit etwa 20 anderen Aktivisten organisierte sie für diesen Tag eine Demonstration in Tunis gegen Internetzensur, da zuvor Hunderte Blogs gesperrt und große Nachrichtenportale und sowie die Fotoseite Flickr von der Regierung blockiert worden waren. Tausende versammelten sich und zeigten, dass man in dem restriktiven Land etwas erreichen kann. Denn das Internet ist den Tunesiern wichtig: So ist allein die Facebook-Nutzung vom Oktober 2009 mit 860.000 tunesischen Mitgliedern auf 2,4 Millionen im Jänner 2011 angewachsen.

Wie in Ägypten war auch in Tunesien der Tod eines jungen Mannes Auslöser jener Bewegung, die den Diktator letztendlich aus dem Amt jagte: Am 17. Dezember 2010 steckte sich der fahrende Gemüsehändler Mohamed Bouazizi in der Stadt Sidi Bouzid in Zentraltunesien selbst in Brand. Er wollte damit gegen die Willkür der Polizei protestieren, die zuerst mehrmals seinen Gemüsestand wegen einer fehlenden Genehmigung geschlossen und ihn selbst auf der Polizeiwache misshandelt hatte. Trotz Verschleierungsbemühungen seitens der Regierung wurden die Proteste, die in Sidi Bouzid daraufhin losbrachen, im ganzen Land bekannt. Auch der Besuch von Diktator Ben Ali am Krankenbett von Bouazizi, der seinen Verletzungen später erlag, konnte die aufgebrachte Menge nicht besänftigen – vielmehr wurde er auf Blogs dafür kritisiert, keinen sterilen Kittel angezogen zu haben.[88]

»Die traditionellen Medien – Zeitungen, Fernsehen und Radio – waren unter der Kontrolle der Regierung. Soziale Medien haben ihre Rolle übernommen. Sie haben eine wichtige Rolle gespielt, sie haben die Revolution aber sicher nicht ausgelöst. Die Aufstände haben auf der Straße begonnen«, sagt Lina Ben Mhenni in einem Interview.[89] Auch die »Agence Tunisienne d'Internet« (ATI) wusste um das Potenzial des Internets und reagierte mit zeitweisen Sperren von Facebook, dem Kurznachrichtendienst Twitter und Videoportalen wie YouTube oder DailyMotion. Außerdem wurden von der ATI sogenannte »Javascript Injection Attacks« durchgeführt, mit denen Usernamen und Passwörter von Tunesiern ausspioniert wurden, die sich bei Facebook sowie Google- und Yahoo!-Diensten angemeldet hatten. Damit wurden in Folge vermutlich E-Mails und Direktnachrichten ausgelesen, außerdem soll es zur Löschung verschiedener Accounts gekommen sein – unter anderem der Accounts der Reporter Al-Tariq ad-Jadid und Sofiene Chourabi, des Videojournalisten Haythem El Mekki sowie der Aktivistin Lina Ben Mhenni.[90]

Aufseiten der Regimegegner wurden auch Anonymous-Aktivisten aktiv (viel früher als westliche Medien und Politiker übrigens), die zum Jubel vieler Tunesier die Webseiten der Regierung in der »Operation Tunisia« angriffen. Außerdem wurde die Webseite »TuniLeaks« eingerichtet, auf der speziell Dokumente veröffentlicht wurden, die die Korruption im Land aufzeigten und den Volkszorn zusätzlich anstachelten – sie stammten aus den US-Depeschen, die WikiLeaks im November 2010 ans Tageslicht gebracht hatte.

Bis nach China hatte die Revolution der Tunesier Einfluss: Dort ließ die Regierung den Suchbegriff »Jasminrevolution« sperren, wohl aus Angst, chinesische Oppositionelle könnten sich davon ermutigt fühlen.

Die Demonstrationen fanden trotz Drohungen seitens der Regierung und starkem Polizeiaufgebot im ganzen Land statt, bis am 14. Jänner 2011 Ben Ali das Land fluchtartig Richtung Saudi-Arabien verließ. Mindestens 75 Zivilisten waren in den Zusammenstößen der Revolution umgekommen, etwa hundert wurden bei den Protesten verletzt. In der Übergangsregierung nach dem Sturz der alten Regierung wurde der Blogger Slim Amamou (Nickname »Slim404«), Mitglied der Piratenpartei Tunesiens und politischer Gefangener unter Ben Ali, zum Staatssekretär für Jugend und Sport ernannt – damit ist er weltweit der erste politische Pirat mit einem Regierungsamt.

Am 23. Oktober 2011 wurde schließlich die verfassungsgebende Versammlung gewählt, aus der eine weitere Übergangsregierung zusammengesetzt wurde, die ersten Präsidentschaftswahlen finden 2013 statt. Das Land hat bis zu einer echten Demokratie aber noch einen weiten Weg vor sich, da sich Teile des alten Systems weiter an der Macht zu halten versuchten, und auch 2012 kam es immer wieder zu neuen Demonstrationen und Ausschreitungen, die auch Menschenleben forderten.

Von Tunesien aus hat sich der Arabische Frühling wie ein Lauffeuer ausgebreitet. Neben Ägypten war die Revolution auch in Libyen erfolgreich – Diktator Muammar al-Gaddafi wurde nach einem blutigen Bürgerkrieg, der im Februar 2011 seinen Anfang nahm, im Oktober 2011 in der Stadt Sirte getötet. In anderen Ländern des Arabischen Frühlings führten die Aufstände zunächst vor allem zu erschütternder Gewalt: »Die Lektion, die die Diktatoren dort aus dem Zögern Ben Alis und Hosni Mubaraks gelernt haben, ist, mit noch schrankenloserer Brutalität gegen ihre eigenen Völker vorzugehen«, so etwa Journalist Karim El-Gawhary.[91] Besonders drastisch zeigte sich das in Syrien, wo ein blutiger Bürgerkrieg zwischen dem Assad-Regime und seinen Gegnern ausbrach.

Facebook-Revolution – oder doch nicht?

Der Terminus »Facebook-Revolution« hat sich in Bezug auf den Arabischen Frühling ziemlich festgesetzt – doch ob er richtig ist, darüber gibt es große Diskussionen. Auf den ersten Blick scheint die Sache klar: Die junge Generation Tunesiens und Ägyptens umging die Zensur in den staatlichen Medien im Onlinenetzwerk Facebook und – zu einem geringeren Maße – über den Kurznachrichtendienst Twitter, vernetzte sich, verabredete sich zu Demonstrationen und löste so den Sturz zweier langjähriger Diktatoren aus. Doch selbst, wenn man Beteiligte fragt, wird diese Geschichte schnell relativiert. »Social Media hat auf seine Weise sicher einen Effekt gehabt. Ich hasse die Diskussion darüber, ob es jetzt eine Facebook-Revolution war oder nicht. Es war einfach ein Teil davon. Wenn die Leute auf die Straße gehen, sich aber vor dem Regime fürchten, dann ist es hilfreich, zu wissen, ob deine Nachbarn und Freunde mitmachen oder nicht. Das hat die Angst genommen«, sagte etwa der ägyptische Blogger Tarek Amr zu mir. Auch Google-Manager Wael Ghonim, der die Facebook-Seite »Wir alle sind Khaled Said« eingerichtet hatte, sieht die Rolle von Facebook in der Revolution als überbewertet an. Nachdem er Menschen gesehen hatte, die während der Proteste in einem Feldlazarett verpflegt wurden, schrieb er: »Beim Anblick dieser Bilder wurde mir klar, wie wenig ich tatsächlich zur Revolution beigetragen habe. Anders als all diese Männer und Frauen war ich keineswegs ein Held. Sie hatten etwas durchgemacht, was ich nur aus Kriegsfilmen kannte.«[92]

Selbst als Facebook-Gründer Mark Zuckerberg im Rahmen des »e-G8 Summit« in Paris im März 2011 darauf angesprochen wurde, spielte er die Rolle herunter und meinte: »Facebook war weder notwendig noch ausreichend, damit all diese Dinge hatten passieren können.« Dahinter steckt aber wohl Kalkül – schließlich will sich Facebook nicht als »Revolutionsmaschine« verstanden wissen, bevor man im größten Internetmarkt der Welt, in China, startet.

Ägyptische Blogger verweisen außerdem darauf, dass die Bezeichnung »Facebook-Revolution« die Bedeutung anderer Webdienste mindern würde. »Wikipedia wird nie zu den Social-Media-Tools der Revolution gezählt, aber es hat den Menschen Informationen über andere Revolutionen, wie etwa jene in der Sowjetunion, geliefert. Die Menschen waren so besser darüber informiert, wie solche Revolutionen vor sich gehen«, sagt etwa Blogger Tarek Amr. Auch YouTube ist, wie die Bloggerin Noah Atef sagt, ein wichtiges Instrument gewesen, um den Menschen die Polizeibrutalität sowie die ersten Proteste zu zeigen. Darüber hinaus wurden die Informationen zu den Demonstrationen (Zeit, Ort etc.) auch via SMS, Flugblättern und Face-to-Face-Kommunikation, etwa in Moscheen, verbreitet. Auch dem traditionellen Massenmedium Fernsehen muss Tribut gezollt werden. »Al Jazeera war bei der Mobilisierung der Grassroots-Bewegung wichtiger als Social Media«, sagte etwa Ludger Schadomsky, Afrikaexperte bei der Deutschen Welle im Rahmen der Blogger-Konferenz re:publica in Berlin 2011. Diese Sichtweise bestätigte mir auch der ehemalige Al-Jazeera-Anchorman Riz Khan in einem Interview: »Konventionelles TV ist offensichtlich ein Mechanismus, mit dem die Massen erreicht werden konnten. In fast jedem Café im Nahen Osten läuft ein Fernseher und üblicherweise ist dort Al Jazeera zu sehen. Das ist der erste Sender, der, bezogen auf seinen Inhalt, nicht zu einer bestimmten Regierung gehört. Das hat die Dynamik in Nahost verändert, Al Jazeera erreicht in Ländern der Region bis zu 87 Prozent der Bevölkerung. Und genau deswegen war es ein wichtiger Faktor im Arabischen Frühling.« Aber er sagt auch: »Es besteht kein Zweifel, dass Facebook und Twitter primäre Quellen waren, über die die Menschen erfuhren, was vor sich ging. Es hat vor allem geholfen, Nachrichten in jungen Bevölkerungsschichten zu verbreiten, und das sind die, die mutiger und eher bereit sind, auf die Straße zu gehen.«

Auch dieser Punkt – die Jungen und Gebildeten haben die Revolution getragen – ist strittig. So argumentiert etwa der deutsche Gesellschaftstheoretiker Nico Stehr: »Facebook ist allenfalls ein Vehikel, das eine Entwicklung befördert. Entscheidend ist das immense Anwachsen der Bildung. Es reicht nicht, dass das Wissen im Internet da ist, es muss erworben und interpretiert werden.« Dem wiederum steht die Einschätzung des TV-Journalisten Karim El-Gawhary entgegen, der live während der Revolution aus Kairo berichtete. »Oft wird darüber geredet, dass die gut gebildete Facebook-Jugend die Revolution getragen habe«, analysiert El-Gawhary.[93] »Dabei vergisst man leicht, dass Mubarak auch von einer massiven Streikbewegung in Bedrängnis gebracht wurde, fernab des Tahrir-Platzes, an Orten wie etwa der Textilarbeiterstadt Mahalla Al-Kubra im Nildelta. Es waren die Menschen aus den Armenvierteln, die auf die Straße gegangen sind, furchtlos gegen die Polizei gekämpft und während der Revolution den höchsten Preis an Toten und Verletzten bezahlt haben.«

Den besten Hinweis auf die tatsächliche Rolle von Medien in der ägyptischen Revolution findet man in der Studie »Social Media and the Decision to Participate in Political Protest: Observations From Tahrir Square«, die die Forscher Zeynep Tufekci und Christopher Wilson im April 2012 veröffentlichten. In ihrer Untersuchung befragten sie 1200 Personen, die auf dem Tahrir-Platz protestiert hatten, nach ihrer Nutzung von Medien und Kommunikationskanälen. Die Ergebnisse zeigen zum einen, wer dort demonstriert hat: Die Befragten waren im Schnitt 29 Jahre alt, zu 50 Prozent jünger als 26 Jahre, zu 75 Prozent männlich, 60 Prozent mit einer höheren Ausbildung (College- oder Universitätsabschluss). Zwei Drittel der Befragten waren außerdem am Tahrir-Platz das erste Mal in ihrem Leben demonstrieren und sie zeigten eine hohe Affinität fürs Internet: 80 Prozent hatten einen Anschluss zu Hause, 52 Prozent nutzten das Netz via Handy.

Gefragt nach der Nutzung von Social Media in Bezug auf Informationen über die Demonstrationen ergaben sich folgende Ergebnisse: 52 Prozent hatten ein Facebook-Profil, 51 davon nutzten es, um über die Proteste zu kommunizieren, 16 Prozent nutzten Twitter, 13 Prozent in Bezug auf die Proteste. Ähnlich wie Twitter nutzten nur wenige Blogs (15 Prozent), die zu 12 Prozent als Informationsquelle über die Proteste angesehen wurden. Viel höher lag die Nutzung von Handy, E-Mail und SMS: 92 Prozent hatten ein Mobiltelefon, 82 Prozent davon nutzten es, um über die Proteste zu kommunizieren. E-Mail (83 Prozent Nutzung) war für 27 Prozent ein Weg, um über die Aufstände zu kommunizieren, SMS über die Aufstände (67 Prozent Nutzung) schrieben 46 Prozent. Großen Einfluss hatten auch die klassischen Medien: Die 63 Prozent Zeitungsleser bezogen aus diesen zu 58 Prozent Informationen über die Proteste, 94 Prozent sahen Satelliten-TV und bezogen darüber zu 92 Prozent Informationen zu den Demonstrationen.

»Jene, die Zeitungen und Satelliten-TV nutzten, waren einen Deut weniger dazu geneigt, am ersten Tag an den Protesten teilzunehmen. Die frühen Teilnehmer an den Tahrir-Platz-Demonstrationen tendierten dazu, Blogs, Twitter, Facebook, Handys und E-Mails zu verwenden, um sich über die Proteste zu informieren«, analysieren die beiden Forscher. »Nicht die Massenmedien, sondern vor allem interpersonelle Kommunikation in Form von Face-to-Face und digital übertragen scheinen ein Schlüsselkanal für Kommunikation über die Proteste gewesen zu sein, die am 25. Jänner am Tahrir-

Platz ausbrachen.«[94] (Dieser Unterschied ist allerdings nicht signifikant, wie die Forscher zugeben.) Interessant ist auch die Nutzung des Mobiltelefons: 48 Prozent der Befragten sagten, dass sie es dazu genutzt hätten, um die Demonstrationen in Bild und Video zu dokumentieren. Facebook war für 25 Prozent dieser Personen die Plattform, wo sie das Material veröffentlicht haben, Twitter nutzten 5 Prozent dafür, E-Mail nur 2 Prozent.

Viele Gegner der Theorie, dass es eine »Facebook-Revolution« war, ziehen oft die Abschaltung des Internets ab dem 29. Jänner 2011 als Beweis dafür heran, dass die Proteste dadurch nicht aufgehalten werden konnten. Was sich schließlich festhalten lässt, ist, dass Social Media vor allem im Vorfeld der Proteste eine wesentliche Rolle gespielt hat. Vor allem Facebook-Seiten mit Hunderttausenden Anhängern haben dazu beigetragen, dass die Botschaft sowohl in der zwischenmenschlichen Kommunikation als auch in den Massenmedien (dort vor allem auf Al Jazeera) zu zirkulieren begann – die Nutzer von Social Media und die dort entstandenen Netzwerke haben quasi den Funken geschlagen, der in Folge den Flächenbrand auslöste, der wiederum durch das gefälschte Ergebnis der ägyptischen Parlamentswahlen Ende 2010, das Vorbild Tunesien, die harten Reaktionen der Regierung (Abschaltung des Internets, Bezahlung von Schlägertrupps, Polizeigewalt) sowie massenmediale Berichte zusätzlich angefacht wurde. In der Organisation spielten neben Facebook auch streikerprobte Jugendorganisationen und Moscheen als Orte des Treffpunkts eine wesentliche Rolle.

Viele Ägypter sind die Diskussion über die »Facebook-Revolution« längst leid. Einige sprechen schon spaßhalber von der KFC-Revolution, weil am Tahrir-Platz eine Filiale der US-Fastfoodkette »Kentucky Fried Chicken« von den Demonstranten übernommen und in eine Krankenstation umfunktioniert worden war.

Der Traum von der Hightech-Revolte

Die Vorstellung, dass eine neue Technologie eine Revolution auslösen kann, gibt es nicht erst seit Ägypten. Vielmehr ist der Glaube daran im Westen eng mit der Vorstellung verbunden, dass man autoritäre Regime durch die Versorgung der Opposition mit Informations- und Kommunikationstechnologien ins Wanken bringen kann, weil so ihre Kontrolle des Informationsflusses unterminiert wird.

Die Idee ist eng mit dem Zeitalter der Aufklärung verbunden, das im 17. Jahrhundert einsetzte und von neuen literarischen und philosophischen Strömungen geprägt war: Diese initiierten die Beschneidung der weltlichen Macht der Kirche, die Entstehung des Bürgertums, die Formulierung von Menschen- und Bürgerrechten, eine Technologisierung und große politische Umwälzungen (Unabhängigkeitserklärung der USA, Französische Revolution etc.). Dem Buchdruck wird dabei eine besondere Rolle zugewiesen, ermöglichte er doch die schnelle, einfache und vergleichsweise günstige Produktion von Büchern, die für eine breite Alphabetisierung sowie die Verbreitung neuer, liberaler Ideen sorgten. Viele Vordenker der Aufklärung hegten einen starken Fortschrittsoptimismus: Thomas Jefferson etwa, Autor der Unabhängigkeitserklärung der USA, sah die Pendeluhr als technische Höchstleistung ihrer Zeit als ein Symbol der Aufklärung an.

Die Geschichte der »Revolution dank Informationstechnologie« ist eine wiederkehrende. So gibt es Anhänger der Theorie, dass der Zusammenbruch der Sowjetunion 1989 auf ins Land geschmuggelte Fotokopierer und Faxgeräte zurückzuführen ist, mit denen die Regimegegner schnell und einfach ihre Sicht der Dinge über sogenannte »Samizdat« (selbst gedruckte Flugblätter) verbreiten konnten. »Die Geräte haben einen Demokratisierungsprozess ausgelöst«, sagte etwa der bekannte US-Zukunftsforscher Ray Kurzweil in einem Interview mit der Tageszeitung KURIER. »Ich habe das schon Anfang der 1980er-Jahre in einem Buch geschrieben. Damals sagte ich voraus, dass neue Kommunikationswege wie Telnet und Fax die Sowjetunion und den Eisernen Vorhang zu Fall bringen würden.« Andere Beobachter betonen den Einfluss des Radiosender »Radio Free Europe«, der ab 1951 während des Kalten Krieges US-Programme in den Ostblock sendete (großteils finanziert übrigens von der CIA). 2001 soll auf den Philippinen eine »SMS-Revolution« stattgefunden haben, wo sich der Treffpunkt zu den Protesten gegen den damaligen Präsidenten Joseph Estrada dank der Handynachrichten herumgesprochen haben soll. Die Proteste im Iran 2009 gegen den Wahlsieg von Präsident Mahmoud Ahmadinejad wurden in westlichen Medien gerne »Twitter-Revolution« genannt, obwohl damals nur eine kleine Gruppe von Aktivisten Twitter überhaupt benutzt haben dürfte (verschiedenen Schätzungen zufolge zwischen 60 und wenigen Hundert).

Dass solche Annahmen auch direkten Einfluss auf die Politik haben, zeigt etwa eine Rede von US-Außenministerin Hillary Clinton im Jänner 2010. Sie bezeichnete die »Freiheit des Internets« damals als neue Priorität in der US-Außenpolitik und brachte das Beispiel von »mutigen Männern und Frauen, die gegen die Unterdrückung aufstanden, indem sie kleine Pamphlete namens Samizdat in Umlauf brachten«, die dabei halfen, »den Beton und den Stacheldraht der Berliner Mauer zu durchbrechen.«[95] Heute helfen die USA laut Clinton-Berater Ben Scott in etwa 40 Staaten beim Einsatz sogenannter Umgehungstechnologien, mit denen Zensur und Überwachung von Regimen im Internet ausgetrickst werden können. Ein von den USA gefördertes Projekt (2 Mio. Dollar) ist etwa »Internet in a suitcase« (»Internet im Koffer«) des »Open Technology Institute«, mit dem man vor Ort unabhängige Kommunikationsnetze aufbauen und die meist staatlich kontrollierten Mobilfunknetze und das überwachte Internet umgehen kann. In Syrien wurde die Technologie während des Bürgerkriegs gegen das Assad-Regime bereits von Aktivisten eingesetzt.

Wirft man einen Blick in die Geschichte der großen Revolutionen Europas zurück, dann findet sich keine Spur von neuen Technologien, die sie plötzlich ausgelöst haben. Die Zeit vor der Französischen Revolution etwa war von Wirtschafts- und Finanzkrisen gezeichnet, die Misswirtschaft des französischen Königs und teure Kriege als Grund hatten und die eine drastische Verteuerung von Lebensmitteln für die Bevölkerung bedeuteten. So analysiert etwa der österreichische Wirtschaftshistoriker Jürgen Nautz von der Universität Wien: »Wer die revolutionären Bewegungen Revue passieren lässt, findet stets ähnliche Ursachen: nicht funktionierende Regierungen, Korruption, Unterdrückung, Misswirtschaft, Fremdherrschaft auf der einen Seite. Auf der anderen Seite, auf der Wunschliste sozusagen, Freiheit für die Einzelnen oder für die Nation, Gleichheit, menschenwürdige Lebensbedingungen, wirtschaftliche, intellektuelle und politische Entfaltungsmöglichkeiten, Selbstbestimmung des Individuums, der Gruppe oder des Volkes, soziale und regionale Mobilität.«[96]

Die Rolle von neuen Technologien überzubewerten, davor warnt etwa der weißrussische Buchautor und Internetexperte Evgeny Morozov: »Westliche Politiker sollten sich schnell von der Illusion verabschieden, dass der Kommunismus unter dem Druck von Informationen oder Faxmaschinen geendet hat oder dass etwas garantiert friedlich endet, nur weil die ganze

Welt zusieht. Der Fall des Kommunismus war das Resultat eines viel längeren Prozesses, und die bekannten Proteste waren nur die sichtbarste, aber sicher nicht die wichtigste Komponente. Technologie mag eine Rolle gespielt haben, aber die hatte sie nur wegen bestimmten historischen Rahmenbedingungen und nicht einfach nur wegen ihrer eigenen Qualitäten.«[97] Denn wer vorwiegend positive Effekte in Technologien sieht, der übersieht womöglich, wozu sie noch dienen können: In den Händen von restriktiven Staaten wird Hightech zu einem Werkzeug der Zensur und der Überwachung.

In den Fängen der Staatsschergen

Es ist Ironie des Schicksals, dass einer der aktivsten Ägypter in der Onlineorganisation der Demonstrationen auch einer war, der die meisten Proteste auf der Straße nicht miterlebte. Denn der Google-Mitarbeiter Wael Ghonim (geboren 1980), der die Facebook-Seite »Kullena Khaled Said« gestartet hatte, wurde zwei Tage nach dem 25. Jänner, dem Beginn der Revolution, von der Geheimpolizei festgenommen und am 6. Februar, fünf Tage vor dem Rücktritt von Hosni Mubarak, wieder freigelassen. Ghonims Geschichte, die er in seinem Buch »Revolution 2.0« 2012 veröffentlicht hat, ist nicht nur deshalb bemerkenswert, weil sein Facebook-Eintrag »25. Jänner: Revolution gegen Tortur, Korruption, Arbeitslosigkeit und Ungerechtigkeit« quasi die Revolution angesagt hat. Sie zeigt neben den Licht- auch die Schattenseiten der Internetproteste.

Ghonim, der in seiner Jugend eine Leidenschaft für das Internet entwickelt hatte, erkannte bereits 1998 die Kraft der Netzwerke: Er programmierte die Webseite *IslamWay.com*, auf der sich Muslime miteinander vernetzen und Inhalte hochladen können. In kurzer Zeit sammelte die Seite mehr als 20.000 Stunden Audioaufnahmen von religiösen Predigten und verbuchte täglich Zehntausende Besucher. »Das Internet hat meine Erfahrungen und meinen Charakter entscheidend geprägt. Es erlaubte mir, in die Welt der Kommunikation einzutreten und mich weltweit mit Hunderten Menschen meiner Generation zu vernetzen«, schreibt Ghonim. »Ich finde das virtuelle Leben im Cyberspace ziemlich reizvoll. Es ist mir lieber, als im öffentlichen Leben sichtbar zu sein. Es ist ziemlich praktisch, seine Identität zu verstecken und zu schreiben, was immer man will, in welcher Form man möchte.«[98]

Die intensive Nutzung und die damit erlangten Fähigkeiten brachten ihm letztendlich einen Job bei seinem »Traumarbeitgeber« Google ein und parallel dazu entwickelte er immer deutlichere Ambitionen im Aktivismus. So betrieb er etwa eine offizielle Facebook-Seite für den Oppositionellen Mohamed El Baradei und setzte sich mit den Forderungen der Regimegegner (z. B. Aufhebung des Kriegszustandes, Neuregelung der Wahlbestimmungen) auseinander. Schnell bekam er auch dieses Regime zu spüren, dessen Häscher online eine Schmutzkübelkampagne gegen El Baradei führten und unter anderem behaupteten, El Baradei sei am Tod Hunderttausender Iraker schuld, weil er die USA dazu verleitet hätte, zu glauben, dass Saddam Hussein Massenvernichtungswaffen habe. Im April 2010 hatte El Baradeis Seite nichtsdestotrotz 100.000 Fans.

Wirklich aktiv gegen das Mubarak-Regime wurde Ghonim im Juni 2010: Das im Netz kursierende, schockierende Bild des von Geheimpolizisten getöteten Khaled Said veranlasste ihn dazu, die Facebook-Seite »Kullena Khaled Said« (»Wir alle sind Khaled Said«) einzurichten, die schon wenige Monate später die Grenze von 250.000 Fans (»Likes«) überschritt. Mit seinen emotionalen Texten, in denen er Gerechtigkeit für Ägypten forderte und die Regierung anprangerte, zog er nicht nur die Aufmerksamkeit von immer mehr Anhängern auf sich, sondern auch jene der Staatspolizei. Das war auch Ghonim klar: Er nutzte den Anonymisierungsdienst Tor beim Surfen und ein Pseudonym (El Shaheed, »der Märtyrer«) auf Facebook, um seine wahre Identität zu verschleiern, und einmal nimmt er in einem Blog-Eintrag mit einem Bild der Guy-Fawkes-Maske sogar Bezug auf Anonymous. Das Pseudonym wurde schließlich zum Problem: Facebook sperrte eine der wichtigsten Fanseiten Ägyptens ausgerechnet einen Tag vor Beginn der ägyptischen Parlamentswahlen 2010, weil Ghonim damit gegen die Nutzungsbedingungen verstieß. Erst nach Verhandlungen mit Facebook hinter den Kulissen ging die Facebook-Seite wieder online – aber nur, weil sich zwei von Ghonims befreundeten Aktivisten, Nadine Wahab und AbdelRahman Mansour, bereit erklärt hatten, unter echtem Namen als Administratoren der Webseite aufzutreten.[99] Die Page hatte zu diesem Zeitpunkt mittlerweile 300.000 Fans und war auch Gegenstand der Medienberichterstattung.

Die ägyptische Staatspolizei (SSI) hatte »Kullena Khaled Said« längst im Visier und am 27. Jänner 2011 schlug die Geheimpolizei zu. Kurz davor war Ghonim von einem anderen Aktivisten gewarnt worden, dass Beamte der Staatssicherheit auf der Suche nach den Administratoren der Facebook-Seite waren. Ghonim zerstörte in seiner Panik noch seine SIM-Karte, aus Angst, geortet werden zu können. Doch zu spät: Wie etwa 1500 andere Aktivisten wird Ghonim auf offener Straße geschnappt und mit verbundenen Augen ins Gefängnis gebracht. Dort wurde ihm in langen Verhören klargemacht, dass man ihm schon lang auf den Fersen gewesen war. Er wurde nach seiner Beziehung zu El Baradei befragt und auch die Passwörter zu seinem E-Mail- sowie zu seinem Facebook-Account wurden gefordert. Als »seelische Folter« beschreibt Ghonim, was ihm während der Haft widerfuhr: Er wurde von den Wachen beleidigt, geschlagen, Geheimdienstler versuchten ihn mit Falschinformationen gefügig zu machen (er wäre schuld am Chaos, Tod von Polizisten, Landesverräter) und über die Vorgänge draußen wurde er nicht informiert. Am 6. Februar 2011, nach elf Tagen Gefängnis, wurde er wieder freigelassen, aber auch danach endeten die Einschüchterungsversuche nicht. In den Tagen, in denen er verschwunden blieb, leitete Google eine Suche nach ihm ein und Amnesty International verlangte seine Freilassung.

Dass Ghonim später als Held der Revolution dargestellt wurde und manche ihn zum Anführer des Aufstands machen wollten, passt ihm nicht – er will nicht als Ikone der Bewegung vermarktet werden und bereut, seine Anonymität verloren zu haben. »Es war leicht, zu schreiben, sich zu beklagen und Menschen mithilfe des Internets zu mobilisieren. Die wahren Helden dieser Revolution waren die Menschen, die getötet oder verletzt worden waren. Mein Opfer war nicht mit ihrem zu vergleichen. Ich hatte in der Zelle des Staatssicherheitsdienstes geschlafen, während andere einen historischen Kampf geführt hatten«, schreibt Ghonim.[100]

Möglich ist, dass der Netzaktivist mithilfe von »FinSpy« bzw. »FinFly Lite« ausspioniert wurde: Beim Sturm des Sitzes des Geheimdienstes durch Ägypter tauchten Dokumente der Staatsicherheit auf, die den Einsatz der Überwachungssoftware, die von dem deutsch-britischen Unternehmen Gamma International entwickelt worden war, Experten zufolge belegen sollen. Mit ihrer Hilfe kann die Nutzung von Handys und WLAN-Netzen vergleichsweise günstig bewerkstelligt werden. 300.000 Euro sollen Installation, Wartung und Training des Sicherheitspersonals gekostet haben.

Ghonim ist ein Beispiel von vielen – im Zuge des Arabischen Frühlings wurden etwa auch in Tunesien, Bahrain und Syrien Netzaktivisten überwacht und von den Schergen der Regime verfolgt und verhaftet. Dass restriktive Staaten mit zunehmender Internetdurchdringung auf plumpe Zensur und Netzsperren verzichten und lieber im Hintergrund überwachen, wird auch als sogenanntes »Dilemma des Diktators« bezeichnet: Diktaturen können sich in der globalisierten Wirtschaft nicht mehr abschotten (Nordkorea als mahnende Ausnahme) und müssen das Internet ins Land lassen. Zensur wird ersetzt durch Überwachung, die man nicht sieht, dem Regime aber die Möglichkeit gibt, weiter gegen Oppositionelle vorzugehen. Besonders krass ist das in Syrien zu bemerken, wo ab Frühling 2011 ein blutiger Bürgerkrieg mit Tausenden Toten tobte. »Ich stellte YouTube-Videos von Demonstrationen bereit. Als ich danach verhaftet wurde, wurde mir jeder einzelne Schritt, den ich im Internet unternommen habe, vorgehalten, während ich geschlagen wurde«, berichtete ein anonym bleibender Syrer 2012 in der ARD-Sendung »Fakt«.

Der Deutsche Stephan Urbach, Mitglied des Kollektivs »Telecomix«, kann ebenfalls über drastische Geschehnisse in Syrien berichten: Telecomix versuchte Aktivisten vor Ort zu unterstützen, und während einer Videokonferenz musste Urbach mit ansehen, wie die Wohnung seines syrischen Gegenübers gestürmt und dieser vor laufender Kamera erschossen wurde, sagte er in der 3sat-Reportage »Freiheit fürs Internet«.

WikiLeaks und Anonymous-Aktivisten versuchten 2012, den syrischen Rebellen zu helfen. Die »Syria Files« (etwa 2,4 Mio. E-Mails) sollen aus der »Operation Syria« stammen, die Anonymous gemeinsam mit der Hacker-Gruppierung AntiSec und der People's Liberation Front (Selbstbeschreibung: pazifistische Gruppe von Freiheitskämpfern) seit Beginn des Volksaufstandes gegen Assad fährt. »Westliche Technologie hat seit Jahren eine Hauptrolle bei der Versorgung des syrischen Regimes mit Instrumenten zur Verfolgung und Unterdrückung der Bürger gespielt. Die aktuellste WikiLeaks-Akte zu Syrien, die mehr als zwei Millionen Mails von Politikern und Unternehmen enthält, offenbart, dass die Beteiligung westlicher Unternehmen an der Unterdrückung der syrischen Bürger trotz Sanktionen und internationalem Druck weitergeht«, schreibt die syrisch-spanische Bloggerin Leila Nachawati nach Durchsicht von Teilen der Daten. »Laut der E-Mails, die von WikiLeaks am 5. Juli veröffentlicht wurden, liefert die italienische Verteidigungsfirma

Finmeccanica seit 2008 Unterstützung für Kommunikationsausrüstung für das syrische Regime. In diesem Jahr unterzeichnete Selex Elsag, eine Tochter der Finmeccanica, einen Vertrag mit der syrischen Funkorganisation durch das führende griechische Telekommunikationsunternehmen Intracom S.A. über die Lieferung von Hightechfunkgeräten. Im Mai 2011, zu der Zeit, als sich die Unruhen schon im ganzen Land ausgebreitet hatten, stimmten sie zu, den Umfang des Vertrages zu vergrößern.«[101] Damit wird ein Grundproblem der Überwachung von Regimekritikern klar: Die Soft- und Hardware, mit der Telefongespräche belauscht, Menschen lokalisiert und identifiziert und ihre Internetaktivitäten ohne ihr Wissen überwacht werden, stammt leider oft aus dem Westen.

Big Brother – Leben im Überwachungsstaat

Überwachung merkt man nicht – Beispiel Oman

Das Heimtückische an staatlicher Überwachung im Internet ist, dass man sie nicht bemerkt. Dieser Umstand wurde mir bei einer Reise in das Sultanat Oman im Frühjahr 2012 bewusst, während der ich nicht nur das faszinierende Land mit seinen Wadis und Wüsten am südöstlichen Ende der Arabischen Halbinsel kennenlernte, sondern auch sein Internet. Das Netz ist im Oman, einem Land, das man als Mitteleuropäer eher nur mit dem wichtigen Exportgut Weihrauch und den Abenteuergeschichten von Sindbad dem Seefahrer kennt, so allgegenwärtig wie in Deutschland oder Österreich. Der teilstaatliche Internetanbieter Omantel bewarb zur Zeit meines Besuchs mit dem Slogan »Search it all« auf riesigen Plakatwänden Breitbandanschlüsse um 20 Rial pro Monat (etwa 50 Euro). »Das kann sich jeder leisten«, meinte ein Taxifahrer zu mir. Das zeigen auch die Penetrationszahlen von »Internet World Stats«, denen zufolge etwa 57 Prozent der Omanis online sind.[102] Dank Smartphones und Breitband zu Hause ist der Gang in die versteckten Internetcafés mit ihren ratternden Ventilatoren und klapprigen Computertastaturen kaum mehr notwendig, und selbst in entlegenen touristischen Wüstencamps, die nur per Geländewagen erreichbar sind, gab es WLAN.

Als Tourist im Oman bemerkt man von der staatlichen Zensur und Überwachung zunächst nichts – Facebook, YouTube, Twitter, E-Mail, alles wie gewohnt erreichbar. Schließlich ist das Sultanat auch international eher unauffällig und taucht auf den Listen der Zensurstaaten nicht oder nur als Randnotiz auf. Erst wenn man einige Tage online ist, zeigt sich, dass im omanischen Internet nicht alles wie gewohnt funktioniert. Augenfällig wird das zuerst beim Telefoniedienst Skype, der nicht und nicht funktionieren will. Ein Besuch der Webseite zeigt schließlich: Anstatt des bekannten Logos landet man auf einer Informationsseite des Internetanbieters, die dem Besucher sagt: »This site has been blocked due to content that is contrary to the societal and cultural norms of the sultanat.« Was nicht zu lesen ist: Skype ist bei Netzaktivisten weltweit auch deswegen beliebt, weil es als abhörsicher gilt. Recherchiert man weiter, findet man immer mehr Webseiten, die im Oman nicht verfügbar sind. Dazu zählen neben einschlägigen Pornovideoplattformen auch islamkritische Webseiten und Onlinecommunities von Homosexuellen. Kritik am autoritär regierenden Staatsoberhaupt Sultan Qabus ibn Sa'id ist ebenso untersagt wie Aufrufe zu zivilem Ungehorsam. Damit die Menschen diese Onlineinhalte nicht mit Tricks trotzdem auf den Bildschirm bekommen, wurden im Oman Anonymisierungsdienste wie »Proxify« oder »Anonymizer« immer wieder blockiert.

Die omanische Regierung sieht sich selbst als »sehr liberal« im Vergleich zu anderen arabischen Staaten, wie ein hochrangiger Beamter des Informationsministeriums bei einem – wohl sehr exklusiven – Hintergrundgespräch zu mir sagte. »Jeder kann das Internet benutzen, aber es ist kein freies Buffet«, argumentierte er. Die Filterung bestimmter Inhalte hätte vor allem erzieherische und moralische Gründe, damit »die Jugend nicht vom rechten Weg abkommt.« Auch die strenge Überwachung des Netzes, die unterhalb der Zensur von bestimmten Webseiten stattfindet, rechtfertigte er mit einem Verweis auf die Vorratsdatenspeicherung, wie sie in Europa durchgeführt wird. »Ja, es wird überwacht, damit verhindert wird, dass jemand etwas Böses tut.« Schaut man weiter hinter die freundlichen Kulissen des Staates, die die Offiziellen des Landes journalistisch interessierten Besuchern bieten, bekommt man schließlich Folgendes zu hören: »Der Oman ist nach wie vor ein Polizeistaat«, sagte eine hochrangige europäische Diplomatin hinter vorgehaltener Hand zu mir. Weitere Recherchen ergaben, dass sich das Sultanat – offensichtlich auch in einer Reaktion auf Proteste im Zuge des Arabischen Frühlings, die im Land mindestens zwei Todesopfer forderten – mit modernster Überwachungstechnologie eingedeckt hat. Verlässlichen Quellen zufolge wurden verschiedene Softwarelösungen bei den US-Firmen McAfee (gehört Intel) und Narus (gehört Boeing), der deutsch-britischen Gamma International und dem deutschen Unternehmen Ipoque eingekauft.[103] Insgesamt muss man als Bürger bzw. Besucher des Oman davon ausgehen, dass die Internetnutzung im Land komplett überwacht wird und gegebenenfalls gegen den User verwendet werden kann.

Spätestens im Juni 2012 kamen die Überwachungstools dann zum Einsatz. In Muskat wurden vier Blogger und Aktivisten wegen »Diffamierung des Sultans« und des »Verstoßes gegen das Gesetz zur Cyberkriminalität« zu Haftstrafen zwischen sechs Monaten und einem Jahr verurteilt, die alle zur Bewährung ausgesetzt sind. Nach Zahlung einer Kaution waren die vier wieder auf freiem Fuß – ob sie es wagen werden, sich den Demonstrationen gegen Korruption und für Reformen im Sultanat anzuschließen, ist wohl fraglich.

Internetfeinde auf dem Vormarsch

Das Sultanat Oman ist nur ein kleines Beispiel eines großen Trends. Im Jahr 2012 zeugten zwei große Reporte davon, dass die Zensur und Überwachung des Internets auf dem Vormarsch sind. Am 12. März, dem Welttag gegen Cyber-Zensur, veröffentlichte die angesehene Menschenrechtsorganisation »Reporter ohne Grenzen« (ROG) ihren Jahresbericht zu den »Feinden des Internets«.[104] Im Vergleich zu 2011 sahen sich die Analysten von ROG genötigt, die Zahl von vormals zehn auf nunmehr zwölf zu erhöhen: Zu Burma, China, Kuba, Iran, Nordkorea, Saudi-Arabien, Syrien, Turkmenistan, Usbekistan und Vietnam sind Bahrain und Weißrussland dazugekommen. Internetfeinde sind diese zwölf Staaten deswegen, weil sie Webseiten rigoros zensurieren und den Internetverkehr scharf überwachen. Das zeigen die Zahlen von ROG, die die Inhaftierung von Cyber-Dissidenten, Onlinejournalisten, Bloggern und Netzaktivisten betreffen: Mit mindestens 199 Inhaftierungen gab es im Vergleich zum Vorjahreszeitraum einen Anstieg von etwa 30 Prozent. Besonders kritisiert wurden von ROG die Zustände in China, dem Iran und Syrien, wo große Verschlechterungen der Rechte von Internetnutzern in den jeweiligen Ländern registriert wurden. Eine interaktive Landkarte, die man auf der Webseite von ROG abrufen kann, vermittelt einen schaurigen Anblick: Fast ganz Asien, aber auch Teile Europas und Australien, sind rot oder schwarz gefärbt. Denn ROG nimmt nicht nur die Feinde des Internets aufs Korn, sondern auch jene (rot eingefärbten) Länder, die bald auf die schwarze Liste kommen könnten. Dabei handelt es sich um 14 Staaten, darunter neben der Türkei, Malaysia, Russland und den Vereinigten Arabischen Emiraten auch Überraschungskandidaten wie Frankreich und Australien.

Der zweite, im April 2012 veröffentlichte Report zum Zustand des Internets weltweit stammt von der »OpenNet Initiative« (ONI), einem gemeinsamen Forschungsprojekt von britischen, kanadischen und US-amerikanischen Universitäten. Dieser Bericht fiel noch pessimistischer aus als jener von ROG. Denn ONI sieht nicht nur zwölf, sondern gar 21 Staaten weltweit, die tiefgreifende Internetzensur betreiben, und 21 weitere Staaten, in denen teilweise zensuriert wird. Insgesamt, so rechnen die ONI-Forscher, leben 2012 weltweit etwa 620 Millionen Menschen mit zensurierter Internetnutzung – das sind etwa 31 Prozent der mehr als zwei Milliarden Internetuser. Rechnet man jene Menschen dazu, die mit einer zeitweisen Blockade von bestimmten Webseiten (z. B. Facebook, YouTube, Twitter) zurechtkommen müssen, sind es sogar 960 Millionen bzw. 47 Prozent. Für die OpenNet Initiative, die diese Art der Erhebungen seit 2003 durchführt, bedeutet dies einen starken Anstieg der Zahl der Menschen, die mit Internetzensur leben: 2010 waren es noch »nur« 500 Millionen. Diese Entwicklung hat vor allem damit zu tun, dass die Nutzerzahlen in südostasiatischen und arabischen Ländern – also gerade jenen Ländern, wo strikte Internetregeln gelten – in den vergangenen Jahren stark zunahmen, während in europäischen und nordamerikanischen Märkten die Penetrationsraten schon sehr hoch waren. Heute unterliegt grob gesagt jeder dritte Internetnutzer einer strengeren Onlinezensur, und wenn der Trend anhält (wovon man ausgehen muss), wird es bald jeder zweite sind.

Einer der Hauptgründe dafür wird Indien sein (bzw. ist es schon): Die größte Demokratie der Welt mit etwa 1,2 Milliarden Einwohnern (davon etwa 500 Mio. Handy- und 120 Mio. Internetnutzer) wird sowohl von ROG als auch ONI zu jenen Ländern gezählt, in denen die Kontrolle des Internets – vor allem getrieben durch die Terroranschläge in Mumbai 2008 – kontinuierlich verschärft wird. So kam Indien etwa in die Schlagzeilen, weil das Land von BlackBerry-Hersteller RIM aus Kanada forderte, seine über eigene Server verschlüsselten Datendienste (z. B. E-Mails, Messaging) überwachen zu können. Außerdem trat Mitte 2012 mit den »Information Technology (Electronic Service Delivery) Rules« ein neues Gesetzespaket in Kraft, das den Behörden mehr Befugnisse bei der Löschung und Sperrung von Internetinhalten gibt. So können Internetanbieter von den Behörden dazu gezwungen werden, Webseiten, die »schädliche«, »belästigende« oder »ethnisch bedenkliche« Inhalte zeigen, innerhalb von 36 Stunden zu sperren. Das betrifft neben Google- und Facebook-Seiten auch kleine Blogs wie jenen des bekannten Cartoonisten Aseem Trivedi, der eine Parodie auf das indische Parlament und die Nationalflagge online stellte.[105]

Kritikern kommt das rigorose Eingreifen des indischen Staates in das Internet der bewussten Formung einer Gesellschaft gleich, die den großen Zuwachs im Netz erst vor sich hat. »Das ist der Grund, warum die Regierung so früh und aggressiv agiert, weil eben erst 10 Prozent der Inder online sind«, sagt etwa Sunil Abraham, der Direktor des indischen Centre for Internet and Society gegenüber dem US-Magazin »Foreign Policy«. »Wenn es einmal 50 Prozent sind, wird sich jeder wie ein dressierter Affe benehmen.«[106]

Neben Nordkorea und Kuba, die gewissermaßen schwarze Flecken auf der Landkarte des Internets darstellen und deren Netze, sofern vorhanden, stark nach außen abgeschottet sind, war 2012 vor allem das iranische Web großes Streitthema. Nach der angeblichen »Twitter-Revolution« im Jahr 2009 gegen den Wahlsieg von Präsident Mahmoud Ahmadinejad wurde die Zensur in dem Land mit etwa 36 Millionen Onlinern (etwa 47 Prozent Internetdurchdringung) immer weiter verschärft. Facebook, YouTube, der E-Mail-Dienst Gmail, Nachrichtenseiten wie jene der New York Times oder die Webseite der Olympischen Spiele – Meldungen über immer neue Onlinesperren aus dem Iran sind mit beängstigender Regelmäßigkeit zu lesen. Außerdem gibt es die sogenannte »4-Dollar-Party« im Iran – Blogger, die in Postings und Kommentaren für kleine Geldbeträge Propaganda der Regierung im Internet verbreiten (ein System, das man auch aus China kennt). Am beunruhigendsten sind aber wohl die Pläne der iranischen Regierung, ein »Halal-Internet«, wie es in westlichen Medien genannt wird, aufzubauen – also ein nationales Netz, das nach außen hin abgeschottet ist. Gerüchte dazu gibt es seit dem Jahr 2011. Ihnen zufolge soll eine totale Zensur des iranischen Internets sab März 2013 möglich sein. Wie ein solches »Halal-Netz«

in der Praxis aussehen würde, darüber lässt sich nur spekulieren. »Technisch kann man das Internet natürlich von der Außenwelt abschneiden, von einem sozialen Sichtpunkt aus wäre das aber mit hohen Kosten verbunden«, sagte der in Kanada lebende iranische Blogger Arash Abadpour auf der Netzpolitik-Konferenz re:publica im Mai 2012 in Berlin. »Ich bin ein Optimist. Man kann ein Volk nicht für immer unterdrücken. Es gibt etwa eine sehr lebendige HipHop-Untergrundszene. Wenn Leute sich nicht im Internet ausdrücken können, dann tun sie es eben anders.«

Auch Äthiopien, der Sudan oder Weißrussland haben 2012 auf negative Weise in Bezug auf Internetzensur auf sich aufmerksam gemacht. Doch wenn man die Ausmaße der Netzkontrolle und ihrer Auswirkungen wirklich verstehen will, muss man einen Blick in die größte Onlinenation der Welt werfen: China.

China: Hinter der Großen Firewall

»Isaacmao.com is 100 % blocked in China.« Der chinesische Blogger Isaac Mao beweist Humor und Mut gleichermaßen, wenn er diesen Hinweis auf seine Webseite schreibt. Er gehört zu jenen mehr als 530 Millionen Internetnutzern, die die Volksrepublik noch vor Europa (mehr als 500 Mio.) und den USA (mehr als 250 Mio.) zum größten und künftig wichtigsten Internetmarkt der Welt machen. Doch die führende Webnation tickt anders als die westlichen Märkte: Teilweise abgeschottet hinter der »Großen Firewall«, wie das Zensursystem des autoritär regierten Staates gerne genannt wird, haben sich riesige nationale Firmen entwickelt, die jeweils ein Pendant im Westen haben: Statt bei Google durchsuchen Chinesen das Internet hauptsächlich mit Baidu, statt große Portale wie Yahoo! besuchen sie Sina, Onlinefreundschaften schließen sie eher weniger bei Facebook als vielmehr in Onlinenetzwerken wie RenRen, statt YouTube werden Onlinevideos bei Youku oder Toudu angesehen, gechattet wird mit QQ und statt Twitter gibt es Weibo.

»Als ich vor zehn Jahren die Idee hatte, zu bloggen und meine Erfahrungen mit der Welt zu teilen, war ich so ziemlich der Erste. Viele meiner Freunde haben den Blog gelesen und gesehen, dass ein so kleines Tool eine große Kraft entwickeln kann und sie ebenfalls einen in wenigen Minuten starten können. Es hat ein Kaskadeneffekt eingesetzt. Und heute haben wir chinesische Blog-Services, Web-2.0-Dienste und Social Networks. Das ist eine positive Entwicklung für diesen gigantischen Internetmarkt«, erzählte mir Mao bei einem Interview auf der Berliner re:publica im Mai 2012. Dabei sind die Chinesen nicht viel anders als Europäer und US-Amerikaner, die es scharenweise in Social Networks treibt. »Die Leute wollen Informationen teilen, sie wollen bekannt sein, sie wollen Anerkennung, das ist der Geist, der hinter dem ganzen Phänomen steckt. Natürlich hat der Kapitalismus viel Geld in die Dienste hineingesteckt, aber der wirkliche Treiber war und ist, dass die Chinesen sehr gebildet sind«, so Mao.

Als Besucher des Landes merkt man nicht, was hinter den Kulissen passiert – fast alle Webseiten sind wie gewohnt erreichbar, und man fragt sich, was die vielen Schauergeschichten über das Zensurland China sollen. Wenn man aber genauer schaut, wird doch klar, dass die chinesische Regierung das Netz fest in ihrem Griff hat und warum »Reporter ohne Grenzen« den Staat 2012 zu den zwölf größten Feinden des freien Internets zählt. Zensur und Überwachung finden dabei auf vielen Ebenen statt: Zuoberst sorgt die »Große Firewall« (auch bekannt als »Golden Shield Project«, an dem auch der US-Netzwerkausrüster Cisco mitgearbeitet haben soll) dafür, dass innerhalb Chinas bestimmte Webseiten (darunter Facebook, YouTube, Twitter oder Wikipedia-Artikel z. B. über das Massaker am Platz des Himmlischen Friedens 1989) nicht abgerufen werden können. Will ein westliches Unternehmen in China operieren, muss es sich mit den Zensurauflagen arrangieren. Die Suchmaschine Google etwa zog sich deswegen 2010 medienwirksam nach Hongkong zurück, weil es seine Suchergebnisse nicht länger zensurieren wollte. Heute erhält man bei Google China Warnhinweise, wenn Suchwörter zensuriert werden.

Viele, vor allem junge, gebildete Chinesen, benutzen deswegen Anonymisierungsdienste wie »Tor«, um die Sperren zu umgehen, und chinesische Behörden gehen gegen diese Tools immer wieder vor. »Mir ist es egal, dass mein Blog gesperrt ist. Meine Leser nutzen verschiedene Tools, um ihn trotzdem ansurfen zu können. Außerdem wechsle ich ständig die Server und die Behörden müssen mich jagen«, sagt Mao. Damit meint er jene Staatsbeamte, die Internetinhalte kontrollieren und gegebenenfalls melden und löschen lassen – offiziell wird das meist damit begründet, die Nutzer vor Onlinekriminalität schützen zu wollen. »Die chinesische Regierung hat enorme menschliche Ressourcen angezapft, um ihre politische Agenda durchzusetzen«, erzählt Mao. »Wir nennen das Totalitarismus 2.0. Die Regierung hat Zehntausende Beamte angestellt, die das Internet beobachten und die Social-Media-Timelines zu verschmutzen versuchen. Die 50-Cent-Party will mit ihren Blogeinträgen, Tweets etc. von den relevanten Inhalten ablenken.« Des Weiteren verschärft China immer öfter die Regeln für populäre Webdienste: Seit 2012 müssen Onlinevideos etwa bei Youku von staatlicher Stelle geprüft werden, bevor sie online gehen dürfen, Nutzer des Twitter-Klons Weibo müssen sich mit echtem Namen registrieren und können gesperrt werden. Außerdem gibt es in China auch eine anlassbezogene Verschärfung der Zensur, etwa zum Jahrestag des Tian'anmen-Massakers am 3. Juni oder während eines Skandals rund um den Spitzenpolitiker Bo Xilai. Da wurden in Chats etwa ein Kerzensymbol, das Kritiker benutzten, bzw. politische Webseiten gesperrt.

Wer dennoch unangenehm auffällt, wird schließlich zum persönlichen Gespräch von den Behörden eingeladen – zum Teetrinken, wie es heißt. »Ich habe sehr oft Probleme mit den Behörden, vor allem dann, wenn ich etwas Heikles veröffentliche. Die laden mich dann zum Tee ein, um mit mir zu reden«, sagt Mao, der außerdem bei jeder Ein- und Ausreise scharf kontrolliert wird. »Sie reden dann auf mich ein, nicht so aktiv zu sein. Den Rest der Zeit versuche ich dann, ihnen meine Meinung klarzumachen, dass sie vom Internet lernen sollen und nicht als Aggressor auftreten sollen. Immerhin arbeiten wir ja alle für dasselbe Ziel: eine bessere Zukunft.«

Der Blogger hält sich mit seiner Regimekritik dann einige Monate zurück, bis sein Ton wieder schärfer wird – eine Tendenz, die er bei der Jugend im Unterschied zu früher insgesamt immer deutlicher wahrnimmt. »Anonymität ist nur wenigen chinesischen Internetnutzern wichtig. Die chinesische Kultur ist sehr in sich geschlossen und lässt niemanden aus der Masse herausstehen. Wer sich hervortun wollte, wurde angegriffen«, sagt Mao. »Aber heute kümmert sich die Jugend nicht mehr um diese alten Werte. Sie wollen gehört werden, wollen sich präsentieren. Selbst wenn sie über sensible Dinge diskutieren, kümmern sie sich nicht mehr um ihre Anonymität. Sie sehen sich durch die Massen gesichert. Wenn einer von den Behörden attackiert würde, würden viele für ihn aufstehen.« Künstler wie der international bekannte Chinese Ai Weiwei oder der blinde Anwalt Chen Guangcheng, der aus dem Land geflohen ist, hätten Vorbildwirkung, doch bis zu echten Veränderungen sei noch ein langer Weg zu gehen, so Mao. »Das wird ein langer Prozess. 90 Prozent der Chinesen sind immer noch sehr ›brainwashed‹. Sie wachsen ja in der Kultur auf, mit kommunistischen Schulbüchern und einem sehr hierarchischen System. Es wird nicht leicht, ihre Mentalität zu ändern, und sicher passiert das nicht in den nächsten zwei Jahren. Aber selbst in China kann es zu solchen Kaskadeneffekten kommen wie in anderen Staaten, kein Land ist davon ausgeschlossen. Durch das Internet kann kein Land mehr so isoliert werden wie zuvor.« Die Regierung, so seine Forderung, solle die Zensur lockern, denn: »Niemand will, dass China untergeht, und der Westen schon gar nicht. Wir reden hier von 1,5 Milliarden Menschen.«

Dass das Internet eine wichtige Ventilfunktion für chinesische Nutzer darstellt, dürften die Zensoren mittlerweile verstanden haben. Einer Studie der Universität Harvard zufolge, die 2012 veröffentlicht wurde, seien die Zensurbehörden überraschend tolerant gegenüber kritischen Stimmen im Netz – allerdings nur bis zu einem gewissen Punkt. Wenn die Onlinekommentare darauf hinauslaufen, Offlineproteste zu organisieren, wird versucht, Demonstrationen im Keim zu ersticken – zu beobachten war das bei Aufrufen zu einer sogenannten »Jasminrevolution« im Jahr 2011 im Anschluss an den Arabischen Frühling, wo die Polizei in etwa 25 Städten groß aufrückte, um den geplanten Protestspaziergängen erfolgreich einen Strich durch die Rechnung zu machen.

Westliche Hightech-Hilfe für Diktatoren

Dass das Internet in Staaten wie China, dem Iran oder Syrien rigoros überwacht wird, wird im demokratischen Westen regelmäßig scharf kritisiert – aber das ist nur die eine Seite der Geschichte. Denn die Überwachung wird oft mit Technologien durchgeführt, die Firmen aus den USA und Europa an die Diktatoren verkauft haben. Eine »Ehe aus der Hölle« und die »geheime Liebesaffäre zwischen Diktaturen und westlichen Technologiefirmen« nannte der weißrussische Buchautor Evgeny Morozov (»The Net Delusion«) diese geschäftlichen Verbindungen bei einem Vortrag auf der Berliner Hacker-Konferenz 28C3 Ende 2011. Den Rahmen hatte er wohl nicht zufällig gewählt – denn gerade in der Hacker- und Netzaktivistenszene ist man sich dieses Problems, dass 2011 und 2012 im Zuge des Arabischen Frühlings und vor allem des Bürgerkriegs in Syrien breiter wahrgenommen wurde, schon lange bewusst. Dem Hacker- und Netzaktivistenkollektiv Telecomix (Selbstdefinition: »soziokybernetische telekommunistische Gruppe von internet- und datenliebenden Bots und Menschen«) etwa, das 2011 an brisante Daten gelangte: Diese zeigten, dass 15 Kommunikationsschnittstellen (Proxies des Typs SG-9000) des US-Herstellers BlueCoat in Syrien eingesetzt wurden, um Internetverbindungen der inländischen Nutzer aufzuzeichnen und Onlineinhalte nach bestimmten Stichwörtern zu durchsuchen. Die Identifizierung von Personen und ihren politischen Meinungen und Forderungen bis hin zum Aufruf von Protesten ist damit möglich. Blue Coat zufolge sind die Geräte aber nicht direkt an das syrische Regime verkauft worden, sondern seien über einen Zwischenhändler bei eBay ins Land gelangt.

Aber nicht nur US-Firmen, auch deutsche Unternehmen wurden bereits scharf dafür kritisiert, Geschäfte mit Syrien gemacht zu haben. Die 2007 gegründete Netzwerksparte Nokia Siemens Networks, ein Gemeinschaftsunternehmen der beiden großen europäischen Technologiefirmen, bestätigte Geschäfte mit Syrien in den Jahren 2000 und 2008. Das letzte soll aber nicht abgeschlossen worden sein: »Die Firma ist im März 2009 aus dem Geschäft mit Monitoring Center ausgestiegen und bietet dieses nirgendwo auf der Welt an«, sagte NSN-Sprecher Ben Roome in einem Telefongespräch zu mir. Man hätte eine »finanzielle Strafe« in Kauf genommen, weil man sich des Missbrauchs der Technologien bewusst geworden wäre. Andere Firmen zeigen sich nicht so reumütig – das Münchner Unternehmen Trovicor mit 500 Mitarbeitern und Millionenumsatz etwa. Trovicor war von 2007 bis 2009 Teil des NSN-Bereichs »Intelligence Solutions« und ist auf den Verkauf »intelligenter Datenbanken« zum Abfangen von Stimm- und Datenkommunikation an Regierungen spezialisiert. Mir gegenüber wollte Trovico-Unternehmenssprecherin Birgit Fischer-Harrow nicht ausschließen, dass die Firma Technologie nach Syrien verkauft hat (»keine Details über Kunden«).[107]

Es gibt zahlreiche weitere Geschichten über den Verkauf von westlichen Überwachungstechnologien an repressive Regimes. Cisco wird vorgeworfen, Chinas »Große Firewall« mit aufgebaut zu haben, Nokia-Siemens musste sich in der Vergangenheit für Geschäfte mit dem Iran und Bahrain rechtfertigen, die französische Amesys soll Verträge mit Gaddafis Libyen gehabt haben.

»Nortel, Oracle, Sybase, Motorola haben Soft- und Hardware, Datenspeicher und Erkennungsgeräte für potenziell repressive Verwendungen entwickelt und vermarktet. Im Zuge des Arabischen Frühlings flog dann auch auf, dass deutsche Firmen an der Geschäftemacherei mit Überwachungssoftware beteiligt sind: Die Münchner Firma Gamma/Elaman verkaufte die Abhörsoftware FinFisher an den ägyptischen Geheimdienst, die ebenfalls aus München stammende Trovicor belieferte Bahrain mit Werkzeugen zur Überwachung von Handy-Kommunikation, schreibt etwa der Cyberwar-Experte Sandro Gaycken in seinem Buch »Cyberwar. Das Wettrüsten hat längst begonnen«.[108] In Bahrain wurde die FinFisher-Software ebenfalls entdeckt, mit der der Staat die junge Demokratiebewegung ausspioniert haben soll. Auch WikiLeaks hat sich in die Aufdeckungsarbeiten rund um Überwachungstechnologie eingeschaltet: Die Ende 2011 veröffentlichten »Spy Files« (übersichtlich auf einer Weltkarte unter *http://spyfiles.org* dargestellt) bieten eine Liste von etwa 160 Firmen, die in dem Business tätig sind. Transparenz in die Tätigkeiten dieser Firmen soll auch das Projekt »Bugged Planet« bringen: Das Online-Wiki sammelt mithilfe von Netzaktivisten, Hackern und anderen Interessierten Informationen zu Überwachungstechnologien, die sich nach Ländern durchsuchen lassen. Die Aufklärungsarbeit trägt bereits Früchte: In der EU, den USA und Deutschland wird über verschärfte Exportverbote und Strafen für solche Firmen verhandelt, Deutschland führte im Jänner 2012 ein Exportverbot für Überwachungstechnologien an Syrien ein. EU-weite Exportkontrollen betreffend Spionagesoftware generell gab es bis Sommer 2012 aber noch nicht.

Es gibt aber auch den Trend in die andere Richtung (geografisch gesehen): Mit dem Aufschwung von großen chinesischen Netzwerkausrüstern wie Huawei und ZTE boomen auch deren Geschäfte. In Indien dürfen etwa Produkte des Netzwerkausrüsters Huawei nicht mehr eingesetzt werden, weil das Unternehmen mit chinesischer Staatsbeteiligung im Verdacht steht, Zugänge für chinesische Spione eingebaut und sich nicht bemüht zu haben, Kontrollmechanismen gegen diesen Verdacht zuzulassen.[109] In Australien gelten aufgrund von Sicherheitsbedenken ähnliche Regeln und in den USA bekam die Firma aus diesem Grund verschiedene Aufträge nicht. ZTE soll den Iran mit einem potenten Überwachungssystem versorgt haben[110] und außerdem soll China seine Entwicklungshilfe in Afrika an die Einführung von chinesischen Technologien koppeln. Die große Frage ist, wie stark diese

Verbindung zwischen der chinesischen Außenpolitik und den chinesischen Technologiefirmen wird. Werden sie so einen großen Einfluss haben wie etwa die British East India Company auf die Kolonien Großbritanniens? »China baut immer stärker auf Energiequellen aus Afrika und ist deswegen an der Stabilität in der Region interessiert«, sagt etwa Autor Morozov zu dem beunruhigenden Trend.

Dass Diktatoren von Technologiefirmen Unterstützung bekommen, ist übrigens geschichtlich gesehen nichts Neues. Dem deutschen Datenschützer Peter Schaar zufolge halfen bei der »Großdeutschen Volkszählung« 1938/39 90 Millionen Lochkarten der US-Firma IBM, die 2012 hinter Apple die zweitwertvollste IT-Marke der Welt ist, bei der automatisierten Verarbeitung von Massendaten. »Die zügige Auswertung der deutschen Volkszählung von 1938/39, bei der – natürlich ›streng vertraulich‹ – auch die »rassische« Abstammung erhoben wurde, war nur durch den breiten Einsatz dieser Technik möglich«, schreibt Schaar in seinem Buch »Das Ende der Privatsphäre«.[111]

Der westliche Überwachungsstaat

Wenn heute europäische Bürgerrechtler, Datenschützer, Netzaktivisten und Hacker Vergleiche zu George Orwells düsterer Überwachungs-Dystopie »1984« und dem Spitzelwesen der Stasi ziehen, dann sollte man das nicht gleich als Schwarzmalerei von Verschwörungstheoretikern abtun. Ich will klar festhalten, dass ich es liebe, in einem Land zu leben, in dem ich frei als Journalist, Blogger und Buchautor tätig sein kann, ohne zensiert und überwacht zu werden, und manchmal sind diese Vergleiche zu dick aufgetragen. Fakt ist aber auch, dass die Überwachung von Kommunikation in meinem Heimatland nicht unbedingt weniger wird. Am 1. April 2012 ist die Vorratsdatenspeicherung in Österreich in Kraft getreten, die auf einer EU-Richtlinie basiert, die 2006 in Reaktion auf die Terroranschläge von London und Madrid entstanden ist. Von der Argumentation, mit der verdachtslosen Speicherung von Verbindungsdaten von Telefon, Handy, Internet und E-Mail besser Terrorismus und schwere Kriminalität bekämpfen zu können, ist man seit 2006 aber teilweise schon abgekommen – heute sollen mit der VDS, wie die Abkürzung lautet, auch geringere Vergehen aufgedeckt werden. In Deutschland ist die von der EU geforderte VDS als verfassungswidrig eingestuft und nicht umgesetzt worden, was Ende Mai eine EU-Klage zur Folge hatte, die ein tägliches Zwangsgeld von mehr als 300.000 Euro bis zur Übertragung der Richtlinie in deutsches Recht zur Folge haben könnte.

Während autoritäre Regime ob der Hightech-Überwachung ihrer Bevölkerungen kritisiert werden, sollten westliche Demokratien auch sich selbst bei der Nase nehmen, meinen Kritiker. »Die Ironie ist, dass demokratische Staaten selbst diese Entwicklung unterstützen. In Deutschland etwa gibt es Menschen, die die Vorratsdatenspeicherung weiter fordern. Wenn eine kleine Gruppe von Leuten es schafft, ganz Deutschland – immerhin eine der besten Demokratien der Welt – mit ihrer faschistoiden Ideologie zu beeinflussen, dann läuft etwas grundlegend falsch. Es sollte nicht möglich sein, ein Gesetz durchzubringen, das die Stasi wieder möglich macht. Wir haben schon gelernt, das das eine schlechte Idee ist. Also wieso sollten wir das Ganze mit moderneren Technologien noch einmal machen?«, sagt etwa der US-Sicherheitsforscher und Netzaktivist Jacob Applebaum, der WikiLeaks unterstützt, am Anonymisierungsdienst Tor mitarbeitet, den Hackerspace »Noisebridge« in San Francisco mitgegründet hat und Mitglied des Chaos Computer Clubs sowie der Wiener Medienkünstlergruppe »monochrom« ist. Wie viele andere registriert er seit den Terroranschlägen von 9/11 eine Verschärfung der Kommunikationsüberwachung durch den Staat, als Rechtfertigung für die Einführung neuer Gesetze würden immer die »vier Gespenster der Infokalypse« beschworen werden: Kinderpornografie, Terrorismus, Geldwäsche und Drogen. »Diese vier sind die Entschuldigung für jede Rechtsverletzung, obwohl die vier zusammen gesellschaftlich gesehen weniger Schaden anrichten als Autounfälle, Herzkrankheiten, Polizeibrutalität und politische Inkompetenz«, sagt Applebaum.

Ein Blick auf die »Internetfeinde«-Karte von »Reporter ohne Grenzen« verrät ebenfalls, dass bei Weitem nicht die üblichen Verdächtigen der strengen Internetüberwachung zu beschuldigen sind. Australien steht wegen verschärfter Kontrolle und Sperrmöglichkeiten von Onlineinhalten genauso auf der Liste der potenziellen Feinde wie Frankreich, wo das sogenannte HADOPI-Gesetz dafür sorgt, dass Nutzern nach dreimaligem Verstoß gegen das Urheberrecht (z. B. durch das Laden von nicht lizensierter Musik) der gesamte Internetzugang abgedreht wird. 2013 könnte schließlich auch

Großbritannien auf der Liste stehen; immerhin will man dort lieber früher als später die Vorratsdatenspeicherung verschärfen und Telefonate, E-Mails, SMS und andere Kommunikationskanäle im Netz live überwachen. Ermittler würden dann nicht wie in Österreich nur die Verbindungsdaten einsehen können (z. B. wer hat wem eine SMS geschickt?), sondern tatsächlich mitlesen und mithören, was geschrieben oder besprochen wird.[112] Schließlich darf man auch nicht den größten Internetmarkt Europas vergessen: Russland. Ohnehin schon Anwärter auf den zweifelhaften Titel eines Feindes des Internets, hat das russische Parlament Mitte Juli 2012 ein neues Gesetz verabschiedet, mit dessen Hilfe Behörden Webseiten sperren können, ohne auf einen richterlichen Befehl warten zu müssen. Die Begründungen für das Gesetz sind der Kampf gegen Kinderpornografie, die Verherrlichung von Drogenkonsum und das Vorgehen gegen Onlineaufrufe zu Selbstmorden.

Schließlich weisen auch die Transparenzberichte von großen Internetunternehmen darauf hin, dass staatliche Behörden immer stärker auf Nutzerdaten zugreifen wollen. Zahlen aus der zweiten Jahreshälfte 2011 des »Google Transparency Report« zeigen, dass die sogenannten »Takedown Requests« (also das Löschen von Onlineinhalten) im Vergleich zu anderen Zeiträumen stark zugenommen haben – nicht zuletzt in westlichen Demokratien. In der zweiten Jahreshälfte von 2011 etwa hätte es 720 Anfragen aus Spanien gegeben, Links in den Suchergebnissen zu Blogartikeln und Zeitungsberichten zu entfernen, die Politiker und staatliche Institutionen zum Inhalt hatten (Google will diesen Aufforderungen nicht Folge geleistet haben). Es gibt aber auch Anfragen, denen Google folgen muss und das auch tut: 65 Prozent der Gerichtsbeschlüsse sowie 47 Prozent der Polizeianfragen wurde Folge geleistet – für Deutschland wurden etwa 898 Suchergebnisse aus dem Suchindex entfernt, die falsche Anschuldigungen gegen eine Behörde bzw. ihre Mitarbeiter beinhalteten. Aus den USA kamen mehr als 6300 Anfragen, denen zu 93 Prozent Folge geleistet wurde, aus Österreich stammten immerhin vier »Takedown Requests«.[113]

Ein ähnliches Bild bei Twitter: Beim Kurznachrichtendienst aus San Francisco sind im ersten Halbjahr 2012 seinem eigenen »Transparancy Report« zufolge etwa 800 Datenherausgaben gefordert worden, die insgesamt 1100 Accounts von Nutzern betreffen. Aus den USA kommen die meisten dieser Anfragen, aus Österreich und Deutschland stammten jeweils weniger als zehn. Twitter leistete 63 Prozent der Aufforderungen Folge und kann Behörden unter anderem gelöschte Tweets, Ortungsdaten, Direktnachrichten, Logdaten, E-Mail-Adressen und IP-Adressen liefern.[114] Betroffen von einer solchen Datenherausgabe war unter anderem der Account eines Occupy-Aktivisten, der unter dem Pseudonym @destructuremal twitterte – seine Daten sollten einem US-Gericht dabei helfen, seine Rolle bei der Besetzung der Brooklyn Bridge durch Demonstranten im Zuge der »Occupy Wall Street«-Proteste Ende 2011 zu klären.

Auch Netzaktivist Jacob Applebaum und die isländische Parlamentarierin Birgitta Jónsdóttir können ein Lied davon singen: Im Zuge der US-Ermittlungen zu WikiLeaks (beide unterstützten Assange) wurden auch ihre Twitter-Daten angefragt. Twitter und Google gehören zu jenen Unternehmen, die ihre Nutzer relativ gut vor staatlichem Zugriff abschirmen. Einer Untersuchung der US-Bürgerrechtsorganisation »Electronic Frontier Foundation« (EFF) zufolge zögern Firmen wie Apple, Facebook oder Amazon nicht lange, wenn es darum geht, mit den Behörden zu kooperieren.[115] Wie Joe Sullivan, Sicherheitschef bei Facebook, im Juli 2012 verriet, überwacht das Onlinenetzwerk automatisiert die private Kommunikation der Mitglieder und durchsucht etwa Chats und Direktnachrichten nach Schlüsselwörtern. So sollen kriminelle Handlungen, insbesondere sexuelle Belästigung von Minderjährigen, aufgedeckt werden. Nach einer Sichtung durch einen Facebook-Mitarbeiter können Daten, die gegen die Nutzungsbedingungen des Webdienstes verstoßen, der Polizei weitergeleitet werden[116] – das passiert auch in Deutschland, falls es zu einer vermeintlichen oder tatsächlichen Straftat kommt.[117]

»Wenn man sich klarmacht, dass die Informationstechnik das Potenzial einer Totalüberwachung aller möglichen Verhaltensweisen, Kontakte und Kommunikationsvorgänge hat, sind Maßnahmen zur Bekämpfung dieser Bedrohung überfällig. Politik, Wirtschaft und Wissenschaft sind deshalb aufgerufen, mit den technischen Möglichkeiten verantwortungsbewusst umzugehen und sich selbst zu begrenzen«, forderte der deutsche Datenschützer Peter Schaar bereits 2007. »Bisweilen drängt sich allerdings der gegenteilige Eindruck auf.«[118]

Unter genau diesem Eindruck heute stehen vor allem in Europa immer mehr junge Menschen, die sich mit dem Internet als wichtigem Bestandteil ihres privaten, schulischen und beruflichen Lebens stark auseinandersetzen. So ist es auch kaum verwunderlich, dass sich gerade gegen neue Gesetze wie die Vorratsdatenspeicherung und das internationale Anti-Piraterie-Abkommen ACTA beachtlicher Widerstand geregt hat – und das nicht nur online, sondern auch offline auf der Straße.

Occupy! – Vom Netz auf die Straße

Campen gegen die Banker

»Mic check!« »MIC CHECK!« »Wir beginnen jetzt!« »WIR BEGINNEN JETZT!« »Mit unserer Generalversammlung!« »MIT UNSERER GENERALVERSAMMLUNG!«

Wenn die Occupy-Bewegung für etwas bekannt geworden ist, dann für ihre basisdemokratischen Bestrebungen, für ihre kreativen Protestformen wie dem »Human Microphone« (dazu später mehr) und natürlich für Bilder der Tausenden Menschen auf den Straßen New Yorks und anderer Städte, die an den Aktionen teilgenommen haben. Was als Aufruf des konsumkritischen kanadischen Magazins »AdBusters« am 13. Juni 2011 begann (»#OCCUPYWALLSTREET. Seid ihr bereit für einen Tahrir-Moment? Strömt am 17. September nach Lower Manhattan, baut Zelte, Küchen, friedliche Barrikaden auf und besetzt die Wall Street.«), endete Mitte Oktober mit der Erreichung des Ziels, die Botschaft in die Welt hinauszutragen und ein Zeichen zu setzen. Immerhin: Am 15. Oktober führten Aktivisten in 1278 Städten der Welt Demonstrationen durch – darunter auch in Wien mit etwa 1400 Teilnehmern und in mehr als einem Dutzend deutscher Städte, wo insgesamt mehr als 40.000 Menschen auf die Straße gingen, sowie in den Schweizer Großstädten Zürich, Genf, Bern und Basel. Doch was wollten die weltweit wahrscheinlich Millionen Menschen, die sich zur

Occupy-Bewegung in New York solidarisch erklärten? Konkrete Forderungen wurden – abgesehen von höheren Steuern für Reiche – keine gestellt; vielmehr ging es den meisten Teilnehmern darum, ein Zeichen gegen die Finanzmärkte und Banken zu setzen und gegen die ungerechte Verteilung von Vermögen und Korruption in der Politik zu demonstrieren.

Dass »Occupy Wall Street« solche Wellen schlug, war anfangs nicht abzusehen. »AdBusters« streute die Idee einfach einmal aus. Die Ersten, die sie aufgriffen, waren Anarchisten und kleinen sozialistischen Gruppen in New York, die die Demonstrationen lostraten und schließlich den berühmten Zuccotti Park nahe der Wall Street besetzten und eine Zeltstadt aufbauten. Unter ihnen war auch der Anarchist, Buchautor und Kulturanthropologe David Graeber, dessen Twitter-Account eine zentrale Rolle in den ersten Tagen bei der Information der Außenwelt spielte. Er sieht die Protestbewegung, wie er in seinem Buch »Inside Occupy« schreibt, als Teil einer globalen Bewegung, die ihren Anfang in Tunesien und auf dem Tahrir-Platz genommen hat. Als Initiator war er bei den ersten Planungstreffen dabei, bei denen interessanterweise auch Mitglieder der ägyptischen Jugendbewegung des 6. April anwesend waren, die wichtig für die ägyptische Revolution war (sie wurden wiederum stark von der serbischen Studentengruppe Otpor beeinflusst, die im Jahr 2000 gegen den später wegen Völkermordes angeklagten serbischen Präsidenten Slobodan Milošević demonstrierten). Mit dabei waren auch Aktivisten aus Spanien, und das ebenfalls nicht zufällig: Dort hatte die Bewegung der »Indignados« ab Mai 2011 Massendemonstrationen in Städten wie Madrid und Barcelona gegen politische, wirtschaftliche und gesellschaftliche Missstände abgehalten und Plätze wie den Placa de Catalunya besetzt. Auch diese Proteste waren wie jene in Athen und Israel im selben Jahr von den Geschehnissen der »Arabellion« inspiriert. Im Sommer 2012 gingen die Proteste in Spanien, nachdem mehr als 100 Milliarden Euro Hilfsgelder für die maroden Banken aufgenommen worden waren, mit mehr als 100.000 Teilnehmern massiv weiter – inklusive Ausschreitungen, Polizeigewalt und Verhaftungen. Demonstriert wurde gegen die Einsparungen des EU-Landes von 65 Mrd. Euro, die das Budgetdefizit bis Ende 2014 von 8,9 Prozent 2011 auf 2,8 Prozent des Bruttoinlandprodukts senken sollen. Die Mehrwertsteuer wurde um drei Punkte auf 21 Prozent gehoben, was für das spanische Volk bis Ende 2014 etwa 22 Milliarden an Mehrausgaben und außerdem Kürzungen bei Arbeitslosengeldern von 13,7 Milliarden Euro bedeutet. In einem Land mit fast 50 Prozent Jugendarbeitslosigkeit ist es kein Wunder, wenn die Jungen angesichts solcher Entwicklungen auf die Straße gehen.

Auch Occupy traf einen ähnlichen Nerv, den der Slogan »We Are The 99 Percent« verdeutlicht: Während einige wenige hohe Manager- und Politikergehälter beziehen, fühlt sich die breite Masse unter dem Druck der Privatverschuldung und Arbeitslosigkeit immer ohnmächtiger. Dem Internet kam bei Occupy schnell eine zentrale Funktion zu: Livestream-Videoteams, Twitter-Accounts (OWS wird schnell als »Hashtag-Revolte« wegen des Kennwortes »#OccupyWallStreet« bezeichnet), die Webseite OccupyWallStreet.org, Facebook-Seiten usw. machten viel Wirbel und sorgten schnell für internationale Presse, während große US-Medien das Thema anfangs weitgehend ignorierten. »Obwohl sich auch schon die Aktivisten von Seattle ausgiebig der Guerilla-Berichterstattung im Web bedient hatten, sorgte 2011 die Allgegenwart von Handykameras, Twitter-Accounts, Facebook und YouTube dafür, dass derlei Bilder weltweit millionenfach angesehen wurden«, schreibt David Graeber, einer der Vorreiter der Occupy-Bewegung über die Bedeutung von Social Media.[119] Wichtig ist auch der Tumblr-Blog »We Are The 99 Percent« (*http://wearethe99percent.tumblr.com*), der die Lebens- und Leidensgeschichten von Occupy-Sympathisanten sammelt. Die einzelnen Blog-Einträge veranschaulichen auf teilweise dramatische Weise das Schicksal vor allem junger US-Amerikaner, die über Verschuldung (v. a. während der Studienzeit), Arbeitslosigkeit oder das Gesundheitssystem klagen und sich insgesamt von Politik und Wirtschaft im Stich gelassen fühlen.

Auch die Aktivisten von Anonymous verkündeten die Unterstützung der Occupy-Bewegung, was in Onlinenetzwerken die Kunde von den Protesten stark verbreitete und weswegen sich schnell die populären Guy-Fawkes-Masken vor den Gesichtern vieler Demonstranten fanden. Online wurden zwei hochrangige Manager von US-Banken mit der Veröffentlichung durch Anonymous-Aktivisten an den Internetpranger gestellt – eine DDoS-Attacke auf die Webseite der New Yorker Börse schlug indes fehl.[120] Ebenfalls legendär: Als ein Polizist mit Pfefferspray auf am Boden sitzende weibliche Occupy-Demonstranten losging, wurde die Tat sofort zu einem Internet-Mem und der Cop in zahlreichen Bildmontagen bloßgestellt (in einer sprüht er die giftig orange Substanz auf die Unabhängigkeitserklärung der USA). Zu seinem Pech ermittelte Anonymous auch gleich seine Identität und veröffentlichte seine persönlichen Daten, was ihm eine interne Untersuchung einbrachte.

Noch wichtiger aber ist die Zusammenarbeit offline: In der »General Assembly«, der Vollversammlung der Bewegung, werden basisdemokratische Prinzipien praktiziert und mehr als 40 Arbeitsgruppen (von Organisatorischem wie Medienarbeit bis zu Inhaltlichem wie »alternatives Banking«) mit Aufgaben betraut. Essenziell bei diesen Versammlungen war das »Human Microphone«, das schon bei den WHO-Protesten in Seattle 1999 zum Einsatz kam, weil Mikrofone verboten waren. Dabei wiederholt die Menge, die sich im Halbkreis um den Sprecher in der Mitte formiert, dessen kurze Sätze, damit auch die Teilnehmer weiter hinten verstehen, was vorn gesagt wird (Twitter-Nutzer werden sich an den »Retweet« erinnert fühlen). Außerdem verweigert Occupy die Zusammenarbeit mit der Polizei, damit sich keine hierarchische Struktur bilden kann (der Ansprechpartner der Behörden wäre in einer besonderen Position). Ein Höhepunkt war die Blockade der Brooklyn Bridge am 1. Oktober 2011, bei der die Polizei mehr als 700 Demonstranten festnahm und deren Folgen bis heute nachwirken: So steht ein junger New Yorker wegen seiner Rolle in der Organisation dieser Blockade vor Gericht, und Twitter kämpfte noch im Sommer 2012 dafür, seine gelöschten Tweets und andere Daten nicht an die Behörde herausrücken zu müssen. Am 15. November 2011 löste die Polizei schließlich die Besetzung des Zuccotti Parks in New York auf und räumte Occupy-Camps in vielen anderen US-Städten.

Wie die US-Aktivismus-Forscherin Christine Schweidler auf der Konferenz re:publica 2012 zeigte, ist die Occupy-Bewegung vor allem eine Bewegung der weißen Mittelschicht. 93 Prozent hatten Schweidler zufolge einen Schul- oder Uniabschluss, die meisten waren Studenten und Angestellte mit geringem Einkommen, und ein Großteil war schon in anderen sozialen Bewegungen tätig. »Einige dieser rebellischen Kids, die Transparente hochhielten und Versammlungen organisierten, sahen mit ihren engen Hosen und angesagten Turnschuhen aus wie die idealtypischen Hipster«, sagt der Occupy-Aktivist und Essayist Mark Greif in einem Interview mit dem österreichischen Nachrichtenmagazin »profil«. »Anfangs war ich sehr skeptisch gegenüber der Occupy-Bewegung. Als konventioneller Liberaler, der brav die Demokraten wählt, konnte ich mir nicht vorstellen, dass Anarchisten sinnvoll arbeiten und eine Versammlung organisieren könnten. Aber dann war ich richtig gerührt, als ich sah, wie 18- bis 20-Jährige mit ihrem Engagement eine solche Bewegung am Leben hielten.«[121]

Bis ins Weiße Haus haben die Proteste für Aufsehen gesorgt: »Ich denke, dass ›Occupy Wall Street‹ nur eines von mehreren Phänomenen ist, die eine tief sitzende Besorgnis über den Zustand der USA in den vergangenen zehn Jahren signalisieren. Die Leute haben das Gefühl, dass alles ein abgekartetes Spiel ist, damit sich ein paar wenige die Taschen vollstopfen können, während alle anderen nur mit Mühe und Not über die Runden kommen«, sagte US-Präsident Barack Obama in einem Interview mit dem Rolling-Stone-Magazin.[122]

Anknüpfungspunkte zu anderen Phänomenen wie den europäischen Piratenparteien oder – wie bereits dargestellt – den Anonymous-Hacktivisten gibt es ebenfalls: »Sowohl Anonymous als auch Occupy sind Beispiele für Symbole, die Menschen für ihre eigenen Gemeinschaften annehmen«, sagt etwa Ivan Sigal, CEO der Blogger-Community »Global Voices Online«. »Anonymous und Occupy haben ähnlich Ziele, aber die Taktiken sind unterschiedlich.« Das sieht der Gründer der Piratenpartei Rick Falkvinge ähnlich: »Es gibt Werte, die wir teilen. Occupy ist in den USA gestartet, weil immer mehr Menschen das Gefühl hatten, dass sie von gesellschaftlichen Entscheidungsprozessen ausgeschlossen sind und das politische System von Konzernen entführt worden ist. Auch die Piratenpartei hat aus diesem Grund zu protestieren begonnen. Es gibt aber auch Unterschiede: Occupy hat sich dafür entschieden, außerhalb des politischen Systems zu handeln, während die Piraten das System von innen heraus ändern wollen. Wir haben also ähnliche Ziele, aber andere Wege dorthin.«

Während bis Sommer 2012 in den USA in Sachen »Occupy« nicht viel passierte, ist die Idee zurück nach Europa gewandert. Die deutsche Blockupy-Bewegung, die im Mai 2012 zu Protesten im Frankfurter Bankenviertel aufrief (und auf erheblichen Widerstand stieß), kann ebenfalls als Abkömmling der Occupy-Bewegung in den USA gesehen werden – auch Occupy-Mitinitiator David Graeber war in Frankfurt dabei. »Jugendliche sind immer die größten und ersten Verlierer, wenn es zu wirtschaftlichen Problemen kommt, weil Unternehmer dann aufhören, Leute einzustellen«, sagte etwa die deutsche Blockupy-Aktivistin Timeela Manandhar in der Diskussionssendung »ATV Am Punkt« am 13. Juni 2012 kurz nach den massiven Protesten in Frankfurt.[123] »Die wirtschaftliche Aussichtslosigkeit kombiniert mit der schlechten Einbindung in demokratische Entscheidungsprozesse bringt viele Jugendliche an einen Punkt, an dem sie sich nicht mehr repräsentiert fühlen und zu Recht auf die Straße gehen«, so Manandhar. »Zu demonstrieren und sich die freien Räume zu holen, wo sonst eher die Wirtschaft vertreten ist, ist vollkommen legitim und wird in Zukunft zunehmen.«

Beobachter von Occupy sehen das freilich anders: Abgesehen von Spanien und Israel ist die Bewegung 2012 zum Erliegen gekommen – in den USA und Deutschland etwa konnte man Diskussionen kaum prägen, fand keinen Anschluss an etablierte Parteien oder Nichtregierungsorganisationen und – wohl am schlimmsten – konnte keine gemeinsamen Positionen und Forderungen formulieren, die der Bewegung Schärfe und Profil gegeben hätten.

ACTA und Vorratsdatenspeicherung im Visier

In Europa gingen die Menschen 2012 aber nicht nur wegen Grundsätzlichem (Arbeitslosigkeit, Misswirtschaft etc.) auf die Straße, sondern auch wegen sehr speziellen Themen. Wenn man Menschen mit Guy-Fawkes-Masken auf der Straße (und sogar im polnischen und im EU-Parlament) sah, dann war klar: Hier wird entweder gegen das internationale Anti-Piraterie-Abkommen »Anti-Counterfeiting Trade Agreement« (kurz ACTA) oder die Vorratsdatenspeicherung (kurz VDS) in Österreich demonstriert.

Die ACTA-Proteste nahmen ihren Anfang in Polen, wo Ende Jänner 2012 Zehntausende Menschen gegen das Vorhaben der polnischen Regierung, das Abkommen zu unterzeichnen, auf die Straße gingen – mit Erfolg: Die ACTA-Ratifizierung wurde einige Tage später gestoppt. Auch in anderen Ländern wurde die geplante Gesetzgebung, die jahrelang hinter verschlossenen Türen verhandelt worden war, immer misstrauischer betrachtet. ACTA sollte neue internationale Regeln im Kampf gegen Produktfälschungen und Urheberrechtsverletzungen bringen und den Inhabern von Markenrechten, Patenten und Copyrights mehr Durchgriffsmöglichkeiten geben. Das Problem, das viele mit dem zwischen 39 Staaten (darunter auch Österreich, die Schweiz und Deutschland) seit 2006 geheim ausgehandelten Pakt haben, war seine vage Formulierung: Denn so beinhaltete das Papier zwar keine Verpflichtung zur Überwachung des Internets hinsichtlich Urheberrechtsverletzungen (nicht lizensierte Downloads von Musik, Filmen, Software etc.). Doch Internetanbieter fürchteten, dass sie auf Basis von ACTA schnell dazu genötigt werden könnten, den Rechten der Copyright-Industrie nachzukommen (quasi eine private Internetpolizei). In Folge wären dann neben der Überwachung der Internetnutzung von Kunden auch Sperren von Webseiten möglich gewesen – für viele wäre damit der Zensur von Onlineinhalten Tür und Tor geöffnet worden. Viele Internetnutzer sahen sich von ACTA ebenfalls bedroht: So setzte der Pakt die Schwelle für strafbare Handlungen sehr niedrig an: Schon Urheberrechtsverstöße im privaten Gebrauch des Internets wie der Download von geschützter Musik oder das Veröffentlichen eines Fotos auf einer viel besuchten Webseite (z. B. Facebook) wären schon Verstöße gegen ACTA und hätten streng geahndet werden können. Für viele war das Abkommen gleichbedeutend mit einem Verlust der Informations- und Meinungsfreiheit zugunsten der Unterhaltungsindustrie.

Gefahr drohte aber nicht nur dem freien Internet, sondern auch im Bereich der Medizin. Mit ACTA hätten Pharmakonzerne ein neues Mittel gegen Generika bekommen: Diese legalen Nachbauten von Markenmedikamenten (z. B. gegen Aids) sind günstig zu produzieren und kommen vor allem in Entwicklungsländern zum Einsatz. Schon jetzt werden sie im Transit durch den EU-Raum öfters von Zollbeamten aus dem Verkehr gezogen,[124] mit ACTA wäre das wohl noch häufiger praktiziert worden. Dass sich Datenschützer, Bürgerrechtler und Netzaktivisten intensiv mit ACTA beschäftigten und dadurch rechtzeitig Stimmung dagegen machen konnten, ist zum Teil WikiLeaks zu verdanken: Assanges Team veröffentlichte bereits im Mai 2008 eine Arbeitsfassung des umstrittenen Papiers und warnte davor, dass das Abkommen ein »Pirate Bay Killer« sei und den freien Informationsaustausch im Netz (z. B. auch WikiLeaks) gefährde.

Nach den erfolgreichen Protesten in Polen und der Unterzeichnung von ACTA durch 22 EU-Mitgliedsstaaten (Österreich unterschrieb, Deutschland stoppte die Ratifizierung) waren Demonstrationen in vielen europäischen Ländern angesagt – ein regelrechter Aufstand gegen das Abkommen. Besonders aktiv bei der Organisation der Demonstrationen waren neben vielen Anonymous- und anderen Netzaktivisten die europäischen Piratenparteien, die länderübergreifend das Bündnis »Stopp ACTA« schufen. Kein Wunder: Schließlich ist das Urheberrecht Kernthema der Piraten, und ACTA stellte mit einer Verschärfung der Regeln das genaue Gegenteil dessen dar, wofür die junge Partei in Sachen Copyright-Reform eintritt (nämlich mehr Freiheiten). Datenschutzvereine, der Chaos Computer Club, die österreichischen Grünen, Bürgerrechtsorganisationen und natürlich Hacktivisten von Anonymous unterstützten die Proteste, die ab Februar in ganz Europa stattfanden und insgesamt wohl Hunderttausende Menschen auf die Straße trieben. Maßgeblich bei der Mobilisierung der Massen war neben den »üblichen Verdächtigen« Facebook und Twitter auch die Videoplattform YouTube, wo Videos von Aktivisten zur Teilnahme aufriefen.

»ACTA ist Kacka«, »Titten gegen ACTA«, »Wer nicht hüpft, der ist ein ACTA«, »bekACTA Scheiß«: Die Demos, wie ich sie zumindest in Wien wahrnahm, waren frech, bunt, jugendlich und kaum einer Partei zuzuordnen. Die Guy-Fakes-Maske war omnipräsent, genauso wie viele Symbole der Chan-Kultur wie die »My Little Ponys«, die grünen Anonymous-Flaggen, 4chan-T-Shirts oder das Logo der LulzSec-Hacker. »Ob sich die Demonstranten den Einzelteilen der überparteilichen Allianz aus Grünen, Sozialistischer Jugend, Attac, der Piratenpartei Österreichs, dem unabhängigen EU-Parlamentarier Martin Ehrenhauser, vibe!at, noPNR und der Initiative für Netzfreiheit zugehörig fühlen, würde ich anzweifeln. Eine eindeutige politische Heimat der Teilnehmer gibt es wohl nicht bzw. muss erst entstehen. Am ehesten sind die vielen Jungen, die man hinter den Anon-Masken erahnt, wohl an den Grünen und der Piratenpartei interessiert.

»So zeigte zum Schluss der Kundgebung auch der große Applaus, der ein eingespieltes MP3 (offensichtlich von Anonymous eingereicht) erhielt, dass Hacker- und Internetkultur mehr Sympathien genießen als traditionelle Parteipolitik«, fasste ich nach der Demonstration meine Eindrücke in meinem Blog (*http://digitalsirocco.tumblr.com*) zusammen.

Schien ACTA am Anfang des Jahres 2012 im EU-Parlament noch mehrheitsfähig zu sein, so kippte die Zustimmung dazu im Zuge der Proteste, die sich bis in den Juni zogen, immer mehr. Die ACTA-Proteste waren laut EU-Kommissarin Neelie Kroes ein »Weckruf«[125] für die Politik, und als am 4. Juli 2012 schließlich der Tag der Abstimmung im EU-Parlament kam, konnten die Gegner endlich jubeln: »ACTA ist tot!« Das Abkommen wurde mit großer Mehrheit (479 gegen 39 Stimmen bei 165 Enthaltungen) abgelehnt, und lediglich Vertreter der Europäischen Volkspartei und der Unterhaltungsindustrie trauerten dem Abkommen nach. »Die Mehrheit gegen ACTA ist zu 90 Prozent der Erfolg der Zivilgesellschaft. Erst die europaweiten Proteste im

Februar erzeugten den Meinungsumschwung im EU-Parlament. Der politische Diskurs um ACTA ist ein praktisches Beispiel dafür, wie eine lebendige Zivilgesellschaft, entgegen finanzstarken Partikularinteressen, wesentliche politische Entscheidung erfolgreich beeinflussen kann«, resümierte etwa der unabhängige österreichische EU-Abgeordnete Martin Ehrenhauser und gab damit die Eindrücke vieler anderer Beobachter gut wieder.

Der Kampf gegen ACTA ist aber noch nicht vorbei: Gesetzesvorhaben, getarnt hinter ominösen Kürzeln wie CETA, IPRED2, TPP oder INDECT, atmen weiter den »Geist von ACTA«[126] und könnten für neuerliche Demonstrationen sorgen. Anonymous-Aktivisten mobilisierten im Sommer 2012 bereits gegen INDECT: Das EU-Projekt soll ein intelligentes Informationssystem zur Überwachung, Suche und Erfassung von Personen in städtischen Umgebungen werden und kann verschiedenste Daten (Handy-Ortung, Suchmaschinenergebnisse, Social-Media-Daten, Gesichtserkennung etc.) in Echtzeit zusammenführen. Damit weckt es Ängste vor einer neuen Qualität des »Big Brother«-Staates. Am 28. Juli fand deswegen auch ein Aktionstag gegen INDECT statt, der von Anonymous getragen wurde.

Der zweite Grund, der 2012 Guy-Fawkes-Maskenträger, Piraten, Datenschützer und viele andere in Österreich auf die Straße trieb, war die am 1. April in Kraft getretene Vorratsdatenspeicherung (die deutsche Piratenpartei gründete sich übrigens wenige Monate, nachdem die EU-Richtlinie zur Vorratsdatenspeicherung verabschiedet worden war, am 10. September 2006 in einem »Hacker Space« in Berlin). Anders als bei ACTA war die Sache bei der VDS bereits gelaufen, weswegen den Demonstranten lediglich übrig blieb, die Privatsphäre symbolisch zu Grabe zu tragen, und entsprechend gedämpft war auch die Stimmung. Aufgeben wollten die Aktivisten trotz Inkrafttretens der VDS aber nicht: Der Arbeitskreis Vorratsdatenspeicherung (AK Vorrat), unterstützt von den Grünen, der Piratenpartei sowie einer ganzen Reihe an Bürgerrechts- und Datenschutzvereinen, sammelte per Onlinepetition mehr als 106.000 Bürgerunterschriften gegen das Eindringen von Überwachungstechnologien in die Privatsphäre der Österreicher und außerdem 11.139 Vollmachten für eine Verfassungsklage gegen das neue Gesetz, die die Abschaffung der VDS erwirken soll – der Ausgang war bis Abgabeschluss dieses Buches offen. In Deutschland musste man die Privatsphäre wegen der VDS übrigens nicht symbolisch zu Grabe tragen: Die Bundesrepublik setzte das Speichergesetz nicht um, nachdem es 2010 vom Bundesverfassungsgericht gekippt worden war, und nahm eine EU-Klage in Kauf, die im Bundesjustizministerium im Juli 2012 einging.

Onlineproteste und ihre Offlineeffekte

Demonstrationen fanden 2012 nicht nur auf europäischen und US-amerikanischen Straßen statt, sondern auch im Netz. Am 18. Jänner streikten Teile des Internets gegen das geplante US-Gesetz SOPA (»Stop Online Piracy Act«), das US-Behörden die Möglichkeit gegeben hätte, ganze Webseiten bei Verstößen gegen das Urheberrecht zu sperren. Damit nicht genug, hätten auch Webdienste zur Rechenschaft gezogen werden können, die auf diese Webseiten verlinken – etwa die Suchmaschine Google. »Das würde Links und die fundamentale Struktur des Internets selbst kriminalisieren«, kritisierte etwa Google-Vorstandsvorsitzender Eric Schmidt.[127] Auch Enthüllungsseiten wie WikiLeaks wären von SOPA bedroht gewesen und darüber hinaus hätte das Gesetz auch Auswirkungen auf den Durchschnittsnutzer gehabt. »SOPA würde die Internetnutzung, wie wir sie kennen, fundamental verändern und Millionen unschuldiger Nutzer bestrafen, die nie auch nur an eine Copyright-Verletzung gedacht haben«, hieß es seitens der US-Bürgerrechtsorganisation »Electronic Frontier Fondation«. Schließlich meldete sich auch US-Präsident Barack Obama zu Wort und erklärte, kein Gesetz unterstützen zu wollen, »das die Meinungsfreiheit einschränkt, die Risiken der Cyber-Sicherheit erhöht oder die dynamische und innovative Kraft des weltweiten Netzes untergräbt«. Unterstützung für SOPA kam hingegen in erster Linie von Medienkonzernen wie jenem des Medienmoguls Rupert Murdoch, der News Corporation.

Am Tag des großen »Internet-Blackouts« gingen Teile des Netzes aus Protest gegen SOPA einen Tag lang offline, färbten ihre Seiten schwarz oder machten auf andere Weise auf die negativen Folgen von SOPA aufmerksam. Unter den etwa 115.000 teilnehmenden Seiten waren die US-Version der Onlineenzyklopädie Wikipedia, Google, die Webseite des Firefox-Herstellers Mozilla, das Cheezburger-Blog-Netzwerk, der Blog-Dienst Wordpress, der Social-News-Dienst Reddit, der Anbieter des populären Games »Minecraft« sowie deutsche Blogs wie Spreeblick und Netzpolitik.org und die österreichischen Webdienste Archify.com und Kobuk.at. Der Blackout machte mächtig Eindruck bei US-Politikern: SOPA wurde auf Eis gelegt und fand in CISPA (»Cyber Intelligence Sharing And Protection Act«) seinen Nachfolger, der nach einer Abänderung der ersten Fassung von Barack Obama und sogar von der US-Bürgerrechtsorganisation EFF gutgeheißen wurde.

Der große Erfolg des Blackouts hat die Ideen der Netzaktivisten beflügelt: Im Sommer ist mit der »Internet Defense League« eine Initiative gestartet, die künftig bei drohendem Ungemach koordinierte Internet-Blackouts veranstalten möchte. Unterstützer können ihre Webseiten anmelden und bekommen einen JavaScript-Code, der sich einfach in die Seite einbetten lässt. Wenn ein Onlineprotest ansteht, lässt sich die eigene Webseite schnell mit einem Warnhinweis überblenden, der über die aktuelle Protestkampagne informiert. Der »Internet Defense League« gehören neben dem gründenden Aktivistennetzwerk »Fight For The Future« auch die EFF, Mozilla, Reddit und Wordpress an. Auch in Europa gibt es schon Ambitionen, mitzumachen oder eine ähnliche Initiative zu starten.

Doch ob künftige Onlineproteste auch immer Offlineeffekte haben werden, ist anzuzweifeln. Der Begriff »Slacktivism« (zusammengesetzt aus den Worten »Slacker« und »Activism«) beschreibt ein Phänomen, das regelmäßig im Netz zu beobachten ist: Nutzer sprechen sich im Internet gegen eine Sache aus, klicken auf Like-Buttons, unterschreiben Onlinepetitionen, schließen sich Facebook-Gruppen an usw. – und das war es dann auch schon. Weitere Aktionen, die Geld, Zeit oder Mühe bedeuten, werden nicht getätigt. Ein gutes Beispiel für Slacktivism ist die berühmte Onlinekampagne »Kony 2012«, die die US-Hilfsorganisation »Invisible Children« im März startete. Das Ziel der Aktion war, auf den ugandischen Warlord und Kopf der »Lord's Resistance Army« Joseph Kony aufmerksam zu machen, der ein international gesuchter Massenmörder und Kriegsverbrecher ist, Zehntausende Kinder entführt und zu Kindersoldaten gemacht hat, Mädchen als Sexsklavinnen gehalten hat und für die Vertreibung von Millionen Menschen mitverantwortlich ist. Für den 20. April plante man einen weltweiten Aktionstag, an dem die Menschen auf die Straße gehen und für die Kampagne plakatieren sollten, um Kony noch bekannter zu machen und so Druck auf die Politik auszuüben, ihn endlich zu schnappen. Die Mittel, um die Massen zu erreichen, waren ein knapp 30-minütiges YouTube-Video, eine Webseite und die Social Networks Facebook und Twitter. Der Clip hatte schnell Erfolg und hielt im Juli 2012 bei 90 Millionen Views auf YouTube, was nicht zuletzt der stark emotionalisierenden (manche Kritiker meinten sogar manipulativen) Gestaltung des Beitrags zu verdanken war. Das Video mischte Schockaufnahmen mit Bildern euphorisierter Jugendlicher, die für die Kampagne tätig werden, und dramatischer Musik – hier waren Experten am Werk, die wussten, wie man Gefühle im Zuseher wecken kann.

Weniger perfekt war der Clip in inhaltlicher Hinsicht: Kurz nach dem Start schwappte eine Welle der Kritik an der Kampagne durch die Medienwelt, die von dem Blog »Visible Children« (*http://visiblechildren.tumblr.com*) des kanadischen Soziologie- und Politikstudenten Grant Oyston ausging. So kam schnell ans Tageslicht, dass die Kampagnenmacher mit falschen Fakten gearbeitet und das komplexe Problem stark vereinfacht dargestellt hatten. Außerdem ging das gespendete Geld zu großen Teilen nicht nach Afrika, sondern wurde vielmehr zur Produktion von Kampagnenmaterial wie eben diesem Video genutzt. Der Popularität von »Kony 2012« tat das keinen Abbruch: Die »Invisible Children«-Organisation hielt im Juli 2012 bei mehr als drei Millionen Facebook-Fans, hatte 3,6 Millionen Onlineunterschriften gesammelt und das »Supporter Kit« um 30 Dollar (inklusive Plakaten, Armbändern und Ansteckern) tausendfach in alle Welt verschickt.

Als dann der 20. April und die dafür geplante »Cover The Night«-Aktion kam, war von Kony wenig bis gar nichts zu sehen. Keine Menschenmassen, keine mit Plakaten zugepflasterten Straßen, kaum Dokumente über Aktionen – schlichtweg ein Flop. »›Cover The Night‹ ist daran gescheitert, vom Internet auf die Straße zu kommen«, urteilte etwa der britische Guardian.[128] »Kony 2012« war ein Internet-Phänomen geblieben und hatte so gut wie keine Offlineeffekte. »Viele schließen sich Facebook-Gruppen nicht nur an, weil sie bestimmte Anliegen unterstützen, sondern weil sie glauben, dass es wichtig ist, ihren Freunden zu zeigen, dass sie sich um die Anliegen kümmern«, schreibt etwa der weißrussische Buchautor Evgeny Morozov über das »Slacktivism«-Phänomen. Ähnliche Fälle zu der gescheiterten Kony-Kampagne, die im Internet riesig wirkt und real keine Folgen hat, kann man täglich entdecken. Für die Tageszeitung KURIER etwa recherchierte ich im März 2012 eine Geschichte zu »Slacktivism«.[129] Das Ergebnis: Facebook-Gruppen mit Zehntausenden Unterstützern gegen Atomkraft, für einen tankfreien Tag oder Spenden für die Opfer der Naturkatastrophe in Japan blieben ohne nennenswerte Erfolge in der Offlinewelt. Die Menschen wechselten weder in Scharen zu Ökostromanbietern noch boykottierten sie Österreichs Tankstellen. Kritiker meinen sogar, dass wir durch das Internet das Protestieren verlernen. »Solche Aktivitäten verwandeln das Individuum vom Teilnehmer zum Beobachter und transformieren das, was eigentlich ein Akt des politischen Aktivismus, des Demonstrierens oder des Wählens ist, in einen passiven, harmlosen Akt der persönlichen Unterhaltung«, meint etwa der libanesische Journalist Rami Khouri, der sich mit dem Phänomen auseinandergesetzt hat.[130]

Das Internet ist trotz aller Gegenargumente fixer Bestandteil von neuen sozialen und politischen Bewegungen, und es ist nicht davon auszugehen, dass sich das ändern wird – aus gutem Grund. »Organisation als Gruppe ist das erste Mal in der Menschheitsgeschichte gratis. Früher musste man eine Botschaft auf Papier drucken, Reiter durch die Landschaft schicken oder den Häuptling mit einem Gegengeschäft dazu bringen, um zu etwas zu bewegen. Heute braucht man nur mehr das Internet und eine überzeugende Botschaft. Occupy, unibrennt, die ACTA-Proteste, das sind alles Beispiele dafür«, sagt etwa der österreichische Blogger Helge Fahrnberger, der den Medien-Watchblog *www.kobuk.at* betreibt und am Publizistikinstitut der Universität Wien Onlinejournalismus lehrt. »Es gibt, vereinfacht gesagt, zwei Organisationsformen: die hierarchische Struktur und die Netzwerkstruktur. Oder anders gesagt: Löwen und Ameisen.« Für ihn stehen die »Löwen« für die alte Medienwelt, während die »Ameisen«-Struktur etwa bei Wikipedia, Mundpropaganda, Google, Open-Source-Software oder Modellen partizipativer Demokratie zu finden sei. »Das Internet ist eine gigantische Effizienzmaschine. Diese Effizienz verschiebt die Notwendigkeit, Hierarchien bilden zu müssen, nach hinten«, sagt Fahrnberger. »Die nicht hierarchische Organisation ist wertvoller, weil sie diverser ist. Wenn eine Schwarmintelligenz gut organisiert ist, kann sie schneller zu besseren Ergebnissen kommen als Experten.« Als Beispiel nennt er das GuttenPlag-Wiki, in dem Freiwillige via Onlinezusammenarbeit innerhalb weniger Tage aufdeckten, dass die Dissertation des ehemaligen deutschen Verteidigungsministers Karl-Theodor zu Guttenberg zu großen Teilen aus Plagiaten bestand. Die Plagiatsaffäre trug wesentlich zum Rücktritt des Politikers von seinem Ministeramt im März 2011 bei.

Auch für den bekannten kanadischen Blogger und Buchautor Cory Doctorow, der sich besonders für eine Liberalisierung des Urheberrechts einsetzt, ist klar, dass im Netz organisierte Bewegungen künftig immer öfter Bedeutung erlangen werden. »Dank Computern ist der Aufwand, um Aktionen zu starten, die viele Menschen involvieren, stetig gesunken. Um etwa eine Bewegung wie Occupy ohne Internet zu organisieren, bräuchte man eine strikt organisierte Partei. Früher waren Großaktionen auf Organisationen beschränkt, die wie das Militär strukturiert sind. Heute sind solche Aktionen auch Menschen zugänglich, die nicht organisiert sind und keine gemeinsamen Ziele haben. Vor 15 Jahren war die Hauptbeschäftigung eines Aktivisten, Briefe in Kuverts zu stecken und diese zu verschicken. Heute braucht man weniger als 1 Prozent seiner Zeit dazu, um Leute über etwas zu informieren, und 99 Prozent der Zeit kann man damit verbringen, etwas gemeinsam zu unternehmen. Aktivismus hat enorm durch die Automatisierung und Koordinierung über Netzwerke profitiert und wir werden mehr und mehr davon sehen.«

Von der Vorstellung, dass Social-Media-Dienste plötzlich für Revolutionen und Aufstände sorgen können, kann man sich trotzdem getrost verabschieden. Man kann den Umstand, dass neue soziale und politische Bewegungen Online- und Offlinewelt miteinander verbinden, auch einfach unaufgeregt zur Kenntnis nehmen, wie es etwa die Herausgeber des Buchs »Soziale Bewegungen und Social Media« Hans Christian Voigt und Thomas Kreiml tun. »Soziale Bewegungen entstehen auch nicht im Web, obwohl veränderte Formen der Informationsverbreitung und die Sichtbarkeit von ›rumorenden Bewegungen‹ sicherlich förderlich für die Manifestation dieser Bewegungen sind. Sie bedienen sich ganz einfach der Mittel der Zeit, die gerade da sind, um ihre Bedürfnisse zu erfüllen«, schreiben sie im Vorwort des »Handbuchs für den Einsatz von Web 2.0«. Dass das Internet der Vernetzung und Mobilisierung von Bewegungen dienlich sein kann, ist unbestritten. Viele, die die wirtschaftlichen Entwicklungen in Europa mit Sorge beobachten, sehen bereits einen Anstieg von revolutionären Bewegungen am Horizont – doch wie erfolgreich können diese sein? Nun, es existiert schon ein Beispiel dafür, was nach der Krise passieren kann. Es gibt ein europäisches Land, das seine eigene Revolution nach einer Wirtschaftskrise hatte, das Volk daraufhin seine Regierung aus dem Amt jagte, sich per Crowdsourcing eine eigene neue Verfassung schrieb und Netzaktivisten dabei sind, das fortschrittlichste Internetgesetz der Welt im Parlament durchzuboxen. Sie haben noch nie von diesem Land gehört? Dann nichts wie auf nach Island!

Island – Wegweiser in die Netzzukunft

Ein Land voller Überraschungen

Wenn man Sie fragt, in welchem Land die Demokratie erfunden wurde, dann werden Sie mit großer Sicherheit antworten: in Griechenland. Im antiken Athen, etwa im 5. Jahrhundert vor Christus, wurden direktdemokratische Prinzipien durchgesetzt, die es den freien Bürgern erlaubten, an politischen Entscheidungen zu partizipieren – so wurden führende Ämter jährlich neu besetzt und bei besonders wichtigen Entscheidungen (z. B. Kriegsführung betreffend) wurden Volksversammlungen abgehalten. Nicht mitbestimmen durfte damals freilich ein Großteil der Bevölkerung, weil Frauen, Sklaven und Nicht-Bürger (z. B. Zuwanderer) nicht wahlberechtigt waren. Von Athen jedenfalls, so die allgemeine Auffassung, ist die Demokratie ins alte Rom gekommen, von dort mit einem Umweg über Italien in der Renaissancezeit ins mittelalterliche England und von dort schließlich ins Gebiet der heutigen USA, die mit ihrer Unabhängigkeitserklärung 1776 von der britischen Krone wiederum die folgenreiche Französische Revolution von 1789 beeinflussten.

Um die größte Vulkaninsel der Welt macht die kurze Geschichte der Demokratie meist einen großen Bogen. Island ist neben seinen feuerspeienden Bergen, Geysiren und Gletschern zwar auch für den echten ersten Entdecker Amerikas (der Wikinger Leif Eriksson) sowie seine Lavafelder bekannt, in denen Neil Armstrong und seine Astronautenkollegen für die Mondlandung trainierten. Weit weniger bekannt ist, dass sich der Inselstaat mit gerade einmal 320.000 Einwohnern und einer vergleichsweise kurzen Geschichte (Island wurde erst ab etwa 650 n. Chr. besiedelt) des ersten Parlaments der Welt rühmen kann. Das Althing ist eine altisländische Volksversammlung, die das erste Mal im Jahr 930 stattfand. Die eingewanderten Norweger, auf der Suche nach einem freien und unabhängigen Leben, ließen ihre gesellschaftlichen Angelegenheiten von den sogenannten Goden regeln, »Häuptlingen«, deren Macht sich aus ihrem Besitz der aus Norwegen importierten Tempelsäulen herleitete.

Die Bauern Islands konnten sich frei und geografisch unabhängig für eines der Godentümer entscheiden und Goden und Bauern gelobten sich fortan Treue und Unterstützung (z. B. bei Grenzstreitigkeiten mit anderen Godentümern). Im Althing kamen Goden und die reichsten Bauern jeden Sommer zwei Wochen lang zusammen, vor allem um Rechtsstreitigkeiten zu behandeln. Das oberste Gremium des Althing, die »lögrétta«, setzte sich aus den Goden, neun Vertretern und später zwei Bischöfen sowie Beratern zusammen und diese bestimmten wiederum einen Gesetzessprecher sowie Richter. Die Rolle der Exekutive übernahmen schließlich die Goden, die Geldstrafen einholten oder Verbannungen von Bürgern durchsetzen konnten. Gesetze hatten damals aber nicht verbindlichen Charakter, sondern waren eher freiwillige Übereinkünfte, denen man folgen konnte oder auch nicht. Ein gutes Beispiel dafür ist etwa der Entschluss im Jahr 1000, sich dem Christentum anzuschließen – de facto konnten die Bauern nämlich selbst entscheiden, ob sie ihren alten Göttern entsagen oder nicht.[131]

Heute gibt es das Althing immer noch – denn so heißt das Parlament Islands, das im Herzen von Reykjavík liegt. Bekannt ist die isländische Hauptstadt allerdings nicht, wie erwähnt, für seine jahrtausendealte Tradition der gelebten Demokratie, sondern eher für andere Dinge. Bunte Dächer von niedlichen kleinen Häusern kommen einem in den Sinn, stockdunkle und schier endlose Winternächte und natürlich die eigenwillige Kirche Hallgrímskirkja am Hügel, die in ihrer Form einem Spaceshuttle beim Start ähnelt und so aussieht, als würde sie jeden Moment sprichwörtlich in den Himmel auffahren. Und dann ist da natürlich die weltberühmte Musikszene Islands: Björk, GusGus, Sigur Rós oder múm – die seltsam anmutenden Namen kennen und lieben Alternative-Hörer rund um den Globus. Das Nachtleben – wenn man es im Sommer bei 21 Sonnenstunden überhaupt so nennen kann – gilt vielen als legendär, und das nicht zuletzt wegen der vielen Indie-Bands und Musikfestivals.

Mit der Musikszene kommt man in Reykjavík ziemlich schnell in Berührung, wie ich auf meiner Recherchereise nach Island im Juni 2012 feststellen konnte. Das Apartment nebenan bewohnte ein aufstrebender Musiker, am Ende der Straße lebte ein Mitglied von Sigur Rós in einem kleinen, verträumt wirkenden Häuschen und nach meinem ersten Interview hatte ich die Telefonnummer von Björks Vater in der Tasche (der uns in ein paar Seiten wieder begegnen wird). »Es lebt sich in Island wie in einem Dorf. Jeder kennt jeden und das hat viele Probleme zur Folge«, sagte etwa der Internetunternehmer und engagierte Bürgerrechtler Daði Ingólfsson bei einem Treffen zu mir. »Denn das heißt auch, dass viel hinter den Kulissen passiert. Vor der Krise war die politische Sphäre sehr eng mit dem Finanzsektor verbunden – eben, weil jeder jeden kannte und jeder irgendjemandes Bruder, Onkel oder Vetter war. Es gab keine klare Linie mehr zwischen den Banken und den Politikern.«

Unser Gespräch lenkte sich nicht grundlos auf dieses Thema – schließlich war ich nicht nach Island gekommen, um die neuesten Indie-Bands live zu sehen, sondern wegen der jüngeren politischen Vergangenheit des Landes. Ausgehend von dem Umstand, dass Julian Assange und Daniel Domscheit-Berg nach Island gekommen waren, um die Collateral-Murder-Videos vorzubereiten, arbeitete ich mich in die Geschehnisse der letzten Jahre ein und entdeckte hochinteressante Dinge. Island war 2008 das erste Opfer der globalen Bankenkrise, erlebte dann auf seinen Straßen seine eigene kleine Revolution, ließ eine neue Verfassung von Volksvertretern mithilfe des Internets und insbesondere von Facebook schreiben und lockte die Whistleblower von WikiLeaks ins Land, deren isländische Unterstützer den kleinen Staat mithilfe der »Icelandic Modern Media Initiative« (IMMI) zu einer Schweiz der Bytes, einem Freihafen für Daten, umbauen.

Sicher, Island ist mit gerade einmal 320.000 Einwohnern ein winziges Land, das politisch und wirtschaftlich eine untergeordnete Rolle spielt und geografisch abgelegen ist. Doch wenn sich Netzaktivisten, Bürgerrechtler, Ökonomen, Politiker, Journalisten und Aufdecker heute die Frage stellen, wie es mit Netzpolitik, partizipativer Demokratie, Transparenz und der über allem drohenden Krise weitergehen soll, dann könnten sie sich auch fragen: Was würden die Isländer tun?

Zusammenbruch und Neustart

Als die weltweite Finanzkrise ab 2007, ausgelöst durch eine Immobilienblase in den USA (auch bekannt als »Subprime-Krise«), über den Globus rollte, war das kleine Island der erste der vielen Dominosteine, der fallen sollte. Island war das erste Land, das die Folgen der spekulativen Geschäfte der US-Banken zu spüren bekam – und zwar mit voller Härte. »Die Besitzer und Manager der drei isländischen Banken konnten der Versuchung leicht zugänglicher Anleihen am internationalen Markt nicht widerstehen, um die Größe der Banken zu vervielfachen«, erklärte mir der isländische Historiker Guðni Jóhannesson, der mit dem Werk »Die Krise – Island am Rande des Bankrotts und der Auflösung« die erste große Analyse des Bankencrashs von 2008 geschrieben hat. »Das passierte vor allem zwischen 2003 und 2006. Nach 2006 war es schließlich zu kompliziert, diese Entwicklung wieder rückgängig zu machen, und als die internationale Finanzkrise 2008 über Island hereinbrach, war schnell klar, dass der Staat nicht imstande war, die Banken zu retten – was sich später als Glück im Unglück herausstellte.«

Die Ursache der isländischen Krise (meist einfach »Kreppa« genannt) ist aber nicht nur am internationalen Finanzmarkt zu suchen, sondern auch in den Häfen der Insel. Wie András Szigetvari für die österreichische Tageszeitung »Der Standard« im Juni 2012 recherchierte, liegt die Wurzel des Problems in der Fischerei. Die Fischindustrie war jahrhundertelang das wirtschaftliche Standbein Islands – womit sonst auch hätte man auf einer Vulkaninsel hoch in der nördlichen Hemisphäre Geld machen können. In den 1980er-Jahren begann die Branche aber zu kriseln, da aufgrund der Überfischung das Exportgut Nummer eins, der Kabeljau, gefährlich dezimiert worden war. Staatliche Regelungen sollten der Überfischung Einhalt gebieten – zuerst wurde die Zahl der Fangtage und Boote limitiert, später eine Fangquote für Kabeljau pro Boot eingeführt. Dann erfolgte ein entscheidender Einschnitt: Die Fangrechte durften verkauft werden und das wiederum sollte die isländische Wirtschaft nachhaltig liberalisieren. Denn die Branche konsolidierte sich durch den Aufkauf der Fangrechte durch große Fischer und die Industrie wurde profitabel. Mit dem erfolgreichen Modell und dem frei gewordenen Kapital war der Grundstein für den Privatisierungsprozess gelegt. »Als Erstes wurde die staatliche Fischereibank Útvegsbanki mit drei kleinen Instituten zur ersten isländischen Großbank Íslandsbanki verschmolzen. Es folgte die Privatisierung der späteren Pleitebanken Landsbanki und Kaupthing«, schreibt Szigetvari. »Von Anfang an waren Kreditinstitute und Fischerei verzahnt: Ein großer Fischproduzent, Samherji, war Großinvestor bei Landsbanki und Kaupthing. Burdaras Investment Group, Miteigentümer der Landsbanki, gehörten zahlreiche Zulieferbetriebe. Das erste große Geld machten Banken mit Krediten an Fischer.«[132]

Die isländische Wirtschaft florierte. Zwischen 1995 und 2005 konnte man ein Wirtschaftswachstum von 5 Prozent vorweisen (mehr als alle europäischen Handelspartner), und gemessen am Pro-Kopf-Einkommen war Island das fünftreichste Land der Welt, wie CNN berichtete.[133] Die Fischer waren in dieser Zeit natürlich nicht die Einzigen geblieben, die große Kredite von den Banken bekamen. »Als ich 2007 nach Island zurückkehrte, war ich ziemlich verstört: Die Menschen waren arrogant, haben mit ihrem Geld und ihrem Besitz, mit ihren Autos und ihren Kleidern geprahlt. Leute haben sich plötzlich große Häuser gekauft und sie haben wie Clowns auf mich gewirkt«, erzählte mir der prominente isländische Musiker Guðmundur Torfason bei einem Interview in Reykjavík (Torfason wird uns später noch einmal begegnen). Auch ihm hätte seine Bank damals einen Kredit von einer Million Isländischen Kronen geboten – aus heiterem Himmel und ohne Aufforderung. »Das haben sie vielen anderen Leuten angetan und diese Menschen sind jetzt die Sklaven der Banken. Sie haben ihre Autos verloren, ihre Häuser, und einige wenige profitierten davon, weil sie die richtigen Leute in der Politik kennen.«

Die US-Bankenkrise mit dem Fall der Großbank Lehman Brothers im September 2008 war schließlich der Funke, der über den Atlantik sprang und in Island einen Flächenbrand auslöste. Anfang Oktober musste bereits die isländische Bank Glitnir verstaatlicht werden (sie heißt heute »Íslandsbanki«), eine Woche später die beiden anderen isländischen Banken Landsbanki und Kaupthing. Die unmittelbaren und mittelbaren Folgen des Bankendesasters: Die nationale Währung, die Isländische Krone, verlor innerhalb einer Woche ein Viertel ihres Wertes gegenüber dem Euro und war im Oktober 70 Prozent weniger als noch ein Jahr zuvor wert.[134] Islands Bonität wurde von den Ratingagenturen stark hinuntergestuft und Börse und Wirtschaft brachen massiv ein: Denn die Banken hinterließen dem kleinen Staat die siebenfache Schuldensumme des jährlichen Bruttoinlandsprodukts. Der Zusammenbruch von Landsbanki sorgte außerdem dafür, dass die 320.000

Isländer plötzlich für die Bankeinlagen von 400.000 Briten und Niederländern aufkommen sollten. Eine weitere absurde Folge: Weil britische Bürger fünf Milliarden Dollar bei den isländischen Banken liegen hatten und einige weitere Milliarden investiert hatten, griff der damalige britische Premier auf ein Antiterrorgesetz aus dem Jahr 2001 zurück, um die Vermögenswerte von isländischen Unternehmen in Großbritannien einzufrieren. Denn dank diesem kann das Schatzamt dies veranlassen, wenn es begründeten Verdacht hegt, »dass Handlungen von einer Person oder mehreren zum Nachteil der Wirtschaft des Vereinigten Königreichs (oder Teilen davon) unternommen wurden [...]« und – als zweite notwendige Bedingung – wenn »diese Person die Regierung [...] eines Landes außerhalb des Vereinigten Königreichs ist«.[135] Damit klassifizierte Großbritannien das kleine Island, das nicht einmal eine eigene Armee hat, als Feind, was bei der isländischen Bevölkerung noch 2012 für großes Unverständnis sorgte – zumal man damit in eine Reihe mit Al Kaida und Nordkorea gestellt wurde.

»Als die Banken kollabierten, wurden sie in ›good banks‹ mit isländischen Anlagen und Vermögen und ›bad banks‹ mit Anlagen und Schulden im Ausland, die nicht zurückgezahlt wurden, eingeteilt, und zusätzlich wurden die ›bad banks‹ später verkauft«, sagt der isländische Historiker Guðni Jóhannesson. »Zusätzlich gab es Untersützung vom Internationalen Währungsfonds und Kürzungen bei den Staatsausgaben.« Rein wirtschaftlich gesehen waren die Maßnahmen erfolgreich und im Sommer 2012 konnte der isländische Außenminister Össur Skarpheinsson gegenüber der New York Times jubeln, die Krise besiegt zu haben. »Island war das erste Land, das abgestürzt ist, und es ist das erste, das wieder hochkommt.«

Viele Bürger Islands sehen das wohl nicht so; immerhin sind sie es, die die Krise – auch heute noch – ausbaden müssen. Die Arbeitslosigkeit ist in Island nach dem Bankencrash stark gestiegen, die Preise für Lebensmittel und Benzin sind teilweise explodiert (schließlich wird vieles importiert), und die Hauskredite, die sie in den Jahren zuvor aufgenommen hatten, haben viele in den Ruin geritten. Ein Taxifahrer, der früher die Chefetage der Kaupthing-Bank durch die Gegend kutschierte, erzählte mir etwa, dass er sich einen Ausflug zur populärsten Attraktion Islands, der Blauen Lagune, für seine Familie und sich nicht mehr leisten könne. Oder der Touristenführer Rodrigo, der Besuchern des Landes heute mit einem Kleinbus die wichtigsten Sehenswürdigkeiten zeigt, hatte früher einen Top-Job als Geologe. Nun kommt er nur dank Tourismus über die Runden. Damit die tragischen Schicksale jener, denen die Krise vieles (oder alles) geraubt hat, nicht vergessen werden, hat die isländische Autorin Alda Sigmundsdóttir zehn davon in »Living Inside The Meltdown« (auch als E-Book unter *http://icelandweatherreport.com*) festgehalten. Es sind tragische Geschichten: Familien mussten ihre Häuser verkaufen, wanderten aus, verloren ihre gesamten Ersparnisse oder ihre Jobs. Die Krise hatte aber noch einen anderen Effekt: Viele Bürger wachten auf, interessierten sich plötzlich wieder für Politik und fanden sich schließlich auf der Straße inmitten ihres eigenen Aufstands wieder: der »Töpfe-und-Pfannen-Revolution«.

Die Kochtopfrevolution

»In Island machte man sich oft über die Leute lustig, die protestieren gehen. Sie machen ihrem Ärger Luft, aber dann gehen sie einfach wieder nach Hause. Ich aber will Resultate.« Der Isländer Hörður Torfason ist das, was man einen Mann der Tat nennen kann. Künstlerisch gesehen ist er ein Tausendsassa, hat mehr als 20 Platten veröffentlicht, Theaterstücke und Gedichte geschrieben, in Filmen mitgespielt hat und jahrelang als Troubadour über die Insel gereist ist. In Island ist er ein Star und überall bekannt – aber das hat noch einen anderen Grund: Torfason ist der Initiator der »Töpfe-und-Pfannen-Revolution« (oft auch »Kochtopf-« bzw. »Küchenzeug«Revolution), die Anfang 2009 nach dem Ausbruch der Krise die damalige isländische Regierung aus dem Amt jagte, und somit mitverantwortlich dafür, dass Demonstranten in Island heute sehr viel ernster genommen werden als noch vor einigen Jahren.

Dass die Kochtopfrevolution in Torfason ihren Anführer fand, ist kein Zufall, wie er bei einem Treffen im Café Paris gegenüber dem isländischen Parlament klarmachte. »Unsere Gesellschaft ist auf vielen verschiedenen Institutionen aufgebaut, die uns alle kontrollieren«, sagt Torfason. »Meine Rolle als Künstler ist es, das aufzuzeigen und die Leute zu motivieren.« Das Engagement des Künstlers (Jahrgang 1945) kommt nicht von ungefähr. Zum einen sieht er es als seine Lebensaufgabe, Menschen zu inspirieren, und zum anderen hat er selbst auf die harte Tour lernen müssen, für eine Sache einzustehen: Nachdem er sich 1975 als erster Homosexueller Islands geoutet hatte (er war damals bereits ein Medienstar), bekam er die volle Ablehnung der Gesellschaft zu spüren. Von verbalen Attacken bis hin zur Morddrohung wurde der erfolgsverwöhnte Torfason plötzlich mit der gesamten Bandbreite sozialer Zurückweisung konfrontiert.

»Ich war sehr erfolgreich, ich war überall. Als ich mich dann outete, verlor ich alles und floh aus dem Land.« Abgesehen von seinen Eltern, die ihm immer sagten, er solle einfach er selbst sein, wurde ihm seine Homosexualität als Krankheit und Verbrechen vorgeworfen. Erst als Torfason in Kontakt mit anderen Schwulen in Europa kam, die sich mit der Ablehnung großer Teile der damaligen Gesellschaft abgefunden hatten, fasste Torfason wieder Selbstvertrauen und kehrte gestärkt in sein Heimatland zurück. Dort gründete er 1978 die erste isländische Schwulenbewegung namens »Samtökin 78«, die bis heute die Interessen und Rechte von homo-, bi- und transsexuellen Menschen in Island vertritt und verteidigt. Torfason lernte damals eine wichtige Lektion: Mit einem echten Anliegen kann auch ein Einzelner etwas erreichen.

Dieses Know-how setzte der ab 1978 auch als Menschenrechtsaktivist zu bezeichnende Künstler einige weitere Male ein. Im Sommer 2008 kam Torfason zu Ohren, dass der kenianische Asylant Paul Ramses in einer Nacht-und-Nebel-Aktion von den Behörden von seiner Frau und seinem jungen Sohn getrennt und nach Rom abgeschoben worden war. Von der Ungerechtigkeit angewidert, zögerte Torfason nicht lange und startete eine Ein-Mann-Demonstration vor dem isländischen Justizministerium, mit dem Ziel, Ramses wieder ins Land zurückzuholen. »Die Behörden mögen es nicht, wenn man Lärm macht«, erzählt Torfason, und deswegen machte er genau das: viel Lärm. Er kündigte an, jeden Tag 20 Minuten vor dem Ministerium zu demonstrieren, bis Ramses (den es Anfang 2008 als politischen Flüchtling nach Island verschlagen hatte) ein faires Verfahren bekomme. Mit der wachsenden Unterstützung anderer und großem medialen Interesse erreichte Torfason schließlich sein Ziel: Ramses durfte nach Island zurückkehren, bekam einen fairen Prozess, lebt heute mit Frau und Kindern in Reykjavík und kandidierte 2010 sogar für das Amt des isländischen Präsidenten. Torfason hatte derweil aber andere Sorgen. Kurz nach dem Erfolg im Fall Ramses sah sich der Künstler wieder genötigt, auf die Straße zu gehen. Denn im Herbst 2008 brach die Bankenkrise über Island herein.

»Die Leute waren verwirrt und verängstigt und der Premierminister rief im TV die Hilfe Gottes an«, erzählt Torfason über die wirren Zeiten. Wie viele andere war auch er vom Bankencrash überrumpelt und wollte Aufklärung über die Katastrophe, die so viele Isländer wie aus dem Nichts traf. Also machte sich Torfason wieder auf, um unangenehme Fragen zu stellen und Lärm zu machen. Am 10. Oktober 2008 versammelte sich die erste zornige Menge vor der isländischen Zentralbank, unter ihnen auch der bekannte Künstler. Weil die Aktion den Organisator offensichtlich überforderte, gab dieser die Führerschaft dankend an den erfahrenen Torfason ab, der wusste, wie man Demonstrationen erfolgreich organisiert.[136] Sein erster Schritt: Torfason verlegte den Schauplatz der Proteste auf den Austurvöllur, den Platz vor dem isländischen Parlament. Jeden Tag um zwölf Uhr mittags stellte sich der Bürgerrechtler neben die Statue des Politikers Jón Sigurðsson, der im 19. Jahrhundert für die Unabhängigkeit Islands von Dänemark kämpfte, und wartete darauf, dass die Abgeordneten Mittagspause machten. So konnte er ihnen von Angesicht von Angesicht zwei brennende Fragen stellen: »Was passiert gerade mit unserem Land?« und »Was können wir dagegen tun?«

Die Antworten, die Torfason von den Parlamentariern bekam, waren erwartungsgemäß unbefriedigend: »Entweder haben sie genauso wenig gewusst wie ich oder sie haben mich angelogen«, so der Aktivist. Groß angelegte Proteste waren dann jedenfalls Torfasons Antwort: Auf der Straße sprach er Leute an, ihm bei der Organisation von Demos zu helfen, mietete Lautsprecher und meldete Kundgebungen bei der Polizei an, und ein junger IT-Unternehmer erklärte sich gleich vor Ort bereit, eine Webseite für die Bewegung einzurichten. »Das Internet war vital für die Protestbewegung«, sagt Torfason. »Vor allem Facebook ist sehr wertvoll. In Island gehören die Zeitungen den Politikern. Facebook ist zu unserem Forum für Debatten geworden. In den Zeitungen wird die Propaganda der Politiker wiedergegeben, die Kritiker aber finden sich auf Facebook.«

Die virale Strategie hatte Erfolg: Woche für Woche kamen mehr Menschen zu den Kundgebungen am Samstag, wohl auch angezogen von den vielen bekannten Künstlern, die Torfason vom Mitmachen überzeugen konnte. In Gesprächen mit den Bürgern kristallisierten sich in den folgenden Protestwochen drei Forderungen heraus, die Torfason als Anführer formulierte (das Konsensprinzip lässt grüßen): Erstens sollte die Regierung zurücktreten, zweitens sollte der Vorstand der Nationalbank zurücktreten und drittens forderte man den Rücktritt des Vorstands der Finanzdienstleistungsaufsicht »Fjármálaeftirlitið«. Ihnen allen wurde Versagen auf ganzer Linie vorgeworfen. Parallel zu den Straßenkundgebungen, die anfangs seitens der Politik nicht ernst genommen wurden, verschickten die immer zahlreicher werdenden Helfer von Torfason Briefe an Ministerien und sammelten Spenden für die Finanzierung der Demonstrationen. Einnahmen und Ausgaben wurden dabei vorbildlich auf der zugehörigen Facebook-Seite transparent gemacht.

Nach mehreren Wochen des offenen Protests war es für Torfason schließlich an der Zeit, eine ganz große Nummer zu veranstalten. Für den 20. Jänner 2009 – dem Tag, an dem die Parlamentsabgeordneten aus den Weihnachtsferien zurückkamen – setzte er eine Großdemonstration an, der er den Namen »Töpfe-und-Pfannen-Revolution« gab. »Putzt euer Geschirr und trainiert eure Stimmen. Ich werde euch bitten, sie bald zu gebrauchen«, forderte er die Bürger Islands auf. Viele waren Feuer und Flamme, wie etwa der junge Architekt und Künstler Guðni Valberg, der gleich ein Logo für die ausgerufene Revolution entwarf: Ein Kochlöffel und ein Kochtopf kreuzen sich auf rotem Grund inmitten eines Lorbeerkranzes, darüber steht ein fünfzackiger Stern. »Da ist die Hölle losgebrochen«, erzählt Torfason. Ausgerüstet mit Motto, Küchenutensilien und einem druckfrischen Logo (sogleich auf Fahnen, Flyer und T-Shirts gedruckt) umringten Tausende Isländer am 20. Jänner das isländische Parlament, schlugen mächtig Lärm und erhellten die dunklen Tage (um die Jahreszeit gibt es in Island pro Tag gerade einmal vier bis fünf Stunden Tageslicht) mit großen Feuern. Vier Tage lang dauerte die Kochtopfrevolte an und am Ende der Woche durfte die aufgebrachte Menge endlich jubeln: Zuerst trat ein Minister zurück, am Montag darauf die Regierung, gefolgt von der Finanzdienstleistungsaufsicht. Der Vorstand der Nationalbank hielt sich noch einige Wochen im Sattel, musste jedoch schließlich ebenfalls das Handtuch werfen. Am 14. März hielt Torfason seine letzte Kundgebung ab und legte dann die Führung der Bewegung nieder.

»Der Crash hat wundervolle Charaktere hervorgebracht, die bewundernswerte Arbeit leisten und uns täglich an die Folgen der Krise erinnern«, sagt Torfason. Die Leute seien aufgewacht, zuerst in Island und 2011 endlich auch in anderen Teilen Europas. »2008 habe ich Leute aus England, Deutschland, Spanien, Frankreich gefragt: Was ist eure Reaktion auf den Crash? Die haben das damals nicht verstanden, dass wir es mit dem größten Bankencrash der Geschichte der Menschheit zu tun haben.« Heute hätten die Menschen endlich Interesse an der isländischen Kochtopfrevolution und er berichtet von seinen Erlebnissen in Spanien, Frankreich, Südafrika und den USA. »Die Leute auf der ganzen Welt wachen auf, von Europa bis in die USA. Sie realisieren, dass internationale Businessleute das große Geld machen, ohne Rücksicht auf Verluste«, so der isländische Aktivist. »Das Internet ermöglicht etwas, was es nie zuvor in der Geschichte gegeben hat: Menschen von verschiedenen Kontinenten können Ideen austauschen, WikiLeaks wäre ohne dem Netz nicht passiert.«

Zwar gibt Torfason heute seine Erfahrungen, die er in Island gemacht hat, gerne an andere Aktivisten weiter, doch immer mit Vorbehalt: »Die EU ist ein Riesentanker, Island ist ein kleines Fischerboot. Das Ruder eines kleinen Bootes herumzureißen geht relativ einfach, aber die EU wird dazu eine lange Zeit brauchen. Wenn man die Straßen Spaniens entlanggeht, wird man traurig. Es gibt so viele Obdachlose, Leute ohne Arbeit, und das Schlimmste: Die Jungen haben nicht nur keine Arbeit, sie haben keine Zukunft.«

In all der Euphorie über die erfolgreiche isländische Minirevolution gibt es auch kritische Stimmen. »Sie hat natürlich zu fundamentalen Änderungen in der Stadtverwaltung geführt, in Reykjavík hat der Comedian Jón Gnarr einen großen Sieg davongetragen und ist Bürgermeister geworden«, so Historiker Guðni Jóhannesson. »Aber Grundlegendes hat die Kochtopfrevolution nicht geändert. Der Großteil der Isländer denkt nicht revolutionär, die wollen Mittelklasse sein, sind immer noch materialistisch gesinnt, und es ist auch nichts falsch daran.«

Die WikiLeaks-Connection

Die Bankenkrise Islands hatte nicht nur protestierende Massen vor dem Parlament zur Folge, sondern den Beginn einer kleinen – und dramatisch endenden – Liebesgeschichte zwischen dem kleinen Land und WikiLeaks. Assanges Whistleblower-Plattform bekam im Sommer 2009 von Unbekannten interne Dokumente der isländischen Kaupthing-Bank zugespielt, die am 30. Juli veröffentlicht wurden und in Island für großes Interesse und noch größere Empörung sorgten. Das 210 Seiten starke Dokument, das WikiLeaks ins Netz stellte und noch heute auf Spiegel-Seiten zu finden ist, war im

Wesentlichen eine Liste der Schuldner der Kaupthing-Bank – und die hatte es in sich. Die Liste war bei einem internen Meeting der drittgrößten Bank Islands am 25. September 2008 erstellt worden – also nur wenige Wochen vor dem Kollaps und der Notverstaatlichung von Kaupthing, Glitnir und Landsbanki.

Aus dem Dokument ging hervor, dass die Bank riesige Kredite an ihre eigenen Großaktionäre vergeben hatte, teilweise ohne Sicherheiten. Allein die fünf wichtigsten Kreditnehmer sollen umgerechnet fünf Milliarden Euro erhalten haben, insgesamt soll der Kreditrahmen 6,4 Milliarden Euro betragen haben. Außerdem soll Kaupthing Millionen Euro an eigene Aktionäre vergeben haben, die mit dem Geld Anteile der Bank kaufen konnten, um deren Wert künstlich in die Höhe zu treiben.[137] Alles in allem fanden in Island also zwielichtige Geschäfte statt, wohl in dem Wissen, dass das Ganze ohnehin bald in sich zusammenbrechen würde. Für WikiLeaks in seiner Rolle als Aufdecker von Missständen war die Sache klar: Das Dokument musste ans Tageslicht, und die Veröffentlichung hatte viele kritische Medienberichte zur Folge. »Die Isländer begriffen, dass ihre Ausbeutung System gehabt hatte: Sie müssten den Bankrott ihres Staates und der Sozialkassen über Generationen abbezahlen, während sich Banker die Taschen gefüllt hatten«, schreibt Ex-WikiLeaks-Mitglied Daniel Domscheit-Berg in seinem kontroversiell aufgenommenen Buch »Inside WikiLeaks«.[138]

Die Kaupthing-Bank hatte ihrerseits wenig Verständnis für den Leak und unterband mit einer einstweiligen Verfügung die Berichterstattung über das brisante Dokument am Tag der Veröffentlichung durch den isländischen TV-Sender RÚV, der dann einfach nur den Link zu der WikiLeaks-Webseite zeigte. »Island warf einen Blick auf seine korrupten Dunkelmänner und entwickelte ein inniges Verhältnis zu WikiLeaks«, schreibt Buchautor Gerd Rueger (»Julian Assange – Die Zerstörung von WikiLeaks?«). »Julian Assange und Daniel Domscheit-Berg sollten sich dort später sehr wohlfühlen und sogar bekannte Persönlichkeiten werden, bevor der deutsche Medienkonsument auch nur von WikiLeaks flüstern konnte.«[139]

Kurz nach dem Leak nahm der isländische Student Herbert Snorasson von der Universitätsgruppe »Félag um stafraent frelsi Íslandi« (Verein für digitale Freiheit in Island, FSFÍ) mit dem WikiLeaks-Team Kontakt auf und lud es auf eine Konferenz mit dem Thema »Digitale Freiheiten« ein. Domscheit-Berg überzeugte Assange mit der Bemerkung, in Island gebe es statistisch gesehen die schönsten Frauen der Welt, die Einladung anzunehmen, und im November 2009 trafen die beiden in Reykjavík ein. Außer auf der Konferenz traten Assange und Domscheit-Berg auch in der Show des populären Talkmasters Egill Helgason auf, wo sie über den Kaupthing-Leak und die Idee von Island als einen »Freihafen für Informationen« (dazu später mehr) sprachen. Das brachte WikiLeaks noch mehr Sympathien ein, und Domscheit-Berg schrieb später, dass sie wie Volkshelden behandelt worden seien: Sie wurden auf der Straße gegrüßt, im Supermarkt umarmt und in Lokalen auf Schnaps eingeladen. Domscheit-Berg ließ sich in Reykjavík außerdem das WikiLeaks-Logo tätowieren, das aber nur halb fertig wurde und mit dem der Ex-WikiLeaker noch heute herumläuft.[140]

In Island lernten die beiden WikiLeaks-Köpfe einige andere Netzaktivisten kennen, darunter den Halbiren Smarí McCarthy und die Künstlerin Birgitta Jónsdóttir, die im Zuge der Krise und der Kochtopfrevolution mit ihrer Kleinpartei Hreyfingin (»Die Bewegung«) ins Parlament eingezogen war und einen der drei Sitze der Partei hielt. Abgesehen von persönlichen Sympathien verstanden sich die Isländer und die WikiLeaker aber auch inhaltlich: Um gemeinsam an IMMI (»Icelandic Modern Media Initiative«) zu arbeiten, kamen Assange, Domscheit-Berg sowie weitere Netzaktivisten wie Jacob Applebaum und Rop Gonggrijp im Jänner 2010 zurück nach Reykjavík – ein »Allstar-Team«, wie Birgitta Jónsdóttir, die die Verbindung ins isländische Parlament übernahm, mir in einem Interview erklärte. Sie wurde zur treibenden Kraft hinter IMMI, engagierte Anwälte für die Ausarbeitung juristischer Texte und organisierte sogar einen Termin im isländischen Parlament, wo die Netzaktivisten den Gesetzesvorschlag vorstellten (bei sehr mäßigem Interesse seitens der Abgeordneten).

In den etwa vier Wochen, in denen Assange und seine Mitstreiter in einem zunehmend verdreckten Apartment im Fosshotel lebten, unter Druck arbeiteten und nicht wesentlich vorwärtskamen, entstanden auch jene Spannungen, die später zu dem Bruch der Freundschaft zwischen Domscheit-Berg und Assange führen sollten. Domscheit-Berg kam immer weniger mit dem Führungsstil und dem Machtgehabe des WikiLeaks-Gründers zurecht, und nach verbal ausgetragenen Streitereien buchte er sich schließlich am 5. Februar 2010 einen Flug zurück nach Berlin, um dort zuerst im Keller des Chaos Computer Clubs unterzutauchen und wenig später seine heutige Frau Anke kennenzulernen.

Die Arbeit an IMMI wurde dann aber nicht nur von den Streitigkeiten zwischen Assange und Domscheit-Berg unterbrochen, sondern auch von einer hochbrisanten Einreichung. WikiLeaks startete in Reykjavík die Arbeit an »Project B«: Der Whistleblower-Plattform war ein 38-minütiges Video zugespielt worden, das am 12. Juli 2007 von einer Bordkamera eines Apache-Hubschraubers im Irak aufgezeichnet worden war und die Tötung von mindestens elf Menschen, darunter zwei Reuters-Journalisten, dokumentierte. Drei Monate hatte es gedauert, die verschlüsselte Datei zu dekodieren, dann konnte man sich mit ihrem Inhalt befassen. Im Café Paris zeigte Assange Jónsdóttir das Video. Wenn auch nicht auf den ersten Blick, so wurde doch schnell klar, dass sie etwas ganz Großes hatten.

Assange bezog in der Grettisgata-Straße in Reykjavík unter Vortäuschung falscher Tatsachen (er sei Journalist und am Ausbruch des Vulkans Eyjafjallajökull interessiert) ein Haus, das künftig ihm und isländischen Aktivisten, darunter Jónsdóttir, Gonggrijp und die beiden neu dazugestoßenen Isländer Kristinn Hafrnsson (TV-Journalist) und Ingi Ragnar Ingason (Filmemacher), als Stützpunkt diente. Das explosive Videomaterial wurde von dem Team zu dem berühmten 18-Minuten-Clip zusammengeschnitten, der so folgenreich sein sollte. Hafrnsson und Ingason wurden außerdem mithilfe von WikiLeaks-Spendengeldern, die bei der Wau-Holland-Stiftung lagen, nach Bagdad zu Recherchen geschickt, um etwa die bei dem tödlichen Vorfall anwesenden beiden Kinder ausfindig zu machen und zu interviewen.

Die Aktivistengruppe sollte auch kurz über einen möglichen Namen für das Video diskutiert haben (u. a. war auch »Permission to Engage«, »Feuer frei« eine Option), aber Assange hatte mit der Registrierung der Webadresse *www.collateralmurder.com* ohnehin schon eigenmächtig die Entscheidung getroffen. Und so sollte es schließlich am 5. April zu der Veröffentlichung des »Collateral Murder«-Video kommen, das bis Juli 2012 mehr als 12,5 Millionen Mal abgerufen wurde und neben »Cablegate« der wohl wichtigste Leak der Whistleblower war. Assange verließ Island zur Präsentation des Leaks Richtung New York, und in den letzten Stunden in dem Haus in der Grettisgata-Straße soll Assange auch den berühmten Guy-Fawkes-Reim »Remember remember the fifth of November« zitiert haben, der heute in Bezug zu Anonymous immer wieder aufkommt.

Ende 2010 eröffnete WikiLeaks außerdem über die Gesellschaft »Sunshine Press Productions« seinen Firmensitz in Reykjavík und als Verantwortliche treten neben Assange auch Hafrnsson und Ingason auf.[141] Als Zweck wird die Produktion von Videos und TV-Programmen angegeben, von denen allerdings bis Sommer 2012 noch nichts zu sehen war. In Island war es schließlich auch, wo WikiLeaks einen wichtigen Sieg im Rechtsstreit gegen Visa und Mastercard errang: Ein isländisches Gericht urteilte im Sommer 2012 gegen den Zahlungsabwickler Valitor, dass die Blockade der Spendenkonten von WikiLeaks Ende 2010, kurz nach dem »Cablegate«-Leak, unrechtmäßig waren.

IMMI – Die Schweiz der Bytes

Die Zeit von WikiLeaks in Island hat bis heute weitreichende Auswirkungen auf ihre Protagonisten. Daniel Domscheit-Berg hat Assange seither nicht mehr wiedergesehen, sich im Streit von der Whistleblower-Plattform getrennt und ein Buch veröffentlicht, das einerseits tiefe Einblicke in die inneren Prozesse von WikiLeaks gewährte und andererseits von vielen Beteiligten ziemlich schlecht aufgenommen wurde. Dem US-Soldaten Bradley Manning, der das Videomaterial von »Collateral Murder« auf einer mit »Lady Gaga« beschrifteten CD aus dem Stützpunkt 60 Kilometer östlich von Bagdad geschmuggelt haben soll, droht lebenslange Haft in einem Prozess, der wohl erst 2013 beendet sein könnte. Assange selbst befindet sich seither auf der Flucht vor den US-Behörden und Mitwirkende wie Birgitta Jónsdóttir und Jacob Applebaum mussten die Herausgabe ihrer Daten auf Twitter bzw. stundelange Befragungen bei der Einreise in die USA, Island etc. über sich ergehen lassen.

Ein Vermächtnis von WikiLeaks an Island ist auch die »Icelandic Modern Media Initiative« (IMMI) – könnte man zumindest meinen. Laut Birgitta Jónsdóttir hatte die Idee dazu John Perry Barlow, der Gründer der Electronic Frontier Foundation und Verfasser der »Unabhängigkeitserklärung des Cyberspace« (siehe *https://projects.eff.org/~barlow/Declaration-Final.html*). Die Idee stellte er 2008 auf einer Konferenz der »Icelandic Digital Freedoms Society« vor, der unter anderem von Smarí McCarthy angehört, der in diesem Kapitel eine tragende Rolle spielen soll. Diese Kernidee setzte sich seither in den Köpfen von isländischen Aktivisten und einigen anderen fort.

Assange und Domscheit-Berg etwa rührten ebenfalls am Chaos-Computer-Club-Kongress 26C3 Ende 2009 kräftig die Werbetrommel für IMMI und arbeiteten an der Durchsetzung des für viele modernsten Mediengesetzes der Welt, das Pressefreiheit im digitalen Zeitalter garantieren, Whistleblower und Aufdeckerjournalisten schützen und Island zu einem Freihafen für Daten, einer Schweiz der Bytes, machen soll. Doch während viele der damals Mitwirkenden heute andere Sorgen haben und andere Ziele verfolgen, arbeiten einige weiter an IMMI – Smári McCarthy etwa, der sich selbst als »information activist« bezeichnet und in Reykjavík das »International Modern Media Institute« (ebenfalls kurz IMMI) leitet, dessen einziger Vollzeitangestellter er selbst ist. McCarthy, mit dem ich in Reykjavík einen langen Abend samt Interview, Insiderstorys und einigen Bieren verbrachte, hat auch am »Collateral Murder«-Video mitgearbeitet und steht deswegen auf der schwarzen Liste der US-Behörden. Wenn er in die USA einreist, muss er ein paar Stunden für Befragungen zu WikiLeaks einrechnen, und beim Besuch einer Konferenz in Washington verfolgten ihn in der Nacht FBI-Agenten, um ihn zum Verhör zu bitten. Auch deswegen ist er in bestimmten Kreisen weltweit bekannt – immerhin meidet er in Büchereien die Ecke mit den Titeln über WikiLeaks, weil er in fast jedem vorkommt.

Wie bei vielen anderen Netzaktivisten mischt sich bei McCarthy eine Vergangenheit als jugendlicher Hacker und Bastler mit einer großen Portion Idealismus und der Fähigkeit, Dinge kritisch zu hinterfragen. Als Mitglied der Hightech-Werkstatt FabLab hat er etwa geholfen, selbst gebastelte, sogenannte FabFi-Sender (*http://fabfi.fablab.af*) rund um die afghanische Stadt Jalalabad zur Versorgung der Bevölkerung mit schnellem Internet aufzubauen, die bis heute genutzt werden. »Das IMMI-Projekt wurde 2010 gegründet und ich bin seit dem ersten Tag mit dabei«, sagt McCarthy, der Vollzeit für IMMI arbeitet und von einer Handvoll von Freiwilligen (Anwälte, Politiker, Aktivisten, Hacker) und insbesondere von Birgitta Jónsdóttir im Parlament dabei unterstützt wird.

Die grundlegende Idee ist folgende: IMMI pickt sich aus verschiedensten Ländern (z. B. Schweden, Belgien, USA, Deutschland) die jeweils besten Gesetze für freie Medien und Meinungsäußerung heraus und schnürt daraus ein Paket, das vom isländischen Parlament beschlossen werden soll und in Folge nicht nur den Isländern, sondern in Zeiten des Internets auch Ausländern zugutekommen kann. Wie McCarthy in seinem Statusbericht im April

2012 festhält,[142] ist aber erst ein Punkt des elfteiligen Katalogs verwirklicht worden: der Quellenschutz. Er ist als Teil eines neuen Mediengesetzes in Island in Kraft und verbietet es Mitarbeitern von Medienunternehmen, die Identität von Quellen preiszugeben, deren Insiderinformationen in Artikeln, Büchern und anderen Publikationen veröffentlicht werden. Bei Ermittlungen zu kriminellen Aktivitäten muss ein Richter der Preisgabe der Identität erst zustimmen – insgesamt will IMMI also maximale Anonymität für Informanten erreichen.

Die anderen zehn Punkte, die für IMMI ausgearbeitet wurden, befanden sich im Sommer 2012 in unterschiedlichen Stadien. In Zusammenarbeit mit dem Verfassungsrat, der für Island eine neue Verfassung ausgearbeitet hat, haben die IMMI-Unterstützer einige zentrale Punkte in diesen neuen Entwurf (dazu später mehr) eingebracht. Etwa ein neues Gesetz der Informationsfreiheit: Diese sieht vor, dass alle Staatsdokumente automatisch öffentlich zugänglich sind und nur in Ausnahmefällen unter Verschluss gestellt werden können. Derzeit ist es andersherum: Man muss die Offenlegung von Dokumenten fordern, die sonst alle nicht zugänglich sind. Auch ein neuer Schutz der privaten Kommunikation ist vorgesehen, der die in Island bereits früh in Kraft getretene Vorratsdatenspeicherung zurückdrängen könnte, die sechs Monate speichert, wer mit wem via E-Mail, SMS oder Handy kommuniziert. Weitere Punkte sollen die Haftung von Journalisten bei verleumderischen Aussagen von Personen, die sie in Artikeln wiedergeben, senken und die Möglichkeit einstweiliger Verfügungen gegen Berichterstattung reduzieren. Der größte Brocken ist aber wohl ein neues Gesetz zum Schutz von Whistleblowern vor Regierungen und Unternehmen, was deren Identität und auch ihre physische Sicherheit angeht. Vertrauenswürdige Ombudsmänner sollen zwischen ihnen und der Öffentlichkeit vermitteln, und zudem sollen finanzielle Anreize mehr Menschen dazu anregen, Korruption etc. aufzudecken. Ein weiterer Punkt betrifft den sogenannten »Libel-Tourismus«: IMMI soll künftig verhindern, dass Urteile, die in anderen Staaten gefällt werden, in Island vollstreckt werden können.

»Island ist ein sehr kleines Land, und das bietet uns einfachen, direkten Zugang zu Politikern. Die Finanzkrise hat die Menschen außerdem dazu gebracht, einmal über Ideen nachzudenken, die ein bisschen verrückter sind als sonst üblich. Und drittens sind wir verrückt genug, es einfach zu probieren«, sagt McCarthy über IMMI. »Irgendwann wird sicher jemand kommen und sagen, dass wir das nicht tun können. Aber dann werden wir es schon durchgezogen haben.« Bis dahin hat McCarthy aber noch viel Arbeit vor sich und er und das IMMI-Projekt stehen unter Zeitdruck. Einerseits ist viel von der Ratifizierung der neuen Verfassung abhängig und andererseits könnte sich das Zeitfenster für IMMI mit der nächsten Wahl wieder schließen. Danach, so befürchtet McCarthy, könnte sich das Parlament, das die vorgeschlagenen Gesetze ja verabschieden muss, anders zusammensetzen als heute. »Gegen IMMI gibt es schon jetzt großen Widerstand im rechten, konservativen Flügel«, so der Informationsaktivist, und die Arbeit am »Datenfreihafen Island« werde zunehmend zermürbend.

Bis zum Sommer 2012 hat IMMI noch kein ausländisches Medium anziehen können, um sich unter den Schutzschirm des neuen Mediengesetzes zu stellen – somit fehlte IMMI bei meinem Besuch auch noch der Beleg eines praktischen Erfolgsbeispiels. Theoretisch könnte das so aussehen: Ein ausländisches Medium könnte seine Aufdecker- und Enthüllerstorys auf eine eigene Webseite ausgliedern, die in Island gehostet wird und sich damit den Behörden des spezifischen Landes, in dem das Medium seinen Hauptsitz hat, entzieht – kritische Geschichten könnten dann nicht mehr so einfach wie beispielsweise in Großbritannien (Stichwort »super-injunction«) verhindert, gelöscht oder im Nachhinein verändert werden. Möglich ist aber auch, dass man eine Tochterfirma (etwa Nachrichtenagenturen wie AP oder Reuters) in Island aufmachen müsste, um den besonderen IMMI-Schutz beanspruchen zu können.

»Ich habe keine Ahnung, ob das alles wirklich funktionieren wird, aber wenn es funktioniert, haben wir einen großen Sieg errungen«, sagt McCarthy. »Bis Ende 2013 müssen wir wirklich noch viel erledigen. Wir könnten daran wahrscheinlich ewig arbeiten, aber ich will das nicht zu meinem einzigen Lebensinhalt machen. Wenn es nichts wird, muss ich mir ein Land suchen, in das ich auswandern kann. Spanien soll sehr schön sein.«

Grüne Datencenter

Damit Island ein Datenfreihafen der Sonderklasse wird, braucht es nicht nur entsprechende Gesetze, sondern auch attraktive wirtschaftliche Rahmenbedingungen. Und die sind gegeben, ist man sich auf der »Insel der grünen Datencenter«, wie man in Fachkreisen bereits sagt, sicher. »Unsere Energie ist zu 100 Prozent grün«, sagt etwa Einar Hansen Tómasson von der staatlichen Investitionsagentur Islands »Invest In Iceland«. Thermal- und Wasserkraftwerke sorgen dafür, dass Islands Energiegewinnung CO_2-neutral ist, und das ist der wohl größte Trumpf des kleinen Landes. Denn weltweit stehen IT-Konzerne wie Apple, Google, Facebook oder Amazon unter Zugzwang: Berichte wie jener der Umweltschutzorganisation Greenpeace im April 2012 zeigen immer wieder auf, dass die riesigen Datencenter nicht nur enorm viel Strom verbrauchen (Schätzungen zufolge bereits 2 Prozent des globalen Energiebedarfs, Tendenz steigend), sondern diesen vorwiegend aus »schmutzigen« Quellen wie Atom- oder Kohlekraftwerken beziehen. Die Statistik von Greenpeace zeigt: Branchenriesen wie Apple, Microsoft oder Amazon beziehen nur einen geringen Anteil ihres Serverstroms aus sauberen Energiequellen – maximal zu 56 Prozent, manchmal nur zu 15 Prozent. Auch die Wahl der Standorte kritisierte Greenpeace: So würden neue Rechenzentren oft in US-Bundesstaaten gebaut, wo nur maximal 4 Prozent des Stroms aus erneuerbaren Quellen kommt, während andere Regionen der Welt viel bessere Quoten hätten – darunter auch Deutschland.[143] Doch auch die Situation in der Bundesrepublik ist verbesserungswürdig: Einer Bitkom-Studie zufolge verbrauchen die Rechenzentren Deutschlands die Energie von vier mittelgroßen Kohlekraftwerken.[144]

Zwar wurde Greenpeace wegen angeblich falscher Zahlen der Stimmungsmache gegen Firmen wie Apple bezichtigt, doch eines steht fest: Da immer mehr Menschen ihre Daten via Facebook, Apple, Google, Microsoft oder Amazon in die »Cloud« auslagern, haben diese Firmen großes Interesse daran, einerseits die Betriebskosten für die Kühlung der Tausenden mannshohen Rechner zu senken und gleichzeitig ihr Image zu verbessern. »Island ist der ideale Ort für jede Firma, um ihre Daten und Applikationen zu lagern. Unternehmen, die an einer Verminderung der Betriebskosten ihrer Datencenter arbeiten und verstehen, dass Energie der Schlüsselfaktor dafür ist, werden Island in Betracht ziehen«, ist Lisa Rhodes, Managerin von Verne Global, einem Betreiber eines riesigen Rechenzentrums im Südwesten von Island, das ich für Recherchen besuchte, überzeugt. Zusätzlich würden die grünen Energiequellen und IMMI die passenden Rahmenbedingungen dafür bieten. »Wir sind im Schnitt 50 Prozent billiger als vergleichbare

Firmen in Europa«, behauptete Rhodes, die genaue Preise nicht verraten wollte.

Warum Verne Global den Betrieb seines Rechenzentrums so billig machen kann, wurde mir bei meinem Besuch des Verne-Global-Geländes klar. Die britische Firma hatte 9,6 Hektar jenes Areals gekauft, das vor einigen Jahren noch als NATO-Stützpunkt gedient hatte und wo heute zum großen Teil Studenten die ehemaligen Militärbauten bewohnen. »Es ist windig heute, das ist unsere Gratiskühlung«, begrüßte mich Verne-Global-Manager Helgi Helgason zwischen den beiden riesigen Datenhallen, die künftig Tausende an Petabytes Daten speichern könnten. Die Hallen selbst, die ich erst nach Vorweis meines Reisepasses betreten durfte, sind zudem massiv gesichert. Stahlwände sichern die Server nach außen ab, jeder Quadratmeter ist videoüberwacht, Sicherheitspersonal sitzt hinter Panzerglas, und zu den Rechnern selbst gelangt man erst, wenn man mindestens fünf mit Zahlencodes geschützte Türen passiert hat.

Aber nicht nur Besucher werden aufs Genaueste geprüft, bevor sie in die heiligen Datenhallen hineindürfen – tatsächlich wird jeder Partikel kontrolliert. Denn Verne Global setzt bei der Kühlung der heißlaufenden Großcomputer auf sogenanntes »direct free cooling« – nichts anderes als der schneidende Wind, der über die Lavafelder rund um den Flughafen und das Datencenter pfeift. »Bei uns ist es sauberer als in einem Krankenhaus. Es dürfen keine kleinen Partikel in die Serverräume kommen«, sagt Helgason. Die kalte Luft von draußen wird per Lasersensor analysiert und im Fall des Falles gefiltert, und sogar die Schuhsohlen der Besucher werden mit Klebefolien von Staub gesäubert. Die Anlage führt den kühlen Luftstrom von unten an die Server heran, um die Umgebungstemperatur konstant bei 22 Grad Celsius zu halten. Die warme Luft wird oben abgesaugt, oder, wenn die Luft von draußen im Winter zu kalt ist, der kühlen Brise beigemischt, um wiederum die Optimaltemperatur zu erhalten. In der Region von Island herrschen durchschnittlich minus 10 bis plus 20 Grad.

Ein Datencenter wäre nicht unbedingt mein Traumarbeitsplatz. Abgelegen, in steriler Atmosphäre und mit dem Charme eines Maschinenraums bietet es Daten jedoch den optimalen »Lebensraum«. In jeder Datenhalle lassen sich zwölf Module unterbringen, die dann insgesamt Platz, Strom und Kühlung für 8000 Server in 200 Racks bieten – insgesamt könnten dann mehrere Hundert Petabytes an Daten gelagert werden. Das Konzept von

Verne Global: »Der Kunde bringt sein eigenes Equipment und wir sorgen für Strom, Netzanbindung und die Kühlung«, so Helgason. Die Anbindung ans Internet ist dabei auch eine Besondere: Zwei Glasfaserkabel schließen mit einer Kapazität von je 28 Gigabit pro Sekunde Verne Global an London bzw. Amsterdam an. Die Tiefseekabel, die Island mit dem Rest der Welt verbinden, heißen »Farice«, »Danice« und »Greenland Connect«, und 2014 soll ein viertes Hochgeschwindigkeitskabel dazukommen. Die geografische Lage von Island gibt dem Land so künftig auch die Chance, als Mittler zwischen zwei der wichtigsten Internetmärkte der Welt zu werden: Europa und den USA. So haben Kunden aus den USA, Island und Großbritannien bereits ihre Rechner bei Verne Global untergebracht und viele andere – darunter prominente Namen – könnten 2012 und 2013 folgen. Denn angesprochen auf Firmen wie Amazon, Apple oder Facebook meinte Helgason: »All diese Firmen waren bereits hier und haben sich die Lage angesehen. Wir würden uns freuen, wenn wir Apples iCloud oder Amazons Cloud bei uns in Island installieren dürften.«

Doch auch Verne Global, nach außen hin ein umweltfreundliches und zukunftsträchtiges Geschäft, steht in Island in der Kritik. Niemand anderer als der ehemalige Banker und Milliardär Björgólfur Thor Björgólfsson, der in der Bankenkrise eine tragende Rolle bei der Landsbanki-Tochter »Icesave« gespielt haben soll, die er gemeinsam mit seinem Vater (dem der Fußballclub West Ham United FC gehörte) führte, hat bei Verne Global investiert. Via Onlinebanking hatten vor 2008 Hunderttausende Briten etwa fünf Milliarden Pfund wegen guter Zinsen bei »Icesave« eingezahlt und vielen von ihnen ist nach dem Crash und der Zahlungsunfähigkeit von Landsbanki nichts davon übrig geblieben. Björgólfsson indes führt trotz seinerseitiger Verluste ein weiterhin luxuriöses Leben mit Jacht, Privatjet, Villa in Notting Hill und teuren Partys.

Die Crowd-Verfassung

Wenn man in Reykjavík die belebte Bankastræti mit ihren Geschäften und Restaurants hinunter Richtung Hafen schlendert und, kurz bevor sie die Lækjargata kreuzt, nach rechts blickt, sieht man zwei Statuen vor dem

Stjórnarráðið, dem Sitz des Premierministers, stehen. Die Statue, die näher zum Betrachter aufragt, stellt Hannes Hafstein, der 1904 der erste Minister für Island wurde, dar. Die weiter entfernte ist der dänische König Christian IX., der in seiner Hand die erste Verfassung Islands hält. Die beiden Statuen wurden parallel zur Bankastræti aufgestellt, betrachtet man sie aber von der Seite aus dem richtigen Winkel aus, dann wird man einer höchst seltsamen Sache gewahr: Es sieht so aus, als würde König Christian dem Minister Hafstein die zusammengerollte Verfassung in den Hintern schieben.

Ob die Erbauer der Statuen diesen bitteren Witz eingeplant haben oder er nur irgendwann durch Zufall entdeckt wurde, ist nicht bekannt – von eingeweihten Isländern wird man jedenfalls gern auf dieses kleine schmutzige Geheimnis der Hauptstadt hingewiesen, und es zeigt sehr gut, was viele der Isländer von ihrer Verfassung halten. Denn sie ist seit Jahrzehnten höchst umstritten. Bekommen hat sie Island, als sich die Insel 1944 in den Wirren des Zweiten Weltkriegs als unabhängige parlamentarisch-demokratische Republik von Dänemark lossagte. Den Alliierten war das mehr als recht, war Dänemark schließlich 1940 in die Hände der Nazis gefallen und Island ein strategisch wichtiger Marine- und Luftwaffenstützpunkt im Atlantik, den zuerst die Briten und dann die Amerikaner als Reaktion auf den Einmarsch der Deutschen in Norwegen besetzten. In aller Eile wurde eine Verfassung für den neuen Staat Island entworfen und die dänische war dafür die Blaupause.

Noch heute ätzen ihre Kritiker, dass damals lediglich das Wort »König« durch »Premierminister« ersetzt worden sei, und die Forderungen nach einer Überarbeitung des Dokuments sind seit dem Ende des Zweiten Weltkriegs nie verstummt, doch auch nicht erhört worden – bis zum Jahr 2009. Denn nach dem Wirtschaftskollaps und der Kochtopfrevolution sah sich die Regierung schließlich gezwungen, die Überarbeitung der Verfassung anzugehen. Die damalige Premierministerin Johanna Sigurdardottir beantragte im November 2009 im Parlament die Einrichtung einer beratenden konstitutionellen Versammlung, deren Aufgabe es sein sollte, die isländische Verfassung nach der Banken- und Wirtschaftskrise einer grundlegenden Prüfung zu unterziehen. Das Ziel: Die Entwicklung einer neuen Verfassung für die isländische Republik, die die Macht neu verteilen, mehr Transparenz in den politischen Prozess und mehr Verantwortung für die handelnden Politiker bringen soll. Ausarbeiten sollte die neue Verfassung ein 25-köpfiger Verfassungsrat (Stjórnlagaráð, siehe *http://stjornlagarad.is*), und sowohl die Zusammensetzung als auch die Arbeitsweise dieses Rates sind in der Geschichte bis dato einzigartig. Denn die Delegierten wurden vom Volk im November 2010 in den Rat gewählt, das in weiterer Folge via Internet täglich die Fortschritte der Delegierten in ihrer Arbeit mitverfolgen und Feedback geben konnte.

Der Vorsitzende der isländischen Elektrikergewerkschaft Guðmundur Gunnarsson (Jahrgang 1945 und Vater der weltbekannten Popsängerin Björk) ist einer der 25 Delegierten. »Durch meine Arbeit in der Gewerkschaft war ich schon ein bekanntes Gesicht und die Leute haben mich auf Platz zehn gewählt«, erzählte er mir bei einem Treffen im Café Paris gleich gegenüber vom isländischen Parlament in Reykjavík. Er und 24 weitere Isländer wurden aus insgesamt 522 Kandidaten, die sich auf Wikipedia, Facebook und isländischen Webseiten präsentieren konnten, von den Bürgern (bei einer Wahlbeteiligung von 35,95 Prozent) ausgewählt und im März 2010 vom Parlament bestätigt.

Glatt ging diese Wahl aber nicht über die Bühne: Der Oberste Gerichtshof in Island beanstandete Unregelmäßigkeiten (nicht versperrbare Urnen, einsehbare Wahlkabinen, Seriennummern auf den Abstimmungszetteln), woraufhin das Parlament mit kleinen Abänderungen (z. B. Umbenennung von »Constitutional Assembly« in »Constitutional Council«) reagierte und die 25 der 26 Erstplatzierten (eine legte ihr Mandat zurück) ihre Arbeit trotzdem aufnehmen konnten. Neben Gunnarson kamen Ärzte, Wissenschaftler, Studenten, Geschäftsleute, Journalisten, Anwälte, Künstler, Mathematiker und ein Pastor in den Rat – quasi ein Querschnitt der isländischen Bevölkerung. Sie pausierten für vier Monate ihren Tagesjob, bezogen Büros im isländischen Parlament (und ein großzügiges Parlamentariergehalt), bekamen zwei unterstützende Komitees zur Seite gestellt und arbeiteten (Tag und Nacht) an einem Vorschlag für eine neue Verfassung.

»Das war weit mehr als ein 9-to-5-Job. Wir waren ständig über das Internet mit der Bevölkerung, aber auch mit Leuten aus dem Ausland in Kontakt«, so Gunnarsson. Im Netz konnten Interessierte ihre Kommentare zu den erarbeiteten Verfassungsartikeln abgeben, Änderungen vorschlagen und Kritik üben – Tausende machten von der Möglichkeit in unzähligen Beiträgen Gebrauch. Außerdem wurden täglich YouTube- und Facebook-Videos von den Mitgliedern des Verfassungsrates gemacht, und einmal pro Woche konnte man das Treffen der Mitglieder via Livestream mitverfolgen. »Jeder konnte live mitverfolgen, was wir arbeiten und denken. Das hat viele der Dinge, die wir niedergeschrieben haben, verändert. Als die Leute via Internet begonnen haben, Fragen zu verschiedenen Themen zu stellen, hat das wiederum unsere Arbeit und unseren Fokus verändert«, so Gunnarson. »Es hat unsere Wahrnehmung verbessert. Natürlich wird im Internet viel Blödsinn geschrieben, aber wir haben dadurch auch neue Ideen bekommen und es haben sich andere Blickwinkel für uns eröffnet.« Neben dem Volk wurden aber natürlich auch andere Quellen wie Sachexperten, Universitäten und bestehende Verfassungen (etwa jene Deutschlands und Südafrikas) angezapft.

Resultat der viermonatigen Arbeit des Verfassungsrates ist ein 25-seitiges Dokument mit 114 Artikeln in neun Kapiteln, die etwa grundlegende Menschenrechte, Machtverteilung zwischen Exekutive, Legislative und Judikative, Informationsfreiheit, Naturschutz und demokratische Partizipation zum Inhalt haben.[145]

Gunnarsons Arbeitsgruppe befasste sich unter anderem mit der Umgestaltung des isländischen Wahlsystems. »In Island zählen die Stimmen von Bürgern, die außerhalb von Reykjavík wohnen, bis zu acht Mal mehr als die Stimmen der Einwohner der Hauptstadt«, so Gunnarson. Bevor in Island die Landflucht einsetzte, war das Wahlverhältnis noch ausgeglichen, doch durch den Zug in die Stadt können Landbewohner mit sehr wenigen Stimmen ihre Kandidaten ins Parlament bringen. Diese Ungleichheit soll durch die neue Verfassung ausgeglichen werden – jede Stimme soll gleich viel zählen und die Bürger sollen nicht nur Parteien, sondern auch Einzelpersonen ihre Stimmen geben können.

»Den Politikern war gar nicht recht, was da passierte«, so Gunnarson mit einem Fingerzeig in Richtung Parlament gegenüber dem Café, in dem wir saßen. »Die fürchten, dass sie ihre Macht verlieren. Die wollen uns weiter sagen, was wir tun und denken sollen, und sie haben immer wieder versucht zu verhindern, dass die Bevölkerung zu der neuen Verfassung befragt wird.« Am 27. Juli konnte die neue Verfassung trotzdem als Gesetzesvorlage im Parlament eingebracht werden. »Die Leute sehen jetzt, dass so etwas funktionieren kann«, sagt Gunnarson. Vor allem aus Mittel- und Osteuropa hätte es großes Interesse gegeben und seien politisch Interessierte durch das isländische Experiment inspiriert worden. »Diese jungen Staaten sind noch nicht lange von der sowjetischen Herrschaft befreit und bauen neue Gesellschaften auf«, sagt Gunnarson. »Und jetzt wollen sie es ähnlich wie Island machen.«

Doch bis die neue Verfassung Islands in Kraft tritt, wird wohl noch einige Zeit vergehen. Im Oktober 2012 stimmt das Volk in Island in einem Referendum über die neue Verfassung ab. Danach muss sie vom Parlament angenommen werden, und nach den Wahlen 2013 vom neuen Parlament noch einmal bestätigt werden. Viele Fans hatte die Crowd-Verfassung im Sommer 2012 noch nicht. Ausdrückliche Unterstützung kam lediglich von der Jungpartei »Hreyfingin« (»Die Bewegung« von und mit Birgitta Jónsdóttir) und von den Sozialdemokraten – die konservativen und rechten Parteien standen ihr eher ablehnend gegenüber. Somit ist noch nicht fix, dass Island seine Volksverfassung bekommt. Auch der Internetunternehmer Daði Ingólfsson zweifelt daran, dass sich dafür im Parlament eine Mehrheit finden wird. Deswegen hat er die Verfassung als kleines Büchlein herausgebracht (»weil es das Parlament nicht gemacht hat«) und bringt in Zusammenarbeit mit der isländischen Dichter- und Musikszene eine Platte heraus, auf der die neue Verfassung besungen wird und Aufmerksamkeit für das Referendum schaffen soll. »Die Popversion unserer Verfassung. Das soll die Leute dazu bringen, darüber zu reden und sie vielleicht auch zu singen.«

Islands erste Piratin: Birgitta Jónsdóttir

»Ich werde eine Piratenpartei gründen.« Das waren die ersten Worte, die mir die isländische Parlamentarierin Birgitta Jónsdóttir zuwarf, als wir uns im Café Paris gegenüber dem isländischen Althing zum Interview trafen. Einige Tische entfernt hatte die Künstlerin und Politikerin mit gewinnendem Lachen Anfang 2010 ein folgenreiches Treffen gehabt: WikiLeaks-Gründer Julian Assange zeigte ihr damals das erste Mal jenes Videomaterial, das später unter dem Titel »Collateral Murder« weltweit für Aufsehen sorgen sollte. »Ich habe zuerst gar nicht realisiert, welche Auswirkungen das auf die Welt haben würde. Niemand von uns hat es gewusst, bis wir herausgefunden haben, wer in dem Video vorkommt, wer getötet wurde und dass Kinder in dem Van waren. Erst dann haben wir gewusst: Wenn wir es richtig machen, wird es die Welt verändern«, sagte Jónsdóttir in dem langen Gespräch.

Dass Assange gerade mit ihr Kontakt aufnahm, ist kein Zufall: Jónsdóttir (geboren 1967) hat als Künstlerin bereits in den 1990er-Jahren mit dem Internet experimentiert, sehr früh eine Webseite gestartet, die man heute Blog nennen würde, und 1996 eine der ersten Liveübertragungen im Internet überhaupt veranstaltet, um eine Kunstaktion mit Poeten weltweit zugänglich zu machen. »Das hat ein Drittel der gesamten Bandbreite des isländischen Internets gebraucht«, so Jónsdóttir lachend. Daneben engagierte sie sich für ein freies Tibet (das bekannte Symbol trägt sie immer als Anstecker am Kragen) und vernetzte sich international mit anderen Webpionieren.

Jónsdóttir ist eine Netzaktivistin der ersten Stunde, die auf Reykjavíks Straßen eine Art Star unter Jugendlichen und eng mit der Geschichte verbunden ist, die ich in diesem Buch erzähle. »Nicht in jedem steckt ein Aktivist, nicht jeder will dauernd in Schwierigkeiten kommen«, sagt sie. »Ich sehe meine Rolle als Aktivistin darin, die Grenzen der Norm zu verschieben. Wenn ich Forderungen stelle, die radikal an die Grenze gehen, dann rückt das, was vorher als radikal angesehen wurde, in den Mainstream.« Deswegen sympathisiert sie auch mit den Anonymous-Hackern. »Ich liebe diesen digitalen Aktivismus wirklich sehr. Diese Mixtur aus der Onlinewelt und der Welt der Aktivisten, ich mag die Energie darin und die Geekiness und den Wagemut.«

Dieses An-die-Grenzen-Gehen beherrscht Jónsdóttir und ihr idealistisches und sehr glaubwürdiges Streben nach Veränderung hat ihr nach dem isländischen Bankencrash und den Parlamentswahlen 2009 einen Sitz im Althing, in der Partei *Hreyfingin* (»Die Bewegung«), eingebracht. Im selben Jahr lernte sie Julian Assange und Daniel Domscheit-Berg auf einer Konferenz in Island kennen (»in derselben Nacht haben wir uns getroffen und WikiLeaks und IMMI besprochen«), um mit ihnen gemeinsam Geschichte zu machen. Doch die Freundschaft hielt nicht lange und sollte an inneren Streitereien sowie dem extremen Druck von außen (die USA ermittelten auch gegen Jónsdóttir und ignorierten sogar ihre Immunität als Mitglied des isländischen Parlaments, um an ihre Twitter-Daten zu gelangen) zerbrechen. »Wir haben damals alle eine ungesunde Dosis Paranoia abbekommen. Julian und Daniel haben sich zerstritten, es war wie eine Scheidung«, erinnert sich Jónsdóttir an die dramatische Zeit. Bereut hat sie aber nur eines: »Wir sind leider nie zum Tanzen ausgegangen.«

Nachdem die WikiLeaks-Gründer Island verlassen hatten, widmete sich Jónsdóttir gemeinsam mit McCarthy wieder ganz dem Mediengesetz IMMI. Wenn sie über ihre politische Arbeit spricht, dann spricht sie von Hacks.

»Im Parlament habe ich immer mehr die Methoden der Hacker angewendet: Ich schaue mir das System an und versuche Schwachstellen und Brüche zu finden, die ich ausnutzen kann, um meine Ziele zu erreichen«, sagt die Netzaktivistin. Ein Beispiel: Anstatt die Gesetze selbst auszuformulieren (ein aufwendiger Prozess), wurde per Resolution das Kulturministerium beauftragt, die Arbeit, an der insgesamt vier Ministerien inkludiert waren, zu beaufsichtigen. Alle drei Monate muss dem Parlament über die Fortschritte berichtet werden, und weil das sehr mühsam war, setzte im Ministerium erwartungsgemäß schnell Frustration ein, weswegen die Arbeit schließlich ausgelagert wurde – an ein Gremium, in dem McCarthy sitzt und an dem genauen Wortlaut des Gesetzes mitschreibt.

Zwar hatte man bis Sommer 2012 nur einen Teil des ambitionierten IMMI-Paketes durchgebracht, doch Jónsdóttir glaubt an die Unverzichtbarkeit des Gesetzes. Denn weltweit drohe Internetnutzern etwas, was die Parlamentarierin als »modernes Bücherverbrennen« bezeichnet. »In vielen Ländern, die Antiterrorgesetze eingeführt haben, hat zuerst die Meinungsfreiheit darunter gelitten. Es sind kleine Anwaltskanzleien, die für Firmen und Politiker sie betreffenden Onlinecontent überwachen und dafür sorgen, dass die Informationen sauber bleiben. Wenn sie etwas entdecken, dann können sie nach Androhung von rechtlichen Schritten den Inhalt einer Story im Nachhinein ändern. Kürzlich ist das bei einer Geschichte über Björk passiert, die sich kritisch über eine Firma geäußert hat«, so Jónsdóttir. »Die meisten Leute haben gar nicht mitgekriegt, dass die Geschichte geändert wurde. Das kommt für mich der Zerstörung unserer eigenen Geschichte gleich, es ist, als würde man das gleiche Buch in allen Bibliotheken der Welt gleichzeitig verbrennen. Und wenn man später etwas über die betreffende Firmen finden will, muss man schon im Recherchieren geübt sein, um etwas zu entdecken.« Politiker, Journalisten, Aktivisten, die Öffentlichkeit, niemand könne sich mehr auf die Korrektheit von Informationen verlassen und auf ihrer Basis die richtigen Entscheidungen treffen – und umso wichtiger seien eben Gesetze wie IMMI, die Medien, Blogger, Whistleblower und alle anderen, die aufdecken und enthüllen, vor dem Zugriff von Wirtschaft und Politik bewahren.

Damit in Island auch im Parlament künftig Menschen sitzen, die die Freiheit des Internets beschützen wollen, gründete Jónsdóttir im Sommer 2012 die isländische Piratenpartei. »Das Internet ist immer noch meine große Liebe, weil es die letzte freie Welt ist, und es macht mir Sorgen, dass von den Copyright-Firmen überall diese Berliner Mauern aufgebaut werden«, sagt Jónsdóttir. »Der freie Fluss von Information ist nicht gewährleistet, wenn den Copyright-Inhabern erlaubt wird, das Ruder in die Hand zu nehmen.« Deshalb wollte sie so schnell wie möglich eine Partei mit ihrem Know-how aufbauen, die für mehr direkte Demokratie, ein neues Urheberrecht und natürlich IMMI eintritt. Die Aktivistin, die ihrer eigenen Partei nichtsdestotrotz treu bleiben will, glaubt fest daran, dass Piratenparteien nicht nur in Island künftig eine wichtige Rolle spielen werden. »Es ist wichtig, dass endlich Leute in die Orte der Macht einziehen, die nicht wissen, wie man sich dort anzuziehen hat und wann man in welche Kamera lächeln muss. Wir sollten diesen Leuten gegenüber toleranter sein. Sicher machen sie Fehler, aber sie geben es wenigstens zu, und das ist das Schöne daran.«

Das Wichtigste, so Jónsdóttir, sei Optimismus. »Wir in Europa sind verdorben, dauernd pessimistisch, und so werden wir nie etwas schaffen und nirgendwohin gelangen. Island wurde nach der Krise eine schlechte Zukunft vorausgesagt, dass niemand mehr zu uns kommen würde, niemand mit uns handeln würde. Aber das ist nicht passiert und heute geht es uns wieder besser. Also: Happy Hacking!«

Schluss

Zuerst eine Bankenkrise, dann WikiLeaks-Enthüllungen, eine Revolution, die die Regierung aus dem Amt jagt, ein neues modernes Mediengesetz, eine Verfassung, die sich das Volk selbst schreibt, und eine neue Piratenpartei – sieht man Europas Zukunft im Kleinformat, wenn man nach Island blickt? Wahrscheinlich nicht, denn die Ereignisse des kleinen Landes sind wohl nicht 1:1 auf andere Staaten umzulegen – auch wenn viele Aktivisten von genau dieser Entwicklung träumen. Doch unterschätzen sollte man die isländische Geschichte nicht, denn wenn man eines gelernt hat, dann ist das Folgendes: Im Zeitalter der Netzkinder können sehr kleine Gruppen sehr schnell große Wellen schlagen. Auf Anonymous trifft das genauso zu wie auf WikiLeaks, die erste Handvoll Occupy-Aktivisten oder die ersten Blogger in der Arabischen Revolution.

Anzeichen von Auswirkungen der neuen Bewegungen auf die »alte Welt« gibt es bereits: Die »Jugendwerte-Studie 2011«, die das österreichische Institut für Jugendkulturforschung durchführt, zeigt etwa, dass das Interesse an Politik in der Altersgruppe von 16 bis 24 Jahren wieder steigt. Gaben im Jahr 1990 nur etwa 10 Prozent an, sich »sehr« für Politik zu interessieren, waren es 2011 schon 15 Prozent, weitere 40 Prozent sagten, dass sie sich »eher« für Politik interessieren. Dass das den traditionellen Parteien zuspielt, damit ist aber eher nicht zu rechnen. Denn unter jungen Menschen herrscht heute Verwirrung und Unwissen, was die Differenzierung nach dem Links-Rechts-Schema angeht.[146] Klare Worte seitens der Politiker sind wieder gefragt, und, wie bereits dargestellt, genießen die Piratenparteien in Deutschland und Österreich unter den 16- bis 29-Jährigen größere Zustimmung als Sozialdemokraten oder Konservative. Die gefühlte Machtlosigkeit gegenüber Staat und Wirtschaft, denen nicht mehr viel Vertrauen geschenkt wird, hat nicht nur die Forderung nach mehr Demokratie zur Folge, sondern auch Sympathien mit politischen Strömungen außerhalb des politischen Mainstreams wie etwa der Occupy-Bewegung.[147]

Das Internet an sich wird die Gesellschaft nicht ändern, sehr wohl aber den Blickwinkel, die Menschen auf die Gesellschaft einnehmen können. Das Netz ermöglicht eine neue Sichtweise auf politische und wirtschaftliche Verhältnisse: Seine Stimme per Smartphone unterwegs abzugeben ist heute genauso wenig absurd, wie in einem Coworking-Space zu arbeiten, statt einem Auto beim Carsharing mitzumachen, sich sein Wunschprodukt selbst per Crowdfunding zu realisieren oder gleich selber im 3D-Drucker zu fertigen. Diese neue Sicht der Welt wird eine alte politische Philosophie wiederbeleben: den Anarchismus. Ich glaube, dass gerade das Internet die Vorstellung einer Gesellschaft ohne Hierarchien und mit maximalen Freiheiten für den Einzelnen mit neuem Leben erfüllen kann. Es werden immer mehr Menschen zum Verständnis kommen, dass Anarchismus weniger eine Sache der Punks auf der Straße als vielmehr eine Weltansicht ist, die stark mit den Grundideen des Internets verknüpft ist. Das soll nicht heißen, dass sich bald große Teile der Bevölkerung Anarchie wünschen; vielmehr werden Phänomene wie WikiLeaks, Anonymous, Occupy oder die Piratenparteien dafür sorgen, dass der politische Anarchismus als Option gesehen wird, die für mehr als Veganismus, Hardcore-Punks und Hausbesetzungen steht. Anarchistische Grundsätze wie »Eigentum ist Diebstahl«, der Vorzug des Individuums vor der Masse oder die »Do it yourself«-Bewegung passen nur zu gut zu einer immer personalisierteren Lebensweise, der Copyright-Debatte und dem Trend zum Teilen (»Sharing-Ökonomie«).

Für die jungen Piratenparteien, die mit Internet- und Demokratiethemen bei jungen Wählern punkten, wird 2013 ein entscheidendes Jahr sein. Sowohl in Deutschland als auch in Österreich müssen sie bei den Bundestags- bzw. Nationalratswahlen zeigen, dass sie die Grundstimmung in der Bevölkerung in Wahlprozente umwandeln können. Werden die Piraten von einigen immer noch in ihrer Bedeutung gering geschätzt, haben einige andere Parteien auf sie bzw. auf den generellen Wunsch nach mehr Teilnahmemöglichkeiten in der Politik reagiert. Die bayerische FDP etwa probiert es mit einer neuen Internetplattform namens »New Democracy«, die mehr Bürgerbeteiligung bringen soll, und die österreichischen Sozialdemokraten liebäugeln mit Wahlen per Internet, um die Hürde für Bürgerbeteiligung herabzusetzen. Egal, wie die Ideen dieser oder anderer Parteien für mehr Mitbestimmung aussehen – sie müssen beweisen, dass das alles mehr als nur ein Werbegag vor den nächsten Wahlen ist. Dass nicht alle das Internet verstanden haben, zeigt etwa die »Facebook-Party« des deutschen CSU-Politikers Horst Seehofer, bei der er sich einfach mit dem Logo des bekannten Onlinenetzwerks schmückte, darüber hinaus aber nicht viel mehr brachte. Auch der gescheiterte Facebook-Auftritt des österreichischen Bundeskanzlers Werner Faymann, der nicht für seine Bürgernähe, sondern für seine hohen Kosten und gefälschten Fans in die Schlagzeilen kam, spricht Bände.

Politische Auswirkungen hatte auch die Enthüllungsplattform WikiLeaks. In Australien etwa, der Heimat von Gründer Julian Assange, wünschen sich 81 Prozent der Bevölkerung statt Bestrafung mehr Unterstützung für Whistleblower, wie eine Studie der Medienwissenschaftlerin Suelette Dreyfus zeigt.[148] Ob sich das auch in anderen Ländern so verhält, wird sich zeigen. Aber dass Enthüller nicht mehr nur als die Bösen angesehen werden, die andere denunzieren, anschwärzen und verpfeifen, wird immer mehr Menschen klar. Nicht zuletzt Politiker erkennen immer mehr den Wert von Insidern, die Aufklärung in Skandalen und Korruptionsfällen bringen können. Die SPD hat immerhin ein Hinweisgeberschutzgesetz im Bundestag eingebracht und auch die deutschen Grünen und die Linke fordern besseren Schutz für anonyme Tippgeber. Auch der österreichische Datenschutzrat drängte 2012 auf ein Whistleblower-Gesetz für Österreich, das Hinweisgebern im öffentlichen Dienst wie in der Privatwirtschaft besseren Schutz und Anonymität gewähren soll.

Ob das Internet, wie sieben von zehn Österreichern glauben[149], ein Werkzeug des Volkes ist und mehr Demokratie bringen wird, sollte man aber nicht zur Grundannahme machen. Der österreichische Politologe Peter Filzmaier unterscheidet deswegen zwischen der »Mobilisierungstheorie« und der »Verstärkungstheorie«: Erstere besagt, dass neue Informations- und Kommunikationstechnologien vormals von der Politik Ausgeschlossene in den politischen Prozess einbringen können – diese Chance sei in nicht demokratischen Systemen wie in Ägypten und Tunesien genutzt worden. Für Europa will Filzmaier diese Mobilisierungstheorie aber nicht ohne Weiteres gelten lassen. »Der

Tatsache, dass sich neue Gruppen und Parteien über das Internet formieren, stehen unzählige Beispiele gegenüber, dass bestehende Informationseliten neue Medien besonders effektiv zu nutzen verstehen. Die Top-Twitterati sind oft Journalisten etablierter Medien oder professionelle Kommunikatoren, die am meisten genutzten Internetangebote stammen von traditionellen Medienunternehmen, Onlinewahlkämpfe und -kampagnen werden immer aufwendiger von etablierten Parteien und Organisationen durchgeführt«, so der Politologe. Vielmehr könnte die digitale Kluft zwischen einer Informationselite und der breiten Masse noch verstärkt werden.

Dieser Trend könnte durch Staat und Wirtschaft noch zusätzlich angefeuert werden: Wenn Internetkonzerne immer neue Lebensbereiche mit ihren Geräten und Unterhaltungsangeboten durchdringen und Regierungen die Überwachung immer weiter hochfahren, könnten wir in einer Art »digitalem Biedermeier« landen. In der ersten Hälfte des 19. Jahrhunderts zogen sich Bürger im »System Metternich«, das nach der Verbannung Napoleons eine Zeit der Zensur und der politischen Unterdrückung brachte, in ihre eigenen vier Wände zurück, um sich der Hausmusik, der Mode und konservativer Literatur zu widmen – das moderne »Home Entertainment« mit Flat-TV, Surroundsoundanlage und Videostreaming bequem auf der Couch lässt grüßen.

Auch ist die Frage, wie viel Transparenz unsere politischen Systeme überhaupt verkraften, noch ungeklärt. Während Bürgerrechtler, Hacker, Netzaktivisten, Julian Assange und viele andere sich maximale Einsicht in Behördendaten und politische Vorgänge wünschen, gibt es auch Gegenstimmen dazu. Der weißrussische Autor Evgeny Morozov, der 2012 an einem Buch über die »digitale Demokratie« arbeitete, etwa meinte zu mir: »Ich versuche zu argumentieren, dass moderne liberale Demokratien ein Quantum an Desorganisation, Reibereien und Chaos brauchen – also Dinge, die sich nicht mit Technologien vertragen. Reibereien sind gut für Demokratien, weil ansonsten bestimmte Mechanismen einrosten. Ich glaube auch, dass Politik Heuchelei braucht, Politker brauchen Raum, wo sie lügen können. Das steht im Widerspruch zur Transparenz, die Dienste wie Facebook, Google und WikiLeaks schaffen.« Über all den neuen Internetdiensten vergisst man außerdem nur allzu leicht eines: Grob gerechnet nutzte 2012 nur jeder dritte Mensch das Netz – insofern geht die Diskussion, wie das Internet die Welt verändern kann, an der großen Mehrheit der Menschheit noch vorbei.

Bleibt noch die Frage offen, was aus Anonymous wird, um die es zumindest im Sommer 2012 ein wenig ruhiger geworden ist. Das harte Vorgehen der Behörden gegen die Hacktivisten sowie die technische Aufrüstung von Sicherheitsmaßnahmen in Firmen könnte zumindest einige von ihnen zum Umdenken bewegt haben, ihre Aktivitäten umzugestalten. So ist etwa zu bemerken, dass DDoS-Attacken und Daten-Leaks abnehmen, während sich immer mehr Anonymous-Aktivisten auf die Organisation von Demonstrationen, Infokampagnen über gefährliche Gesetze oder die Paperstorms verlagern. Einige Beobachter wie der französische Sicherheitsexperte François Paget etwa glauben, dass sich Anonymous zu einer Nichtregierungsorganisation oder in Richtung einer politischen Partei entwickeln könnte: »Wenn es die Hacktivisten von 2012 jedoch schaffen, erwachsen zu werden, sich zu organisieren und auch außerhalb des Internets zu mobilisieren, können wir uns Anonymous als Version 2.0 von Nichtregierungsorganisationen vorstellen, die ideologisch zwar vielleicht fragwürdig handelt, von unseren Demokratien aber doch respektiert wird. Verbindungen mit politischen Organisationen einer neuen Generation wie etwa mit der Piratenpartei können ein erster Schritt in diese Richtung sein.«[150]

Vorgenommen haben sich die Anons jedenfalls viel: Die Kampagne gegen den Erzfeind Scientology soll genauso weitergehen wie die Information der Bürger über Missstände bei Datenschutz und Privatsphäre oder Aktionen gegen Gesetzesvorhaben wie ACTA. Doch dass man sich einer politischen Partei annähern könnte oder zu einer Organisation wie Greenpeace werden könnte, davon wollen Anons nichts wissen, sondern pochen auf die Einzigartigkeit ihrer Bewegung. Oder wie ein Anonymous-Aktivist zu mir meinte: »Alles, was man vor Anonymous schon kannte an Bewegungen, NGOs oder Organisationen, kann man mit Anonymous nicht vergleichen. Anonymous ist Anonymous.«

Die Geschichte geht weiter

Besuchen Sie mich auf:

meinem Blog (http://digitalsirocco.tumblr.com),
auf Facebook (https://www.facebook.com/DigitalSirocco),
auf Twitter (@jakkse) oder auf
Google+ (https://plus.google.com/112800483420140255063).

Ich freue mich auf Ihren Besuch!

Danksagung

Ohne die Unterstützung dieser Menschen wäre dieses Buch in dieser Form nicht zustande gekommen (keine spezifische Reihenfolge):

Chanti (1000 Küsse), Josef Barth (*www.amtsgeheimnis.at),* Rick Falkvinge, Konrad Becker (Institute for New Culture Technologies/t0), Axel Maireder (Universität Wien), Birgitta Jónsdóttir, Gerald Reischl, Claudia Zettel, Benjamin Sterbenz (fyi 2.0), die Aktivisten von AnonNewsAUT und AnonNewsDE, Constanze Kurz (CCC), Isaac Mao, Tarek Amr, Riz Khan, Cory Doctorow, Travis Carelock (Black Hat Conference), Gunter Dueck, Helge Fahrnberger (*www.kobuk.at*), Jana Herwig (Universität Wien), Ivan Sigal (*www.globalvoicesonline.org*), Peter Filzmaier (Donau-Universität Krems), Evgeny Morozov, Daniel Domscheit-Berg, Jacob Applebaum (Tor Project), Lena Wagerer (Ueberreuter), Elisabeth Wagner, Wolfgang Bachmayer (OGM), Thomas Lohninger (*www.socialhack.eu*), Jana Herwig (Universität Wien), Guðni Jóhannesson, Smarí McCarthy (IMMI), Hörður Torfason, Sarah Kriesche, Travis Carelock (Black Hat Conference), Hans Christian Voigt, Eli Pariser, Whitfield Diffie, die Österreichische Nationalbibliothek, das Café Paris in Reykjavík und das Café Latte in Wien-Neubau.

Anmerkungen

1 Czerski, Piotr, Wir, die Netz-Kinder, http://www.zeit.de/digital/internet/2012-02/wir-die-netz-kinder, Stand: 12. August 2012
2 Apprich, Clemens, Stalder Felix (Hg.), Vergessene Zukunft – Radikale Netzkulturen in Europa, transcript Verlag, 2012, S. 175
3 vgl. http://www.verizonbusiness.com/resources/reports/rp_data-breach-investigations-report-2012_en_xg.pdf, Stand: 22. Juli 2012
4 McAfee Labs, Bedrohungsszenarien für 2012, http://www.mcafee.com/us/resources/reports/rp-threat-predictions-2012.pdf, Stand: 22. Juli 2012
5 Paget, François, Hacktivismus, Das Internet ist das neue Medium für politische Stimmen, Whitepaper, McAfee Labs, 2012, S. 5
6 Gaycken, Sandro, Cyberwar. Das Wettrüsten hat längst begonnen, Verlag Wilhelm Goldmann, München 2012, S. 83
7 Reissmann, Ole, Stöcker, Christian, Lischka, Konrad, Anonymous. Die Maske des Protests, Wilhelm Goldmann Verlag, München, 2012, S. 57
8 vgl. http://futurezone.at/digitallife/899-rechtliche-konsequenzen-bei-ddos-angriffen.php, Stand: 22. Juli 2012
9 vgl. http://futurezone.at/netzpolitik/8642-anonymous-angriffe-waren-technisch-langweilig.php, Stand: 23. Juli 2012
10 Stryker, Cole, Epic Win for Anonymous. How 4chan's Army Conquered The Web, The Overlook Press, New York–London, 2011, S. 11
11 vgl. http://futurezone.at/digitallife/10527-4chan-vermeldet-eine-milliarde-postings.php, Stand: 6. August 2012
12 Stryker, Cole, Epic Win for Anonymous. How 4chan's Army Conquered The Web, The Overlook Press, New York–London, 2011, S. 240
13 vgl. http://rulesoftheinternet.com/index.php?title=Main_Page, Stand: 12. August 2012

14 Reissmann, Ole, Stöcker, Christian, Lischka, Konrad. Anonymous. Die Maske des Protests, Wilhelm Goldmann Verlag, München, 2012, S. 66

15 vgl. http://futurezone.at/digitallife/9583-strafe-fuer-das-tragen-von-guy-fawkes-masken.php, Stand: 26. Juli 2012

16 Reissmann, Ole, Stöcker, Christian, Lischka, Konrad. Anonymous. Die Maske des Protests, Wilhelm Goldmann Verlag, München, 2012, S. 66

17 Reissmann, Ole, Stöcker, Christian, Lischka, Konrad. Anonymous. Die Maske des Protests, Wilhelm Goldmann Verlag, München, 2012, S. 132

18 Paget, Francois, Hacktivismus, Das Internet ist das neue Medium für politische Stimmen, Whitepaper, McAfee Labs, 2012, S. 20

19 vgl. http://futurezone.at/b2b/3227-sony-datenklau-verursacht-123-mio-euro-schaden.php, Stand: 29. Juli 2012

20 vgl. http://futurezone.at/netzpolitik/3741-chatten-mit-lulzsec-ein-protokoll.php, Stand: 29. Juli 2012

21 vgl. http://futurezone.at/netzpolitik/4092-anonaustria-auch-beamte-und-militaers-dabei.php, Stand: 23. Juli 2012

22 Paget, François, Hacktivismus, Das Internet ist das neue Medium für politische Stimmen, Whitepaper, McAfee Labs, 2012, S. 16

23 vgl. http://techcrunch.com/2012/03/22/glassdoor-google-overtakes-facebook-for-employee-satisfaction-for-the-first-time-in-four-years/, Stand: 10. Juli 2012

24 vgl. http://www.sec.gov/Archives/edgar/data/1326801/000119312512175673/d287954ds1a.htm, Stand: 10. Juli 2012

25 vgl. http://futurezone.at/produkte/9872-facebook-folgenreiche-e-mail-umstellung.php, Stand: 10. Juli 2012

26 Keen, Andrew, Digital Vertigo, St. Martin's Press, New York, 2012, S. 107 f.

27 siehe http://w2.eff.org/Censorship/Internet_censorship_bills/barlow_0296.declaration

28 vgl. http://www.alexa.com/topsites, Stand: 11. Juli 2012

29 vgl. http://huanliu.wordpress.com/2012/03/13/amazon-data-center-size/, Stand: 11. Juli 2012

30 vgl. https://www.facebook.com/communitystandards, Stand: 11. Juli 2012

31 vgl. http://www.focus.de/digital/internet/facebook/tid-19504/der-grosse-bruder-das-meldeamt-der-welt_aid_531784.html, Stand: 11. Juli 2012

32 vgl. http://zyxt.com/post/26851542949/study-of-1-3-billion-urls-22-of-web-pages-reference, Stand: 12. Juli 2012

33 vgl. http://futurezone.at/digitallife/9840-google-ist-unser-soziales-rueckgrat.php, Stand: 11. Juli 2012

34 vgl. https://www.torproject.org/about/torusers.html, Stand: 12. Juli 2012

35 vgl. http://www.spiegel.de/kultur/gesellschaft/internet-zensur-bei-olympia-im-reich-der-begrenzten-recherche-freiheit-a-569291.html, Stand: 12. Juli 2012

36 vgl. http://www.wired.com/threatlevel/2011/07/manning-lamo-logs/, Stand: 12. Juli 2012

37 vgl. http://www.zeit.de/2011/32/P-op-ed-Anonymitaet, Stand: 12. Juli 2012

38 vgl. http://www.spiegel.de/netzwelt/netzpolitik/bundestagspraesident-lammert-kritisiert-anonymitaet-im-internet-a-823733.html, Stand: 12. Juli 2012

39 vgl. http://derstandard.at/1319183748903/Gegen-Anonymitaet-im-Netz-Muessen-Verantwortlichkeit-im-Internet-schaffen, Stand: 12. Juli 2012

40 vgl. http://www.zeit.de/politik/deutschland/2011-08/friedrich-anonymitaet-internet, Stand: 12. Juli 2012

41 Kirkpatrick, David, The Inside Story of the Company that is Connecting the World, Simon & Schuster, New York, 2010, S. 296

42 vgl. http://www.mediummagazin.de/archiv/2011-2/ausgabe-01022011/die-neue-medienmacht/, Stand: 12. Juli 2012

43 Pariser, Eli, The Filter Bubble. What The Internet Is Hiding from You, The Penguin Press, 2011, S. 16

44 vgl. http://www.time.com/time/specials/packages/article/0,28804,2036683_2037183_2037185,00.html, Stand: 13. Juli 2012

45 vgl. http://www.readwriteweb.com/archives/what_mark_zuckerberg_told_time_about_WikiLeaks.php, Stand: 13. Juli 2012

46 vgl. http://www.rt.com/news/WikiLeaks-revelations-assange-interview/, Stand: 13. Juli 2012

47 vgl. http://de.wikipedia.org/wiki/Ver%C3%B6ffentlichungen_von_WikiLeaks, Stand: 14. Juli 2012

48 Khatchadourian, Raffi, Keine Geheimnisse. Julian Assanges Mission der totalen Transparenz. Porträt eines Getriebenen, S. 28, in: WikiLeaks und die Folgen, Suhrkamp, Berlin, 2011

49 Assange, Julian, Dreyfus Suelette, Underground, Haffmans & Tolkemitt, Berlin, 2011, S. 374 ff.

50 Assange, Julian, Dreyfus Suelette, Underground, Haffmans & Tolkemitt, Berlin, 2011, S. 103 f.

51 Khatchadourian, Raffi, Keine Geheimnisse. Julian Assanges Mission der totalen Transparenz. Porträt eines Getriebenen, S. 32, in: WikiLeaks und die Folgen, Suhrkamp, Berlin, 2011

52 vgl. http://www.activism.net/cypherpunk/crypto-anarchy.html, Stand: 14. Juli 2012

53 siehe: Hofmann, Niklas, Der Gegenverschwörer, S. 49, in: WikiLeaks und die Folgen, Suhrkamp, Berlin, 2011

54 Hofmann, Niklas, Der Gegenverschwörer, S. 52 ff., in: WikiLeaks und die Folgen, Suhrkamp, Berlin, 2011

55 vgl. http://fm4.orf.at/stories/1685290/, Stand: 13. Juli 2012

56 Domscheit-Berg, Daniel, Inside WikiLeaks. Meine Zeit bei der gefährlichsten Webseite der Welt, Econ Verlag, Berlin, 2011, S. 43

57 Khatchadourian, Raffi, Keine Geheimnisse. Julian Assanges Mission der totalen Transparenz. Porträt eines Getriebenen, S. 27, in: WikiLeaks und die Folgen, Suhrkamp, Berlin, 2011

58 vgl. http://www.guardian.co.uk/media/2010/dec/08/anonymous-4chan-WikiLeaks-mastercard-paypal, Stand: 13. Juli 2012

59 vgl. http://www.bradleymanning.org/learn-more/bradley-manning, Stand: 6. August 2012

60 vgl. http://www.spiegel.de/politik/deutschland/ueberraschungserfolg-in-berlin-angriff-der-piraten-a-786958.html, Stand: 17. Juni 2012

61 vgl. http://www.spiegel.de/netzwelt/netzpolitik/s-p-o-n-die-mensch-maschine-wo-der-piratenschatz-wirklich-liegt-a-787354.html, Stand: 17. Juni 2012

62 vgl. http://www.spiegel.de/politik/deutschland/piraten-erfolg-im-saarland-schreckt-die-etablierten-parteien-auf-a-823787.html, Stand: 17. Juli

63 Schaar, Peter, Das Ende der Privatsphäre. Der Weg in die Überwachungsgesellschaft, Wilhelm Goldmann Verlag, München, 2009, S. 25

64 vgl. http://www.pp-international.net/node/519, Stand: 17. Juli 2012

65 vgl. http://www.time.com/time/specials/packages/complete-list/0,29569,2107952,00.html, Stand: 17. Juli 2012

66 vgl. http://en.wikipedia.org/wiki/Pirate_Party_%28Sweden%29, Stand: 11. Juni 2012

67 vgl. http://de.wikipedia.org/wiki/Robin_Dunbar, Stand: 12. Juli 2012

68 vgl. http://falkvinge.net/2011/02/20/why-the-name-pirate-party/, Stand: 16. Juli 2012

69 vgl. http://deu.anarchopedia.org/Libertalia, Stand: 16. Juli 2012

70 Markoff, John, Where And When was Democracy Invented?, Comparative Studies in Society and History, 1999, S. 673, Fn. 62

71 Graeber, David, Inside Occupy, Trident Media Group, New York, 2012, S. 116

72 Miller, Robert, American Indian Influence On The United States Constitution And Its Framers, American Indian Law Review, Vol. 18, No. 1, 1993, Abstract

73 Plaum, Wätzold, Die Wiki-Revolution. Absturz und Neustart der westlichen Demokratie, Rotbuch Verlag, Berlin, 2012, S. 183 f.

74 Latrach, Farida, Das Kaffeehaus in Europa als Form der Geselligkeit im 18. und 19. Jahrhundert, GRIN Verlag, 2006, S. 24 f.

75 http://www.dasrotewien.at/illegale-zentren-und-treffpunkte-der-revolutionaeren-sozialisten.html, Stand: 7. Juni 2012

76 vgl. http://www.spiegel.de/netzwelt/netzpolitik/online-mitbestimmung-piraten-streiten-ueber-demokratie-wunderwaffe-a-710552.html, Stand: 19. Juni 2012

77 Plaum, Wätzold, Die Wiki-Revolution. Absturz und Neustart der westlichen Demokratie, Rotbuch Verlag, Berlin, 2012, S. 149

78 Plaum, Wätzold, Die Wiki-Revolution. Absturz und Neustart der westlichen Demokratie, Rotbuch Verlag, Berlin, 2012, S. 152

79 Plaum, Wätzold, Die Wiki-Revolution. Absturz und Neustart der westlichen Demokratie, Rotbuch Verlag, Berlin, 2012, S. 154

80 El-Gawhary, Karim, Tagebuch der Arabischen Revolution, Verlag Kremayr & Scheriau, Wien, 2011, S. 113

81 Ghonim, Wael, Revolution 2.0. Wie wir mit der ägyptischen Revolution die Welt verändern, Econ, Berlin 2012, S. 12

82 vgl. http://futurezone.at/netzpolitik/2727-social-media-hat-revolution-den-weg-geebnet.php, Stand: 18. Juli 2012

83 Ghonim, Wael, Revolution 2.0. Wie wir mit der ägyptischen Revolution die Welt verändern, Econ, Berlin 2012, S. 245

84 El-Gawhary, Karim, Tagebuch der Arabischen Revolution, Verlag Kremayr & Scheriau, Wien 2011, S. 153

85 El-Gawhary, Karim, Tagebuch der Arabischen Revolution, Verlag Kremayr & Scheriau, Wien 2011, S. 153

86 Mhenni, Lina Ben, Vernetzt Euch!, Ullstein Buchverlage, Berlin, 2011, S. 8

87 El-Gawhary, Karim, Tagebuch der Arabischen Revolution, Verlag Kremayr & Scheriau, Wien 2011, S. 54 f.

88 Mhenni, Lina Ben, Vernetzt Euch!, Ullstein Buchverlage, Berlin, 2011, S. 24

89 vgl. http://futurezone.at/netzpolitik/4809-tunesische-bloggerin-die-leute-waren-wuetend.php, Stand: 18. Juli 2012

90 vgl. http://www.thetechherald.com/articles/Tunisian-government-harvesting-usernames-and-passwords/12429/, Stand: 18. Juli 2012

91 El-Gawhary, Karim, Tagebuch der Arabischen Revolution, Verlag Kremayr & Scheriau, Wien 2011, S. 203

92 Ghonim, Wael, Revolution 2.0 – Wie wir mit der ägyptischen Revolution die Welt verändern, Econ Verlag, Berlin, 2012, S. 356

93 El-Gawhary, Karim, Tagebuch der Arabischen Revolution, Verlag Kremayr & Scheriau, Wien 2011, S. 213 f.

94 Tufekci, Zeynep, Wilson Christopher, Social Media and the Decision to Participate in Political Protest: Observations From Tahrir Square, in: Journal Of Communication, Volume 62, Issue 2, 2012, S. 368 ff.

95 Morozov, Evgeny, The Net Delusion. How Not to Liberate the World, Penguin Books, London, 2011, S. 35
96 Nautz, Jürgen, Die großen Revolutionen der Welt, Marix Verlag, Wiesbaden, 2008, S. 185
97 Morozov, Evgeny, The Net Delusion. How Not to Liberate the World, Penguin Books, London, 2011, S. 56
98 Ghonim, Wael, Revolution 2.0. Wie wir mit der ägyptischen Revolution die Welt verändern, Econ, Berlin 2012, S. 41
99 Ghonim, Wael, Revolution 2.0. Wie wir mit der ägyptischen Revolution die Welt verändern, Econ, Berlin 2012, S. 155 ff.
100 Ghonim, Wael, Revolution 2.0. Wie wir mit der ägyptischen Revolution die Welt verändern, Econ, Berlin 2012, S. 336 ff.
101 vgl. http://de.globalvoicesonline.org/2012/07/10/syrien-akte-mehr-westliche-technologie-fur-das-regime/, Stand: 18. Juli 2012
102 vgl. http://www.internetworldstats.com/stats5.htm, Stand: 15. Juli 2012
103 vgl. http://www.taz.de/Deutsche-Unterstuetzung-fuer-Diktaturen/!83768/, http://www.state.gov/j/drl/rls/hrrpt/2007/100603.htm und http://opennet.net/research/profiles/oman, Stand: 15. Juli 2012
104 vgl. http://march12.rsf.org/en/#ccenemies, Stand: 15. Juli 2012
105 vgl. http://www.foreignpolicy.com/articles/2012/06/06/the_war_for_india_s_internet?page=full, Stand: 15. Juli 2012
106 vgl. http://www.foreignpolicy.com/articles/2012/06/06/the_war_for_india_s_internet?page=full, Stand: 15. Juli 2012
107 vgl. http://futurezone.at/netzpolitik/8528-syrien-spitzel-hightech-aus-dem-westen.php, Stand: 12. August 2012
108 Gaycken, Sandro, Cyberwar. Das Wettrüsten hat längst begonnen, Verlag Wilhelm Goldmann, München, 2012, S. 27
109 Gaycken, Sandro, Cyberwar. Das Wettrüsten hat längst begonnen, Verlag Wilhelm Goldmann, München, 2012, S. 48
110 vgl. http://www.reuters.com/article/2012/04/10/us-zte-iran-aryacell-idUSBRE8390T720120410, Stand: 16. Juli 2012
111 Schaar, Peter, Das Ende der Privatsphäre. Der Weg in die Überwachungsgesellschaft, Wilhelm Goldmann Verlag, München, 2009, S. 38
112 vgl. http://www.bbc.co.uk/news/uk-politics-17576745, Stand: 16. Juli 2012
113 siehe https://www.google.com/transparencyreport/, Stand: 16. Juli 2012
114 siehe https://support.twitter.com/articles/20170002/#, Stand: 16. Juli 2012
115 siehe https://www.eff.org/pages/who-has-your-back/, Stand: 16. Juli 2012
116 vgl. http://www.reuters.com/article/2012/07/12/us-usa-internet-predators-idUSBRE86B05G20120712, Stand: 17. Juli 2012
117 vgl. http://www.sueddeutsche.de/digital/privatsphaere-im-netz-facebook-

durchsucht-chat-protokolle-nach-straftaten-1.1411552, Stand: 17. Juli 2012
118 Schaar Peter, Das Ende der Privatsphäre. Der Weg in die Überwachungsgesellschaft, Wilhelm Goldmann Verlag, 1. Auflage, München 2007, S. 219
119 Graeber, David, Inside Occupy, Campus Verlag, Frankfurt am Main, 2012, S. 56 f.
120 vgl. http://www.golem.de/1110/86988.html, Stand: 20. Juli 2012
121 Edlinger, Thomas, Messias? Bitte nicht!, in: profil, Nr. 11, Wien, März 2012, S. 112
122 Wenner, Janns, Obamas schwerster Kampf, in: Rolling Stone, Ausgabe 212, Juni 2012, S. 63
123 vgl. http://blog.atv.at/ampunkt/2012-06/jung-arbeitslos-chancenlos-europas-jugend-eine-verlorene-generation-die-sendung-vom-13-juni/, Stand: 19. Juli 2012
124 vgl. http://fm4.orf.at/stories/1701152/, Stand: 20. Juli 2012
125 vgl. http://futurezone.at/netzpolitik/8907-kroes-das-internet-ist-kein-gratis-buffet.php, Stand: 20. Juli 2012
126 vgl. http://futurezone.at/netzpolitik/10009-der-geist-von-acta-lebt-weiter.php, Stand: 20. Juli 2012
127 vgl. http://futurezone.at/netzpolitik/6894-wikipedia-schliesst-sich-internet-blackout-an.php, Stand: 20. Juli 2012
128 vgl. http://www.guardian.co.uk/world/2012/apr/21/kony-2012-campaign-uganda-warlord, Stand: 21. Juli 2012
129 Morozov, Evgeny, The Net Delusion. How Not To Liberate The World, Penguin, London, 2011, S. 186 f.
130 Morozov, Evgeny, The Net Delusion. How Not To Liberate The World, Penguin, London, 2011, S. 202
131 Barth, Sabine, Island, DuMont, Ostfildern, 2010, S. 168 f.
132 vgl. http://derstandard.at/1339638043710/Island-bekaempft-Blase-Der-Aufstand-der-Fischer, Stand: 28. Juni 2012
133 vgl. http://money.cnn.com/2008/12/01/magazines/fortune/iceland_gumbel.fortune/index2.htm, Stand: 28. Juni 2012
134 vgl. http://www.spiegel.de/wirtschaft/notgesetz-gegen-finanzkrise-island-uebernimmt-totale-banken-kontrolle-a-582585.html, Stand: 30. Juni 2012
135 vgl. http://www.heise.de/newsticker/meldung/Grossbritannien-Antiterrorgesetze-als-Rechtsgrundlage-fuer-das-Einfrieren-islaendischer-Vermoegenswerte-210530.html, Stand: 30. Juni 2012
136 vgl. http://grapevine.is/Features/ReadArticle/You-Cannot-Put-Rules-On-Love, Stand: 25. Juli 2012
137 vgl. http://www.telegraph.co.uk/finance/newsbysector/banksandfinance/5968231/Kaupthing-leak-exposes-loans.html#, Stand: 30. Juni 2012

138 Domscheit-Berg, Daniel, Inside WikiLeaks. Meine Zeit bei der gefährlichsten Webseite der Welt, Econ, Berlin, 2011, S. 113

139 Rueger Gerd, Julian Assange – Die Zerstörung von WikiLeaks?, Anders Verlag, Hamburg 2011, S. 37

140 Domscheit-Berg, Daniel, Inside WikiLeaks. Meine Zeit bei der gefährlichsten Webseite der Welt, Econ, Berlin, 2011, S. 118 ff.

141 vgl. http://www.scribd.com/doc/47592529/WikiLeaks-Certificate-of-Incorporation-of-SUNSHINE-PRESS-PRODUCTIONS-EHF-Iceland-FOR-PROFIT-CORPORATION, Stand: 1. Juli 2012

142 vgl. http://immi.is/Press_Release:_IMMI_Status_Update,_April_2012, Stand: 1. Juli 2012

143 vgl. http://www.greenpeace.org/international/en/publications/Campaign-reports/Climate-Reports/How-Clean-is-Your-Cloud/, Stand: 1. Juli 2012

144 vgl. http://www.heise.de/newsticker/meldung/Island-Insel-der-gruenen-Rechenzentren-1619591.html, Stand: 1. Juli 2012

145 siehe http://stjornlagarad.is/other_files/stjornlagarad/Frumvarp-enska.pdf, Stand: 6. August 2012

146 vgl. www.arbeiterkammer.at/bilder/d174/Jugendwertestudie.pdf, S. 55

147 vgl. www.arbeiterkammer.at/bilder/d174/Jugendwertestudie.pdf, S. 117

148 vgl. http://www.spiegel.de/netzwelt/netzpolitik/world-online-whistleblowing-survey-a-844540.html, Stand: 31. Juli 2012

149 vgl. http://futurezone.at/netzpolitik/5037-oesterreicher-internet-ist-werkzeug-des-volkes.php, Stand: 31. Juli 2012

150 Paget, François, Hacktivismus, Das Internet ist das neue Medium für politische Stimmen, Whitepaper, McAfee Labs, 2012, S. 32